认知行为疗法

临床工作指南

The Comprehensive Clinician's Guide to Cognitive Behavioral Therapy

[美] 莱斯利 · 索科尔 **Leslie Sokol**
[美] 玛希 · G. 福克斯 **Marci G. Fox** 著
刘竹 译

世界图书出版公司
北京 广州 上海 西安

图书在版编目（CIP）数据

认知行为疗法 ： 临床工作指南 / （美） 莱斯利・索科尔，（美）玛希・G. 福克斯著 ； 刘竹译. -- 北京 ： 世界图书出版有限公司北京分公司，2025. 4. -- ISBN 978-7-5232-1981-2

Ⅰ. R749.055-62

中国国家版本馆 CIP 数据核字第 2025HY7011 号

书　　名	认知行为疗法：临床工作指南 RENZHI XINGWEI LIAOFA
著　　者	［美］莱斯利・索科尔　［美］玛希・G. 福克斯
译　　者	刘　竹
责任编辑	杜　楷
特约编辑	赵昕培　吕梦阳
特约策划	巴别塔文化
出版发行	世界图书出版有限公司北京分公司
地　　址	北京市东城区朝内大街 137 号
邮　　编	100010
电　　话	010-64038355（发行）　64033507（总编室）
网　　址	http://www.wpcbj.com.cn
邮　　箱	wpcbjst@vip.163.com
销　　售	各地新华书店
印　　刷	天津画中画印刷有限公司
开　　本	880mm×1230mm　1/32
印　　张	11.25
字　　数	248 千字
版　　次	2025 年 4 月第 1 版
印　　次	2025 年 4 月第 1 次印刷
版权登记	01-2024-3491
国际书号	ISBN 978-7-5232-1981-2
定　　价	78.00 元

如有质量或印装问题，请拨打售后服务电话 010-82838515

关于作者

莱斯利·索科尔博士（Leslie Sokol, PhD），持证心理学家，国际公认的认知行为疗法领域领军者，在实践、教学和研究方面拥有超过35年的经验。她曾是国际知名的贝克认知行为疗法研究所（费城）的教育主任和主要讲师之一。她曾在国内外为专业和准专业团体讲授认知行为疗法，讲授内容涵盖多种CBT相关主题。

索科尔博士曾担任仁爱郊区医院家庭实践培训项目（Mercy Suburban Hospital Family Practice Training Program）的行为科学主席超过20年。她是认知治疗学院（Academy of Cognitive Therapy）的杰出创始研究员，也是前任院长。目前，她担任认知治疗学院资格认证委员会主席。她是行为和认知治疗协会（ABCT）的研究员，也是国际认知心理治疗协会（IACP）的董事会成员。索科尔博士是《今日心理学》的“遇见专家（Meet the Experts）”小组成员，也是《今日心理学》和企鹅演讲局（Penguin Speakers Bureaus）的受邀成员。她目前在费城郊区持续私人执业。

索科尔博士与人合著了众多书籍和书籍章节。她与人合著的最新著作包括：《认知行为疗法的教学与督导》（*Teaching and Supervising Cognitive Behavioral Therapy*）、《自信思考，自信生活：青少年克服自我怀疑、树立不可动摇的自尊心的认知疗法指南》（*Think Confident, Be Confident for Teens: A Cognitive Therapy Guide to Overcoming Self-Doubt and Creating Unshakable Self-Esteem*）、《自信思考，自信生活：消除怀疑、建立终身自尊的四步方案》（*Think Confident, Be Confident: A Four-Step Program to Eliminate Doubt and Achieve Lifelong Self-Esteem*），以及《自信力：青少年摆脱自我怀疑的行动计划》（*The Think Confident, Be Confident Workbook for Teens: Activities to Help You Create Unshakable Self-Confidence and Reach Your Goals*）。欲了解更多信息，请访问她的网站：www.thinkconfidentbeconfident.com。

玛希·G. 福克斯博士（Marci G. Fox, PhD），持证心理学家，私人执业近25年，专长为青少年与成人的认知行为治疗。她与费城的贝克认知行为疗法研究所合作的时间几乎与她的职业生涯同样长。作为认知疗法学院的认证培训师/顾问和贝克研究所的兼职教师，她在美国内外为个人提供实施认知行为疗法的训练。她积极参与培训全国数以千计的心理健康专业人士，以提高他们进行认知行为治疗的能力。

福克斯博士是认知疗法学院的创始研究员，并应邀担任考试委员会和资格证书委员会的成员。多年来，她一直在美国和国际范围内开展演讲，讨论认知疗法、自信和自尊。福克斯博士是“今日心理学”和“企鹅演讲局”的特邀成员。她与人合著了以下书籍：《自信思考，自信生活：消除怀疑、建立终身自尊的四步方案》《自信思考，自信生活：青少年克服自我怀疑、树立不可动摇的自尊心的认知疗法指南》，以及《认知行为疗法的教学与督导》。福克斯博士在同行评议的期刊上发表过文章，在认知行为疗法领域著述颇丰。她曾多次接受美国的全国性杂志采访，也经常接受美国和国际电台的采访。她的诊所位于佛罗里达州的博卡拉顿（Boca Raton）。欲了解更多信息，请访问她的网站：www.thinkconfidentbeconfident.com。

献　辞

献给阿伦·T. 贝克博士，认知行为疗法的先驱和领军人物，我们深爱的导师。

译者序

CBT（cognitive behavior therapy）的中文全称是“认知行为疗法”，是由阿伦·T. 贝克在20世纪60年代发展出的一种心理治疗方法。其核心理念，可以简化地表达为：人的情绪并非来自事件本身，而来自人对事件的想法；想法不仅会影响情绪，还会影响人应对事件的行为方式；应对行为会塑造事件的结果走向，又反过来作用于情绪、想法……这样讲稍显抽象，但不用着急，在书中第一章“认知模型”的开端，作者们举了一个生动的例子：一家三口突然收到一封婚礼邀请函，但由于看待事件的想法各不相同，父亲、母亲和儿子的情绪和反应也大相径庭。（你会对这一情景产生什么想法呢？）

本书由浅入深，首先介绍了认知行为疗法的理论模型、重要概念，给读者打下坚实的理论基础。值得特别注意的是，这本书使用了一个其他认知行为疗法书籍里不常见的概念：怀疑标签（doubt label）。如果把这个概念和认知行为疗法常用的概念桥接起来，它粗略地近似于某个特定的人关乎自身形象的负性自动思维。每个人都有其价值观

(values)，也就是他看重的、渴望的品质。而怀疑标签就是价值观的暗面，一些萦绕的、不安的自我怀疑。例如，如果某个人希望自己是受欢迎的人(其价值观在于社会接纳方面)，他就更可能在意自己有没有吸引力；如果他恰好遭遇压力，或自尊水平较低，怀疑标签的阴影就会浮现，让他更容易感到“我没有吸引力”。

光有理论还不够，本书在第三章、第四章中，紧接着给出了制定目标、问题清单、家庭作业、案例记录等方面的通用工具模板，这也是封面书评里提到的本书亮点之一。阅读此书的心理困扰者拿到这些工具，也不会觉得太难理解，可以作为自助的切入口。对于新手咨询师，这些小工具可以让人快速上手，搭起治疗的大致框架。而老手咨询师，也能在回顾这些工具的过程中查漏补缺，做到法度森严。如果把视野放到咨访双方，这些工具可以让双方确立目标，在对齐后的基础上开展治疗，避免鸡同鸭讲。来访者拿到这些材料后，会更容易建立起对心理咨询、认知行为疗法的认识。毕竟咨询师天天干这行，很容易对心理咨询这回事烂熟于心、习以为常、匆匆带过，没有察觉来访者仍处于困惑之中，并未充分理解某种干预的道理和必要性。咨询师如果仅凭来访者动力缺乏的表现，就断定他阻抗推诿、病入膏肓，而未反思自己的干预和解释是否到位，就太遗憾了。

第五章到第十章则是聚焦于临床实务的部分。作者分别聚焦讨论了抑郁、焦虑、愤怒、物质使用障碍、人格障碍与自杀自伤、精神病等心理障碍类目。在每个章节中，首先基于认知行为疗法的视角，给出这种心理障碍的认知模型；然后给出几大类别的干预策略，并在每一大类内讨论用到的工具、治疗过程的重点难点；每章末尾也有一个小小的总结。每个章节的内容条理清晰，而且多读几个章节后，不难体会到认知行为疗法思路的一以贯之：不管来访者的表现如何千奇百怪，治疗师都要回到情境、认知、情绪、应对行为的基础概念上，描绘来访者当前功能不良的模式，确定双方同意的治疗目标，再予以扎实细致的干预。

这本书的翻译是在2023年3月到10月间用工作之余的时间完成的。本书的内容全面而细腻，翻译时一对照，我也发现了既往咨询工作中的疏失之处，收获颇多。而作为译者，翻译这本书的感受相当舒适。书中没有什么奇诡的高论与幽深的思想，作者行文简洁晓畅，阅读和翻译的过程都很丝滑，仿佛在吃容易消化的饼干麦片；常常津津有味地干活，一回神才发现已经刷刷翻了好多页。英文原文里也用了一些生动明了的词，思考如何将其译为中文很有趣味。例如作者写到，干预抑郁时，要把“give-up thought”替换成“go-to thought”，大意就是把来访者想要放弃的想法替换成立刻行动的想法。经过思考，我把“go-to thought”直接翻译成“去做”思维——这样一来，就都是口语、都是两个音节，完美对应，好耶！

最后，我想感谢佘焰灼的介绍，让我有机会接触到本书的翻译工作。感谢编辑赵昕培、董桃，不辞劳苦，在本书出版前后与我进行多次沟通。感谢翻译过程中被我泡过的所有咖啡厅、摸过的所有猫，它们为辛苦的翻译过程增添了温馨的感受。感谢求真学会的朋友们在生活中给我带来的快乐。尽管我挺喜欢这本书，也尽我所能进行了翻译，但难免存在瑕疵疏漏之处，希望各位读者批评指正。

那么，你准备好踏上CBT的旅程了吗？

刘竹

2024年9月于重庆

导言

我们为什么要写这本书

《认知行为疗法：临床工作指南》基于认知行为疗法（cognitive behavioral therapy, CBT）原则，向临床工作者提供了多种心理障碍的认知概念化，以及各种基于 CBT、针对上述具体困境的干预措施。我们作为临床工作者、培训者，以及大规模 CBT 传播项目中的培训者的过往经验让我们得以写成这样一本书。这本书可以满足在社区精神卫生、私人执业、医院与组织环境中的临床工作者，以及培训项目、实习环境和课堂上的督导师、培训师和教师的需求。本书的基本原则完全基于阿伦·T. 贝克（Aaron T. Beck）博士提出的 CBT 原则。我们有幸直接接受了贝克博士的教导，并与他密切合作了三十多年，因此我们能以一种易于理解和实践的方式将他的理念传达给心理健康专业人士。

本书的内容

本书结合了治疗抑郁症的 CBT 最新原则，并提出了一个将这些原则用于多种临床问题和诊断的框架。第一章详细介绍了 CBT 的原理，第二章随后更具体地讨论了怀疑概念化模型（doubt conceptualization model）。第三章讨论了目标导向型疗法的典型结构，包括如何识别问题、设定治疗目标，以及典型的 CBT 会谈应如何设定结构。第四章介绍了认知疗法学院（Academy of Cognitive Therapy）制订的关于如何进行个案建构（case formulation）和撰写案例记录（case write-up）的指南以及文本格式。该章还含有一份案例记录样本。

第五章及之后的章节提供了一个框架，帮助人们理解 CBT 的原则如何用于抑郁、双相情感障碍、焦虑、愤怒、物质滥用、人格障碍、自伤、自杀和精神病的治疗。特别之处在于，每章都会讨论如何从认知模型的视角来理解各种临床议题，即扭曲的思维模式如何导致功能失调行为（dysfunctional behavior）。随后，我们会讨论如何在 CBT 框架内为每种问题制订专门的治疗策略，包括多种循序渐进的计划、会谈中和会谈外的互动练习以及预先填写的应对卡片（它能明确呈现如何将理论付诸实践）。每项干预措施的核心都在于帮助来访者提升自信。树立自信、减少自我怀疑是治疗的基础，也是我们对每种诊断和困境提出的干预措施的重点所在。我们并不希望本书成为被遵循的脚本，它应当是一份由个案概念化驱动的指南，可以根据每个人的具体需要而有创造性地、灵活地调整。

本书适合哪些人？

不论治疗师在CBT方面的专业水平如何，本书都旨在提升他们运用CBT循证原则的能力，从而更好地为来访者服务。本书的目标读者是心理健康专业人士、学生、培训者、督导师、教师，以及希望得到指导、巩固并扩充CBT知识的治疗师。这本内容全面的CBT指南为心理健康专业人士提供了一系列工具，这些工具也可以教导来访者成为自己的CBT治疗师。的确，CBT对心理健康复原最有力的贡献，就在于它能赋予来访者抵抗复发、维持复原状态的力量。通过帮助来访者习得有效的应对技能、树立自信，CBT向他们提供了成为自己的治疗师所需的工具，在他们生活的航程中提供指引。因此，对于任何希望清晰理解心理问题的读者而言，本书都能提供全面的资源，帮助个体成为自身思维、感受和行为的主人。

目录

CONTENTS

第十章　精神病 / 311

第一章

认知模型

认知模型

认知行为疗法的基础是心理病理学的认知模型，这一模型假设，人们对事件的看法会影响他们的情绪、躯体反应和行为（Beck, 1964）。根据这一模型，决定人们感受或行为方式的并不是情境本身。相反，人们对这些情境的看法决定了他们反应和回应的方式（Beck, 1964; Ellis, 1962）。因此，导致痛苦的并不是情境本身，而是对情境的解读。以下是认知模型的简单示意图：

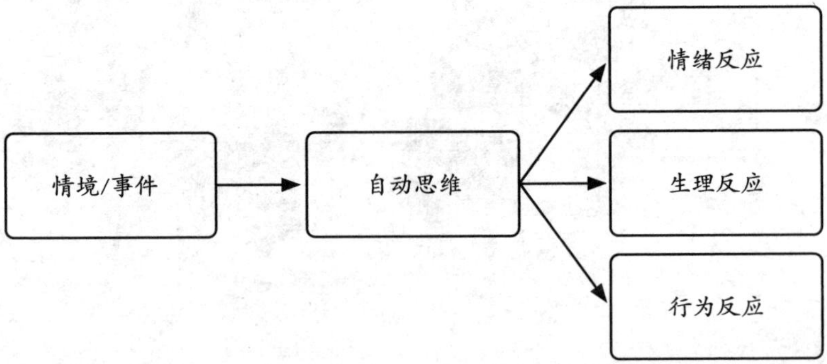

为了更好地理解认知模型，让我们用一个虚构的例子练习一下。想象一个三口之家收到了一封婚礼邀请函。父亲打开邀请函，心想："太好了。我可能会见到一些好久没见的人。这肯定会很有趣的！"他感到开心而有活力，把婚礼日期记在了日历上。另一方面，母亲想："我不想去。我长胖了这么多。人们会评判我的。我缺乏精力。我永远不会有精力去参加婚礼。我没办法去。"她感到低落抑郁，身体疲倦不堪，然后把邀请函藏在抽屉里。他们的儿子在抽屉里找到了邀请函，心想："我爸妈会逼着我去的，这是最糟糕的社交场合了。我会错过兄弟会[1]的招新。如果我不参加招新并给大家留下好印象，我就很可能没有机会受邀进行入会考验了。我就会是朋友中唯一没加入兄弟会的人了！"他感到焦虑，注意到自己的汗水从脸颊上滚落、心脏怦怦跳动。他开始来回踱步，试图想出一个不去参加婚礼的绝佳借口。

在这个例子中，邀请函是**外部**触发因素，让母亲、父亲和儿子各自对情境产生了不同的自动思维（automatic thought）。反过来，他们体验到了不同的情绪与身体反应，这又会影响他们的行为。然而，**内部**触发因素也会影响我们的情绪和行为。例如，儿子可能会开始关注自己的心率、短促的呼吸和双手的刺痛。反过来，他可能会想"我犯心脏病了"，并惊慌地拨打"911"。内部和外部的触发因素都能引发消极的自动思维，从而导致痛苦和有问题的行为选择。

1　在北美，兄弟会属学生社团组织，分社交性、学术性、公益性三类，多数为社交性。兄弟会通常在每学期尾到下学期初招募新成员。任何人都可以报名参加，但须通过会中成员一系列的面试和筛选后才被授权参与为期约一学期的入会考验。入会考验通常带有一定的难度，只有少数人能通过考验。不同的兄弟会有着不同的入会考验，而兄弟会通常对其入会考验的方式和过程保密。（本书脚注均为译者注。）

有几种方法可以向来访者传授认知模型，并让他们更深刻地理解想法如何影响他们后续的情绪、身体反应和行为。例如，你可以用一种中性的情境（例如走进咖啡店，或提交作业）举例，帮助来访者想出几种个体在这种情境下可能会产生的自动思维。然后，引导他们想象，个体在这种自动思维的影响下可能产生的情绪、生理和行为反应。又或者，你可以从来访者的生活中找例子，例如一辆车在离他们很近的前方停下来或者他们即将迟到的情境，并请他们描述对这种情境产生的自动思维。然后，你可以帮助来访者把他们的想法和情绪、生理、行为反应联系起来。你甚至还可以补充你亲身经历的自动思维和反应。目标只是帮助来访者理解想法和反应之间的联系。

在治疗早期，治疗师可以用工作表来帮助来访者识别自己的想法、感受和行为，从而理解认知模型。下面的工作表中有几项练习，可以用于指导来访者完成这个过程。只要有可能，治疗师在要求来访者自己尝试之前，最好让来访者在会谈中完成这些工作表。

来访者工作表

理解认知模型

根据认知模型，对于在生活中经历的每种情境，我们都会产生对应的自动思维，而它们会影响我们的感受、身体反应和行为。这是认知模型的大致内容：

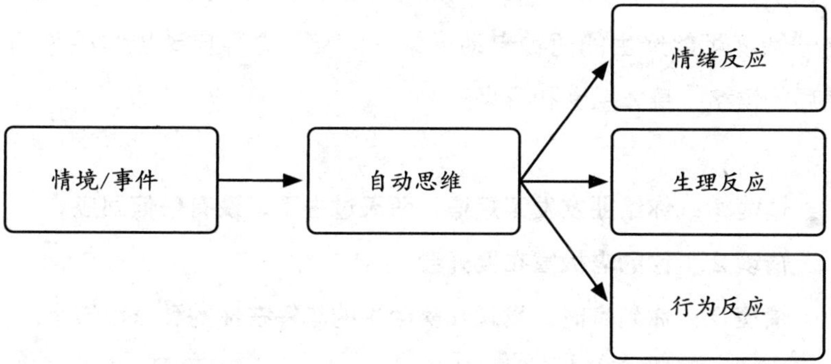

自动思维很强大，因为我们解释某个情境的方式会引发我们对该情境做出的反应。例如，假设街道上一条狗向你跑来（情境/事件）。如果你对自己说："那条狗要咬我！"那么你可能会感到害怕（情绪）、心跳加速（生理反应），也许你会逃开（行为）。然而，在完全相同的情境下，如果你的想法是："好可爱的狗狗！"那么你可能会感到高兴（情绪），你可能会微笑（生理感受），或许还会靠近狗、抚摸它（行为）。

再举个例子，假设你和一个朋友碰头吃饭，她已经迟到了 30 分钟（情境/事件）。如果你对自己说："她不会来了。"那么你可能会感到失望（情绪），也许会涌出眼泪（生理感受），你可能会决定回家去（行为）。或者，在同样的情境下，如果你想："她可能就像往常一样来得晚，或者她是因为交通状况糟糕才迟到。"那么你可能会感到接受（情绪）、放松（生理感受），并决定在她来之前先坐在吧台旁喝一杯（行为）。

因此，相同的情境会导致不同的情绪、生理和行为反应——这都取决于你对这一情境产生的自动思维。让我们练习一下。对于下列的三种情境，试着从两个不同的角度，从自动思维、情绪、生理感受和行为四个方面对其进行解释。对于每种情境，请给出人们对这一情境可能产生的两种自动思维，以及与这种自动思维相关的、随后的情绪、身体感受和行为。

情境 1：你给朋友发了短信，两天过去了，没有任何回应。

情境 2：你的老板宣布要开会。

情境 3：你到家时，发现几辆陌生的车停在你的私家车道上。

来访者工作表

觉察思维

我们每时每刻都在体验想法。我们的大脑一直处于活跃状态，所以想法经常会在脑海中出现或闪过。大多数人从未想过要质疑自己的想法，直接把它们当作事实加以接受。然而，我们的认知并不总是准确的。我们会犯错，而这些思维谬误（thinking error）会影响我们的情绪、身体和行动。要解决这些思维谬误，我们首先需要更能察觉自己的想法。通过留意自身想法的内容，我们就能开始评估并最终改变任何不正确或无益的想法。下面的活动旨在帮助你更能意识到并觉察自身的想法，从而开启处理想法的过程。

静坐 2 分钟。环顾四周或闭上眼睛。试着让自己留意跳出或闪过的内心想法。记录你注意到的内容。

再静坐 2 分钟。回忆一个令你沮丧的时刻。你的内心浮现了怎样的想法呢?

再静坐 2 分钟。回忆一个让你开心的时刻。回想一下你对那个情境有什么想法。下次你感到低落时，试着回想这段开心的记忆。

提醒你的来访者：

想法并不总是真实的。

想法不是事实。

想法可能是主观的。

过去的经历，或我们听见、读到、看到的内容，可能会给想法带来偏差。

等来访者在会谈中完成了前面两张工作表，就请他们把认知模型运用到生活中经历的情境中。首先，请来访者找出他们对某一情境或事件体验到强烈负性情绪（例如悲伤、愤怒、恐惧或任何不愉快的情绪）的时刻。然后，让来访者使用下面的工作表来描述触发情境，以及他们与之相伴的思维和反应（例如情绪、身体反应、行为)。通过完成这项练习，来访者将了解自己的思维会如何影响自身感受和行为方式。

需要注意的是：要求来访者注意令人痛苦的思维，可能会加剧痛苦！为了保护你的来访者，让他们在练习过程中不再经历不必要的痛苦，请确保他们已经很好地理解了“想法不是事实”这个概念！他们产生了想法并不意味着想法是真实的。来访者在尝试这个练习之前，必须先充分领会这个概念。此外，在让来访者走出咨询室、在家庭作业中探索负性自动思维之前，请先和他们在会谈中一起练习使用这个工作表。

来访者工作表

运用认知模型：把思维和反应联系起来

正如你已经学到的那样，你对某个情境的看法会影响你对该情境的反应。为了帮助你养成习惯、将自己的自动思维和反应联系起来，请找出最近你注意到情绪或身体感觉发生了变化的情境（发生在今天或过去几天的）。

第一步：识别触发因素

找到导致痛苦的具体触发因素。如果你不确定，那么回想一下到底是什么“惹火了你”。也就是说，想一想让你的情绪或身体感觉发生变化的提示性事件。例如，假设有人取消了跟你的计划，你不必重述整个过程。相反，你只要写下具体的触发因素就好（例如，“我收到朋友的短信，说计划取消，但我之后在社交媒体上看到他和其他朋友出去玩了”）。

第二步：识别自动思维

这件事发生的时候，你内心浮现了哪些想法？那就是自动思维。

第三步：列出你的反应

写下你在这一自动思维之下产生的情绪、生理和行为反应。

1. 情绪：这让你有怎样的感受？

2. 生理反应：你体会到怎样的身体感觉？

3. 行为：你采取了哪些行动？

深层的自我怀疑信念

虽然认知模型认为自动思维影响我们对情境的反应和回应，但另一个重要的层次——深层的自我怀疑信念——对这个模型做出了补充。我们感知特定情境的方式（以及我们反过来对每种情境产生的自动思维），是由我们对自己、世界和他人的深层信念决定的（Beck, 2011; Dobson, 2012）。当自我怀疑激活了这些深层信念，怀疑标签（doubt label）就可能形成。这些自我怀疑标签会像滤镜一样扭曲我们看待和解释情境的方式。

怀疑标签［也称为核心信念（core beliefs）］，反映了自我怀疑被激活时我们对自己的负面指称（Sokol & Fox, 2009）。例如，设想一个在课堂上对教材感到困惑的学生。虽然他想向老师提问、寻求解释，但他不愿举手，因为他相信自己是唯一感到困惑的人，并且他确信提问会进一步向全班人展示自己的愚蠢。在这个案例中，这位学生的怀疑标签是自己是“愚蠢的”，正是这一点促使他认为自己是唯一困惑的人。这位学生并不考虑可能其他同学也不理解教材、可能是老师教得不好，或者可能是教材本身真的太难了，而是认为这都是他自己的错。正是因为他相信自己很笨，才得出了这样的结论。

如果这位学生接受了这个结论，他就会逃避寻求澄清，这将导致他学业表现欠佳，反而自我实现地证明了“自己的愚笨”。

因此，减少功能失调的思维和行为的重点是，在识别并评估负性自动思维之余，还要识别并重塑驱动这些思维的怀疑标签。例如，如果前一个例子中的学生并不怀有“自己很笨”的深层信念，那么，他就不会自动地假设自己是唯一觉得教材难懂的学生。反过来，他就会有勇气请求老师解释，这将增加他在课堂上表现良好的概率，并确证更积极的自我概念。

第二章进一步介绍了怀疑标签和驱动它们的因素，帮助你更好地开始了解来访者的个人信念如何塑造他们的思维、感受和行为。

第二章

认知概念化：理解来访者

从第一次对话开始，你就需要从来访者处获取信息，理解他们如何看待自身和自身经历。尽管获取与特定情境相关的自动思维、感受和行为相对简单，但更具挑战性的是发现客户的怀疑标签，以及与这些深层怀疑标签相关的假设。然而，理解来访者为何面对痛苦如此脆弱这件事至关重要。因此，这一章的重点是帮助你全面地构建针对来访者的认知概念化，这样，你就能更容易地发现并处理深层的核心信念。

人格：我们看重什么

社会依赖（sociotropy）和自主（autonomy）是两种导致抑郁易感性的人格风格（Beck, 1983）。**社会依赖**反映了对社会联结的渴望，其特征是过度投入人际关系。社会依赖高的个体寻求积极的社会反馈，希望得到自己被爱、被接纳的确证，且非常重视亲近关系。相反，**自主**意味着渴望独立、远离他人的自由和个体权利。具有自主人格的人看重目标实现，参与有意义的活动，并强烈地渴望成就和控制。

尽管社会依赖和自主反映了截然相反的人格风格，但这两个人格维度并不是非此即彼的。相反，它们同属一个连续谱系，会随时间推移而变化，也会受到外部环境的影响（例如，结婚、生育、上学、首次参加工作、事业）。尽管随着时间推移，大多数人的价值观会趋近连续谱系的中部，但也有一些人的价值观会变得更加极端。

此外，即使个体同时高度看重这两个领域，其中一种人格风格也很可能占据主导，并且这种倾向早在婴儿期就会表现出来。例如，有的婴儿总是想被抱着，在亲爱之人身旁才能入睡，这便是社会依赖型的婴儿；有的婴儿能自我安抚，可以津津有味地在屏幕或鱼缸旁自己玩好几个小时，这便是自主型的婴儿。设想一个社会依赖型的四岁儿童。父母给他报了活动，但如果他的朋友没报名，他就拒绝参加。相反，自主型的儿童即使没有朋友参加这个活动也愿意独自前往。或者，社会依赖型的青少年在决定报名某个活动之前，会等等看朋友们报了什么；而自主型的青少年不论别人在干什么，都会参与自己选定的活动。

这些人格风格一直发展到成年，当遇到需要妥协的事件时，我们的价值观就会显著影响我们做出的选择。例如，当我们面临抉择，一边是人际相关的目标（例如，婚礼、生日庆典、孩子的音乐表演或体育赛事），一边是成就相关的目标（例如，工作、讲座、锻炼、爱好、学习新技能）时，我们的价值观会塑造我们的选择。价值观处于连续谱系两极的人们不会经历太多内部冲突，因为他们的优先选项很明确。但是，当他们的价值观落在谱系中部时——他们既看重社会目标，也看重成就目标——抉择就会变得艰难，这会引发痛苦的感受。

因此，识别来访者的价值观，可以帮助我们理解哪些情境更有可能带来痛苦，以及这些情境的加工怎样塑造他们的信念、假设和行为。设想一下，一个人接受了一场大手术，暂时无法行动。起初，大家都来探望他，带来礼物，吵吵闹闹。社会依赖型的人感到自己被爱、被看重，因此很高兴；更自主的人感到自己很悲惨，因为他的行动能力受限、必须依赖他人帮助。几周后，当人们不再来探望，这个人的行动能力也恢复时，社会依赖型的人会感到悲伤，而自主型的人会因找回独立性而重获活力。

类似地，想象一群刚收到阅读测验成绩的二年级学生。学生 A 的成绩超过了 97% 的同学，居于阅读组最前列；学生 B 的成绩超过了 87% 的同学，在第二梯队；学生 C 的成绩超过了 70% 的同学，落入最低组，因此他需要参加额外辅导。根据人格风格不同，这些学生都可能受到分数的影响，也可能根本不会受到任何影响。例如，如果某个学生更趋向社交，他可能不会在意自己的分数（对于得分最低的学生，如果他有许多朋友得分差不多，他还可能因此高兴！）。然而，如果这些学生更自主，那么学生 A 可能会满意自己超过 97% 同学的成绩或者因为没有得到完美的分数而沮丧，学生 B 可能因为没有进入顶尖行列而失望甚至极度震惊，学生 C 可能会因自己的表现而崩溃。

简而言之，我们加工早期经验的方式，塑造了我们开始发展的、关于自身的结论。我们对失望、挑战和冲突的加工，塑造了我们自我观念的发展过程。人们在不断遭遇失望或总是在看重的领域经历冲突时，核心信念就会遭受负面影响，这会带来自我怀疑，让他们更易受到困扰。因此，理解来访者深层的怀疑标签是成功运用 CBT 的关键组成部分。

为了确定你的来访者在社会依赖和自主的连续谱系上处于什么

位置，请用下面三张工作表来评估他们的人格风格，并确定它是如何影响他们的自我观念的。

来访者工作表

易感性测验

下面的测验旨在帮助你确认你在生活中究竟看重什么。通过确定哪些状况会困扰你（以及哪些不会），你可以识别自己看重的事物。阅读以下陈述，然后根据你是否被每种情境困扰，圈出“是”或“否”。

你会为……感到烦心吗？

1. 针对你的表现的批评（不管是实际发生的还是想象中的）

   是　　否

2. 拒绝（不管是实际发生的还是想象中的）

   是　　否

3. 感到自己似乎无法掌控计划

   是　　否

4. 与别人有观念分歧

   是　　否

5. 失去行动能力

   是　　否

6. 被丢下或排挤

是　　否

7. 你的目标遭到阻挠

是　　否

8. 有人对你不满

是　　否

9. 有人要你做某事，而不是请求你做事

是　　否

10. 在社交场合感到笨拙

是　　否

11. 没有达到自己的期待

是　　否

12. 与某次社交互动相关的批评（不管是真实发生的还是想象中的）

是　　否

13. 难以完成自己想做的事

是　　否

14. 打电话、发消息没有收到回复

是　　否

15. 对某件事没有发言权

是　　否

16. 被拒绝

是　　否

17. 没有能力做成你想做的事

是　　否

18. 感到与某人有距离感

是　　否

19. 没有提交最佳水平的工作成果

是　　否

20. 不能以最佳外貌示人

是　　否

看看所有编号为奇数的题目，你选“是”的题目数量为 ______

看看所有编号为偶数的题目，你选“是”的题目数量为 ______

若编号为偶数的题目选“是”的个数较多，这意味着社交场合对你很重要，所以你在遇到社交冲突或挑战时会感到沮丧。编号为奇数的题目选“是”的个数较多，意味着以成就为导向的情境对你更重要，所以你在遇到与自身成就有关的失望或挑战时会感到不安。如果两类题目选“是”的个数同样多，这意味着社交和以成就为导向的状况对你来说都很重要，你在这些方面遇到挑战时会感到沮丧。

当你沮丧时，沮丧的原因本质上更多是社交方面的还是成就方面的（或者两者兼有）？对于困扰你的事和你看重的事，你能得出什么结论？

来访者工作表

起塑造作用的经历

我们的生活经历、特别是早期生活经历，在自我概念的发展中发挥着作用。这些生活事件可能早早播下了自我怀疑的种子，强化了已有的怀疑，或者完全塑造了我们的自我概念。通常我们并未察觉这些生活事件的影响。回顾你的人生，试着回忆特定经历可能对你现在看待自己的方式产生了负面影响。你回想起的负面经历越多，自我怀疑滋生的可能性就越大。

1. 你花了更长的时间才学会爬行或走路吗？

   是　　　否

2. 你花了更长的时间才开口说话吗？

   是　　　否

3. 你和父母分离时有困难吗？

   是　　　否

4. 你在学校社交时有困难吗？

   是　　　否

5. 你上课时有学业困难吗？

   是　　　否

6. 你是否被安排在与朋友不同水平的班级或小组？

   是　　　否

7. 你留过级吗？

是　　　否

8. 你被某个团队或俱乐部开除过吗？

是　　　否

9. 你是否曾经没有被邀请参加派对或社交活动？

是　　　否

10. 你和兄弟姐妹之间有过具体的矛盾吗？

是　　　否

11. 你和父母相处困难吗？

是　　　否

12. 你的家庭有经济压力吗？

是　　　否

13. 你是否遭遇过事故或自然灾害？

是　　　否

14. 你曾住院或需要接受手术吗？

是　　　否

15. 你是否曾因争吵而失去朋友？

是　　　否

16. 你有过心碎的经历吗？

是　　　否

17. 你是否曾在工作中晋升受阻或被解雇？

是　　　否

18. 你是否曾在学校里陷入麻烦或卷入法律纠纷？

是　　　否

19. 你是否受到过新闻上或者社区里的事件的重大影响？

是　　否

20. 你是否遭受过霸凌的影响？

是　　否

21. 你是否遭受过身体、性、情感或语言上的虐待？

是　　否

22. 你是否曾被诊断出某种身心疾病，并受其影响？

是　　否

23. 你是否曾不得不照顾生病或残疾的亲友？

是　　否

留意一下你勾选了多少个“是”。请记住，一个人的负面经历越多，其自我概念就越可能受到负面影响。结论是什么呢？这些情况或其他任何情况，对你的自我概念有什么影响呢？

来访者工作表

感知到的信息

我们从周围人——我们亲近的人，或者生命中的过客——那里收到的信息会直接或间接地影响我们看待自己的方式。当我们收到积极的信息时，我们会对自己感觉良好。然而，当我们收到消极的或混合的信息（包括被我们认为负面的信息）时，它们也会负面扰乱我们的自我观感。

比如说，如果你的父母总说你是“社交达人”或“运动好手”（而不是“聪明人”），你可能会得出结论，认为这意味着“我笨”。类似地，如果你的老师说你“很刻苦”，你可能会得出“我很平庸”或“我不合格”的结论。或者，你的前伴侣可能会说你“是个好人”，导致你相信“我不够好，或者不受欢迎”。这些信息不一定来自周围的人，它们也可能来自媒体。例如，杂志上会有穿着泳衣的苗条女人和满身肌肉的运动男儿的照片，这可能会传递“你没有吸引力”的信息。如果你的父母直接说你没有价值、愚蠢、丑陋或其他任何负面标签，这些信息甚至会变得更明确。

在你的成长过程和整个人生中，你听到了什么样的负面信息？
这些信息让你对自己产生了什么结论？

价值观与怀疑标签

我们心中都萦绕着不安全感。对于那些自我观念积极、自尊感强的人，这种不安全感只会在面临特别有挑战、特别有压力的情境时才会浮现。然而，对于其他人来说，自我怀疑总是阴魂不散，这些怀疑标签掌控了人们感知自己和周围世界的方式。如果不加觉察，这种自我怀疑会占据主导，消极地影响个体解释并回应特定情境的方式，导致严重的心理损伤（例如抑郁、焦虑、精神病、物质滥用）。要想全面理解来访者，至关重要的一点是识别并标明来访者最消极、最常有的怀疑标签。此外，揭示这些怀疑标签也是治疗成功的必要成分，因为来访者若想最终评估并改变这些标签，这便是万里长征的第一步。

你如果知道来访者的价值观是怎样的，就更容易识别怀疑标签。社交导向的来访者的怀疑标签往往围绕着社会接纳的主题，例如是否值得被爱、有无吸引力、是否体面；成就导向的来访者会体验到与能力相关的怀疑，例如关于才干、独立和优势的怀疑；对社会依赖和自主这两方面都高度重视的来访者，则可能有跨越这两个领域的怀疑。

你可以使用下面的工作表确定来访者用于描述自己的怀疑标签。上半部分的形容词代表了以社会依赖为主题、与不受欢迎相关的怀疑标签，而下半部分的形容词反映了以自主为主题、与没有能力或才干相关的怀疑标签。记住，来访者可能只有一个自我厌恶的标签，也可能有多个在同一主题下或跨越多个主题的标签。

来访者工作表

找到你的怀疑标签

圈出你在情绪低落或有压力时，会用于描述自己的词语：

不讨人喜欢	不可爱	不够好
不受欢迎	被遗弃者	奇丑

古怪	平淡	无趣
缺乏吸引力	无聊	安静
害羞	恶心	没价值
不重要	丑陋	怪异
不酷	孤僻的人	糟糕
笨拙	不合格	肥胖
不被需要	平庸	奇怪
无助	弱小	缺乏才干
缺乏能力	无力	失败
中不溜	废柴	不够好所以不成功
蠢货	迟钝	懒惰
劣等	愚笨	白痴
冒牌货	无效	没用
废物	虚弱	脆弱
不称职	不明智	有特殊需要
迟钝	缺乏技巧	没有价值

怀疑标签

当与来访者谈论引发痛苦的特定情境时，请确认他们的自动思维是和爱与接纳的社交主题（社会依赖型）有关、和成就与控制（自主）的主题有关，还是两者兼有，这将有助于指导你探询深层的怀疑标签。箭头向下技术（downward arrow technique）是一个好用的工具，能帮助你揭露这些深层的意义。它要求来访者审视情境的个人意义。下面的可能的箭头向下问题清单的重点是引起对个人意义的思考，后面还有两个例子。

- “那意味着什么？”
- “那传达了关于你的什么信息？”
- “那意味着你是什么样的人？”
- “对你而言，那意味着什么？”

示例 1：

情境：来访者没有被邀请参加某个派对

自动思维：“在我认识的人里，我是唯一一个没被邀请的人。”

箭头向下问题：“对你而言，那意味着什么？”

自动思维：“她不喜欢我。”

箭头向下问题：“如果她不喜欢你，那意味着你是什么样的人？”

怀疑标签：“我不讨人喜欢。”

示例 2：

情境：来访者的工作负担最近又增加了。

自动思维：“我永远无法完成这么多工作。”

箭头向下问题：“你永远无法完成工作，这传达了关于你的什么信息？”

自动思维：“我应付不了工作。”

箭头向下问题”：“如果你应付不了工作，这意味着你是什么样的人？”

怀疑标签：“我缺乏才干。”

做好准备，引出怀疑标签可能不会很容易。这也许是因为消极标签还在萌芽阶段、不容易接触到，或者它深深埋在来访者心底。此外，承认怀疑标签也可能会让人沮丧，所以来访者可能希望对此完全避而不谈。这还可能是因为来访者缺乏内省能力，没有意识到这个深层怀疑标签的存在，或者他们可能没想过这个问题。如果你发现使用箭头向下技术时来访者作答有困难，可以用“找出你的怀疑标签”工作表作为提示，帮助他们接触自身的怀疑标签。邀请来访者回顾工作表上的答案，看看他们之前选择的标签中是否有这些负性自动思维出现的原因。

个人史和生活经历的作用

我们的个人史和生活经历塑造并强化了我们对自己和世界的看法。有时，个体面临着极其可怕的生活处境，例如虐待、忽视、抛弃、贫穷和无家可归，它们会播下自我怀疑的种子、让其蔓延滋长。例如，一个曾经认为自己强健且有能力的女人遭遇了强奸或攻击，现在她可能认为自己是弱小无助的。类似地，一个酗酒者的孩子如果受到身体虐待并被告知他没有价值，那么他可能会得出结论，认为自己是个糟糕的人。与此同时，并不是遭受创伤的所有人都会发展出深层的自我怀疑信念。例如，另一个在虐待和酗酒的家庭中长大的孩子，可能会认识到自己是无辜的受害者，遭受虐待绝不是他自身性格的反映。只有那些对创伤代入个人意义的人会体验到核心信念的破坏。

此外，即使是与严重创伤无关的生活经历，也可能对自我概念产生负面影响。例如，回想一下那个没有获得完美成绩或并未被选入最高级阅读组的学生。他现在认为自己“很笨”。设想一个出生在音乐世家或运动员家族的孩子，他缺乏这些领域的技能，于是得出结论说自己是“有缺陷的”。或者，设想在操场上被最后一个选中玩捉迷藏游戏的孩子，他现在认为自己“不够好”。我们人生中发生的所有事件都会影响我们自我观感的发展，不论它是否构成创伤事件。

因此，为了理解并处理来访者的自我怀疑，很重要的一点是识别当初塑造了这些怀疑标签的重要生活事件。要想做到这一点，请使用下面的工作表，帮助来访者理解自己自我怀疑的起源。在填写工作表时，首先询问来访者，他们是从什么时候开始这样看待自己的。这一历史视角能为他们自我概念的发展提供重要线索。或许你也可以问问他们，有没有哪段特定回忆是很重要的，如果有，这段回忆是否影响了他们现在看待自己的方式。

在治疗早期，治疗师一定要帮助来访者理解他们是怎么变得用这种方式看待自己的。同时，治疗师要向来访者指出，他们得出的结论可能并不准确。记住，让来访者发展出自我怀疑的并不是史实事件或创伤本身，而是他们对其进行的解读和赋予的个人意义。通过帮助来访者完成这个工作表，你可以开始看到来访者的认知扭曲以及他们得出的有偏差的结论。

来访者工作表

把你的怀疑和过去联系起来

请回想一段生动的早期记忆，并问自己："那个时候我可能存在哪些看待自己的负面观点？"例如，也许你生过一场重病，需要在医院待很长时间并且无法上学，这让你相信自己弱小、脆弱、无助。再比如，也许你小时候试着加入运动队但没被选中，这让你相信自己是个失败者、不够好或者太平庸。又或者，也许你已经清楚了解自己的怀疑信念，但不确定触发这项信念的具体事件是什么。如果是这样，试着回忆一段包含这种看待自己的负面观点的早期记忆吧。

1. 识别你的怀疑信念。
2. 你最早怀有这种信念的记忆是怎样的？请描述一下。
3. 还有没有其他生活事件可能助长了这种信念的发展呢？

无效补偿行为

补偿行为（compensatory behaviors）是我们用于面对生活挑战的策略。这些行为策略中，有一些能帮助我们应对问题，而有一些对我们不利。例如，回避、放弃和分散注意力都是无效策略，它们会阻挠我们处理重要的甚至是必要的事。类似地，被动、操纵和防御都是无效的沟通策略，它们会导致误解，并损害我们的利益。此外，追求完美、试图掌控局面以及担忧也都是对我们不利的策略。由于错误是不可避免的，完美主义的要求是不可能达到的，而这播下了自我怀疑的种子。

相比之下，通常有助于达成目标的策略包括解决问题、分清优先级、保持专注、决断、自我安抚、锻炼、求助、制订现实的标准以及关闭担忧。然而，即使是这些策略，也并非对一切情境都总是有效。当我们不论做什么都不管用时，改变自身行为的能力是健康的关键要素。例如，如果以团队的方式来完成集体项目的效果并不好，那么，完全接管这个项目可能是有意义的策略。同样，如果某人刚刚连续工作了几小时，并且需要休息一下，那么他去看电视就不算回避。

然而，当来访者体验到激活自我怀疑的触发因素时，他们往往出于习惯选用策略，而不顾这些策略是否有效。他们还可能采取原本不会采取的行动，而这些行动可能会导致负面后果或与他们的价值观相悖。例如，他们可能会自伤、自杀或出现物质滥用问题。又或者，他们可能会剥削他人、攻击他人，或者消极沟通，这些策略在短期内也许有效，但长期存在就会让人付出代价。以下是个体的自我怀疑被激活时往往进行的常见补偿行为的清单。

无效补偿行为	
回避	**自伤**
回避	划伤自己
放弃	尝试自杀
分散注意力	物质滥用

无效沟通	完美主义
被动	追求完美
操纵	控制
防御	讨好
攻击性行为	担忧

为了更好地理解来访者用于应对不安全感的行为，请回顾他们在前文的来访者工作表“运用认知模型：把思维和反应联系起来”（第 008 页）中的回答，并记下他们用以回应这一触发因素的行为。你要了解这项行为是否代表一种模式，请询问来访者这个反应是否典型。你也可以询问他们在其他令人苦恼的情境下的状况，看看他们面对挑战时是否还会使用其他策略。

怀疑标签与行为：准则或假设

来访者用于应对问题的行为策略，是被他们关于自己的条件性规则、态度和假设指导的，后者被称为中间信念（intermediate belief）（Beck, 2011）。这些中间信念，通常表现为“如果……那么……”的陈述，它们把怀疑标签和行为举动联系起来。例如，怀有“我不受欢迎”的怀疑标签的来访者，可能会假设，“如果我表现得很完美，人们就会喜欢我”。在这个例子里，他们“在社交中不受欢迎”的核心信念（怀疑标签）驱使他们追求完美（行为策略），以此补偿他们认定的不受欢迎的处境。认为自己无能的来访者也可能使用完美主义的补偿策略，但他们的假设是不同的：“如果我做到完美，我就能证明自己是有能力的。”

前面的例子是积极假设，因为其中一种特定的行为策略（在来访者看来）能导致一种**希望**达到的结果。然而，消极假设也存在。这种情况下，条件陈述会表达“如果无法以特定方式行动，就会产生**负面**后果”的观点。例如，“如果我不完美，人们就会拒绝我”，或者“如果我不完美，人们就会看到我有多么无能”。不论是积极假设还是消极假设，它们都会驱动无效补偿策略，因为来访者相信这些策略具有保护作用，能帮助他们避免害怕的后果。下面的工作表能帮助你的来访者识别驱动自身行为的积极假设和消极假设。

来访者工作表

识别假设

我们的怀疑标签，会影响我们对自己应有的行为方式形成的态度、规则和假设。例如，如果我们的怀疑标签是自己“不可爱”，那么我们可能会相信，我们必须曲意逢迎才能交到朋友、留住朋友。此外，我们或许会相信，如果我们坚持自己的观点，就会让别人不开心，这也激活了我们“不可爱”的自我怀疑。

这个工作表可以帮助你识别驱动自身行为的积极假设和消极假设。使用你在前几张工作表上的答案，将其用作指导，然后找出与你的怀疑标签相关的积极假设和消极假设。

积极假设

如果（列出行为），那么（写出关于怀疑的积极后果）。

例子：如果我把自己的看法憋在心里，那么人们就会想跟我出去玩。

如果我喝酒，那么我就会感觉好点、掌控局面。

如果我是完美的，那么人们就不会发现我的无能了。

如果我 ____________________，那么 ____________________。

消极假设

如果（列出行为），那么（写出关于怀疑的消极后果）。

例子：如果我不坚持自己的意见，那么人们就不会喜欢我了。

如果我让别人帮忙，而不是自己完成所有事，那么我会失去所有控制。

如果我不完美，那么人们就会看到我有多么无能。

如果我 ____________________，那么 ____________________。

怀疑的概念化模型

一旦你识别出了来访者的怀疑标签、生活经历、补偿行为和深层假设，就可以把这些碎片拼到一起，构建一个怀疑的概念化模型，它能全面地描述来访者是怎样的人、如何定义自己，以及他们行为的动机。一个深思熟虑的概念化模型，需要纳入考虑来访者的文化、社会和经济背景，以及其他影响治疗的相关因素。通过发展这种概念化模型，你可以更好地理解来访者看待世界、自己和他人的框架，而这会协助你形成诊断结果、确定目标、构建治疗计划以及选择最适当的认知行为干预。

下面是一个怀疑概念化模型的示例，该模型描述了一位怀有“我不可爱”标签的来访者，你可以请来访者以此为例，对自己的怀疑标签加以审视。正如你从怀疑模型的示例中可以看到的，来访者的怀疑标签很大程度是在家庭生活背景中形成的，她的家庭生活的特点是与父母关系不睦、不断与兄弟姐妹进行社会比较。随着时间流逝，来访者的怀疑标签渐渐形成，她开始相信自己永远无法坚持自己的需求，她必须做到完美，别人才会喜欢她。相对地，这些假设也驱使着她，在人际关系中追求完美，得被动和讨好他人。

来访者工作表示例

怀疑的概念化模型

有塑造作用的经历

- 父亲勤奋、严苛，对我期望甚高
- 母亲情感疏离
- 弟弟性格乖张，他是被偏爱的孩子，总是众人关注的焦点
- 三个姐姐总被夸奖长得漂亮

怀疑标签

- “我不可爱”

准则或假设

- “如果我被夸奖了，那我就是可爱的。”

- “如果我被忽视了，那我就不会被爱了。”
- “如果我总是说‘好的’，那么人们就会爱我。”
- “如果我坚持己见，那么人们就不会爱我。”
- “如果我是完美的，那么人们就会爱我。”
- “如果我是不完美的，那么人们就会拒绝我，这意味着我是不可爱的。”

无效补偿行为

- 努力做到完美
- 从不坚持己见，对所有人都说“好的”
- 保持安静，行为守礼

正如第一章讨论的那样，我们看待特定情境的方式，以及我们之后针对这些情境产生的自动思维会受我们深层怀疑标签的影响。也就是说，我们看待任何给定情境的方式，都可能受到自我怀疑的消极影响。因此，针对来访者构建怀疑的概念化模型后，治疗师要回到认知模型中，看看来访者的怀疑标签是如何影响各个特定情境中的自动思维的。

回到前面那个相信自己不可爱的来访者的例子，我们可以使用认知模型和对她建立的怀疑概念化模型，来解释她的自我怀疑是如何影响她解释并应对经历的方式的。下面的图表展示了这一怀疑概念化的内容对三个不同情境的影响结果。来访者“我不会被爱”“我不够好”的核心信念贯穿了每个情境。这一怀疑标签使得她透过怀疑的镜片看待世界，这又反过来影响她的感受、想法和行为。你可以扫描二维码下载空白模板，将其用于来访者，看看他们的怀疑标签是如何影响他们对特定情境的反应和应对的。

来访者工作表示例

特定情境下的自动思维

情境 1

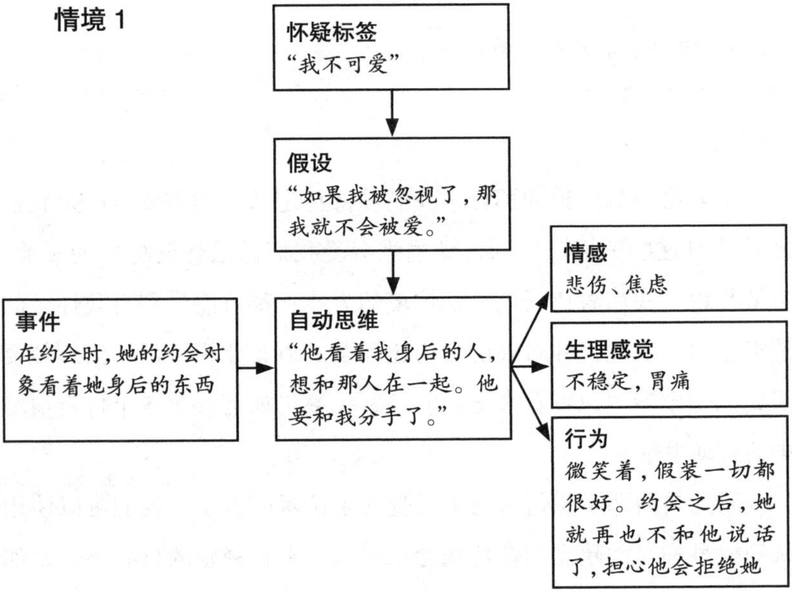

情境 2

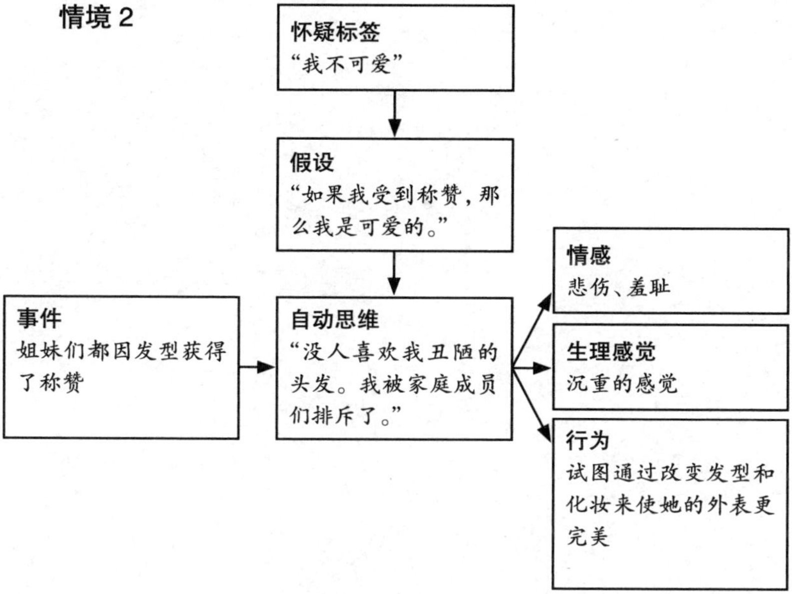
怀疑标签
“我不可爱”
假设
“如果我受到称赞，那么我是可爱的。”
事件
姐妹们都因发型获得了称赞
自动思维
“没人喜欢我丑陋的头发。我被家庭成员们排斥了。”
情感
悲伤、羞耻
生理感觉
沉重的感觉
行为
试图通过改变发型和化妆来使她的外表更完美

情境 3

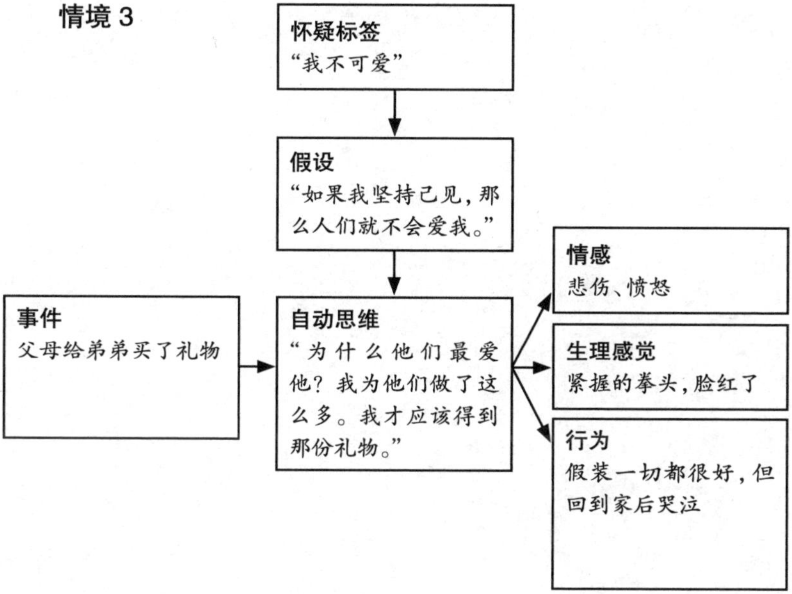
怀疑标签
“我不可爱”
假设
“如果我坚持己见，那么人们就不会爱我。”
事件
父母给弟弟买了礼物
自动思维
“为什么他们最爱他？我为他们做了这么多。我才应该得到那份礼物。”
情感
悲伤、愤怒
生理感觉
紧握的拳头，脸红了
行为
假装一切都很好，但回到家后哭泣

第三章

目标导向的疗法

问题清单

治疗的目的是帮助来访者减轻正在经历的痛苦，改善他们在日常生活中发挥功能的能力。然而，目标模糊会让治疗也含糊不清。为了让治疗起效，治疗计划需要由特定、具体的目标驱动。为了确立这些目标，你首先需要明确界定来访者的问题。

面对寻求治疗的来访者，要问的第一个问题便是“今天是什么让你前来？”或者“你的主要困扰是什么？”。你要找出在生活中给来访者带来痛苦或冲突的议题，这样才能列出问题清单。问题清单通常包含 2 ～ 6 个条目，但也可以更长。一份完整的问题清单应当包括在来访者生活中导致困扰的所有要素，包括心理、人际、职业、教育、医疗、法律、住房或娱乐等方面的困难。

问题清单不仅包括让来访者感到烦心的话题，它还会帮助我们理解为什么对来访者而言这些构成问题（或者为什么有人认为这些对来访者来说构成问题）。例如，下面是一份不充分的问题清单，它只描述了宽泛的问题领域，而没有向我们提供信息，告诉我们问题具体是什么：

- 焦虑
- 我的丈夫
- 我的孩子
- 自尊

为了引出当下的具体问题，你需要澄清并更清楚地界定这些最初谈及的困难。能够达成这一目标的对话可能是这样的：

治疗师："你的主要困扰是什么？"
来访者："焦虑是我最大的问题。"
治疗师："对你来说，焦虑是如何构成问题的呢？"
来访者："它让我没法做事情了。"
治疗师："它让你没法做什么事情呢？"
来访者："我哪儿也不能去，因为我害怕我会出现严重的焦虑发作。"
治疗师："所以焦虑对你来说是个问题，是因为它让你没法做想做的事情了。焦虑的感受本身也是一个问题吗？"
来访者："是的，我尽可能避免这些感受。"
治疗师："你担心这些感受带来的最可怕的后果是什么？"
来访者："我会心脏病发作然后死掉。"

现在，来访者的第一个问题（焦虑）得到了更充分的理解，其内涵是害怕心脏病发作，以及恐惧导致的回避。作为治疗师，要想更清楚地界定剩下的三个问题，你可以逐一询问它们**如何**构成了来访者的问题。例如，"我的丈夫"是个问题，也许是因为丈夫认为妻子在用焦虑作为借口，且受够了她的拒绝。来访者报告“我的孩子”是个问题，也许是因为她开始限制他们的活动，因为担心自己无意中也会让他们感到害怕。最后，“自尊”构成问题，也许是因为来访者相信自己在生活的各个方面遭遇失败、怀疑自我价值，进而质疑自己做出的每个决定。通过问出探测性问题，你就能更好地界定问题。

记住，来访者可能在违背自己意愿的情况下被带入治疗。来访者常常是被伴侣、父母、雇主、老师或法院强制要求来接受治疗的。不论来访者是自愿前来还是存在其他相关方，制订一份明确的问题清单是治疗的第一步。

对于那些被迫前来治疗的来访者，首先，你可以询问他们，为什么别人认为他们需要来到这里，并引导他们理解治疗的意义。例如，设想一个前来接受治疗的女人，她的雇主告诉她，她在愤怒管理方面有问题。她认为自己不需要治疗，而雇主强迫她来治疗的行为才是荒谬的。治疗师也许首先可以询问她是否重视自己的工作，是否想继续做那里的员工。然后，治疗师也许会问她是否倾向于产生恼怒和挫败的感受（尤其是在工作场合中），如果是，在这种情况下她有什么行为表现。通过这个过程，治疗师有望帮助来访者认识到，愤怒有时可能会掌控她，为了保住她希望保住的这份工作，付出辛劳就此展开工作可能是必需的。让来访者接受并参与治疗，是制订问题清单的第一步。

治疗目标

治疗目标直接来源于问题清单，因为它们代表了来访者所提出的困境的解决方案。一般而言，最理想的目标是具体并且可测量的。界定明确的目标可以指明清晰的干预路径。来访者的目标还应当切合现实、关乎本人，也就是说，这些目标不应包括改变他人的尝试。治疗不是为了改变他人。因此，在制订治疗目标时，关键是要让来访者明白，他们不能控制其他人的行为、想法或言语。治疗目标是个人的，而非强加于人的。

“找到配偶”“发大财”“找到工作”这样的目标，并不是治疗本身能带来的结果。但是，采取必要行动、增加取得上述结果的概率，则是一个适当的治疗目标。我们不能为来访者找到配偶，但我们能帮助他们克服与人交谈的恐惧或者被人拒绝的恐惧，我们也能帮助他们改变看待自己的方式，让他们有勇气去追求自己想要的东西。

为了让目标具体、现实而详细，首先，我们要让来访者给每个目标下定义，并请他们描述达到这个目标的状态具体是怎样的。你可以使用引导式发现（guided discovery），让来访者对期望结果的抽象理解变得具体而清晰，同时让他们不现实的期待变得更现实。例如，如果来访者说“我只想变得快乐”，那么你可以帮着列出，来访者可以进行哪些具体行为来提高快乐的概率，例如“和朋友重新建立联系”以及“多参加令人愉快的活动”。

继续讨论前面焦虑来访者的例子，制订治疗目标的过程可能是这样的：为了处理她提出的第一个问题（焦虑），你可以询问她是否愿意获得面对恐惧的事物的能力，然后邀请她列出自己恐惧的事物。然后，你可以与她一起工作，逐步面对并挑战这些恐惧。来访者的第二个目标涉及丈夫对自己缺乏理解、施加要求。由于治疗目标不能包含改变丈夫的行为，更恰当的治疗目标可以是减少这些要求对来访者的负面影响，以及帮助她考虑替代性的观点，例如考虑“我丈夫认为这样做是在帮助我”的可能性。类似地，另一个有效的目标可以是帮助来访者学会坚持自己、设定限制的方法，或者，如果婚姻不和仍然对她而言是个问题，她还可以去寻求伴侣咨询。

为了解决来访者的第三个问题（例如她的孩子的问题，以及她的焦虑对他们的影响），恰当的治疗目标可能涉及找到一些方法让孩子能参与活动（不论她是否陪伴他们），最终目标则是让她也能参与这些活动。另一种可能有帮助的目标是，向她传授应对技巧，防止她无意中把不必要的焦虑转移到孩子们身上。最后，为了提升来访者的自尊，你可以和来访者一起工作，帮助她以更符合现实、更积极的眼光看待自己，这需要她学会真正认可自己所做的一切。你可以教授来访者决断的品质和社交技巧，从而帮助来访者对自己的决策能力更有自信，而不是质疑自己的所有决定。

为了帮助来访者制订问题清单并制订相应的治疗目标来处理这些问题，你可以使用下一页的工作表。

来访者工作表

制订问题清单与目标清单

在治疗师的帮助下，请利用这份工作表，列出你的问题和你希望在治疗中达成的相关目标。记住，问题的定义是给你带来痛苦、干扰你发挥功能或妨碍你达成目标的议题。目标则是让这些议题对你而言不再构成那么严重的问题。制订具体、现实的目标，有助于指导治疗，并引向对你最有用的具体干预措施。

问题（请确保清楚界定为什么这一问题构成了问题）：

____

目标（请确保你的目标是个人的、现实的且可测量的）：

____

会谈结构

作为 CBT 临床工作者，我们是提供干预的人。在这里，我们并不只是提供支持、倾听或让来访者享受宣泄的体验。在 CBT 疗法中，治疗有明确的开始、许多中间部分以及结束阶段。这种结构能最大限度地利用会谈时间，从而完成工作。它能确保关键的话题占据应有的时长，同时确保治疗师有时间实施恰当的干预。向来访者说明这样安排结构的理由，有助于争取他们的合作。虽然随着时间推移，你当然可以鼓励来访者越来越多地担起会谈的责任，但总体而言，责任仍然应由作为治疗师的你来承担。另外，虽然遵循会谈结构十分重要，但也别太僵化。若出现威胁生命的议题，请尊重你的治疗判断并相应地调整优先次序。

如果来访者以前接受过治疗，请对他们进行教育，说明这种治疗方式的不同之处。如果来访者曾经接受过支持性治疗，这样做尤为重要。请让来访者了解，CBT 的本质是目标导向的、指导性的、问题解决型的。请向来访者解释，他们会参与设定目标和列出聚焦问题的议程。鼓励来访者从治疗开始就记笔记（手写、利用电子笔记或录音），这会提升来访者的投入程度，也让来访者有机会复习所学内容。最重要的是，确保来访者理解，我们期待他们成为治疗团队的关键成员。你想让来访者理解，为了在自己的想法、感受和行为之间建立联结，他们需要在会谈中和会谈间隙都积极参与。

开始阶段

每次 CBT 会谈开始都有一个引入阶段（check-in），用于确定即将进行的工作量。它也是会谈与会谈之间的桥梁，让治疗工作渐进积累，还让治疗师有机会建立并保持稳固的治疗同盟（therapeutic alliance）。在典型情况下治疗师会用心境检查（mood check）开启会谈，这让治疗师得以评估来访者目前的状况，以及和之前会谈时比起来怎么样。虽然许多治疗师进行心境检查时都会问“你怎么样？”，但这样的开放式问题不一定能得到可靠的信息。相反，使用标准化的李克特量表——就像贝克焦虑、无望感、抑郁问卷（Beck & Steer, 1993a, 1993b; Beck, Steer & Brown, 1996）那样——是更好的选择。比起问一个概括的问题，哪怕只有一道题的李克特量表都更能就来访者的情绪获取可靠的信息。

为了评估来访者的情绪，你可以用从评分范围为 0 ～ 10 的量表询问来访者本周内的总体情绪，或者询问某种具体的情绪（例如来访者在过去一周内有多抑郁、焦虑、无望、想自杀或愤怒）。对于治疗重度抑郁很有帮助的策略是询问来访者治疗当天的感受如何，然后在会谈末尾时询问他们此刻感受如何，因为确保这些来访者离开会谈时的感受比来时有所改善是很重要的。

你可以在每次会谈的开始阶段使用下列工作表，以评估来访者的总体情绪。在让来访者评估自己的情绪之前，请让他们找出经常体验到的三种主要情绪。然后，请来访者对自己体验到这三种情绪的强烈程度分别按 0 ～ 10 分打分，并描述一下 0 分、5 分和 10 分的分值锚点在他们的生活中表现为怎样的状态。

来访者工作表示例

心境检查

请描述一下你今天感觉怎样。请在 0 ～ 10 的范围内给自己体验到下列三种情绪的强烈程度分别打分，0 分代表完全没有体验到，10 分代表你对这种情绪有过的、最强烈的体验。然后，描述一下你以 0 分、5 分和 10 分的强度体验到这种情绪时是怎样的状态。下面给出了关于悲伤情绪的示例。

情绪：悲伤

0 1 2 3 4 5 6 7 8 9 10

完全没有 中等 最强烈

0= 我按时起床上班，完成工作，认可自己的辛勤劳动。我和朋友约定聚会，这让我露出微笑。我去健身房，并且能打理生活事宜。

5= 我得很费劲才能去上班。我很难看到工作中发生的好事，我得逼迫自己回复消息、给朋友打电话。

10= 我无法起床上班。我无法停止去想事情有多么糟糕、我有多么孤独。我不再照顾自己，有时候甚至不能去洗澡，也不能吃东西，除了饼干和冰激凌。

议　程

会谈的开端除了用于心境检查外，还可以用于检查先前会谈的效果，看看上次会谈当中是否有什么内容影响了来访者过去一周的状况。为了获取这一信息，治疗师可以直接询问来访者，上周是否发生了任何重要的、希望深入讨论的事情。不要假设来访者会自动提起这些事情，你必须提问。除此之外，在会谈的开端还应检查服药情况和家庭作业。然而，这只是引入。如果有必要对某话题展开讨论，就把它设为议程中的一个条目，而设置议程是治疗开端最重要的部分。

为了达成治疗目标，来访者需要努力完成一些条目，议程则是一份包含最重要的条目的清单。通常，议程有几个条目，但也可能只有一个条目或者包含相当多的条目。议程应当聚焦于问题，而非泛泛地列出话题。例如，不应在议程条目中写“谈论来访者的男友”，而可以写“弄清楚这段关系是否符合来访者的最佳利益”。类似地，议程条目不写“谈论工作”，而可以写“找出方法来应对来访者感到自己缺乏能力、不知所措的感受”。尽管议程应当聚焦于问题，但有时可能只有先展开讨论、触及本质根源后，才能明确界定来访者的困难。

设定议程应当是合作性的过程，但这并不意味着治疗师不可以提出建议。例如，若来访者参与度较低，治疗师便可向其提供选项，或引导他们看看有什么内容也许是值得为其共同展开工作的。议程是合作性的，这意味着来访者认可就所识别的问题展开工作的合理性。合作性的议程确立后，就应对各个条目分配优先级，确保清单上最重要的条目能分到时间。然而，如果来访者希望处理所有项目，治疗师就有责任进行时间管理以便做到这一点。

关于议程，你需要记住几个重点。首先，确保议程的时间分配是符合现实的。一次标准的治疗会谈是 45 ～ 50 分钟。如果心境检查、回顾先前作业、检查服药情况、进行每周引入要花去 5 ～ 7 分钟（而且会谈末尾前的总结也大约花去 5 ～ 7 分钟），那么你有大约 30 分钟的时间可以就议程上的条目开展工作。选出 1 ～ 3 个要处理的条目是比较现实的，这取决于每个条目大约需要多少时间才能完全解决。和来访者共同确定议程条目的优先次序，以及每个条目的工作时间。

第二，如果复习家庭作业需要超过 5 分钟，就把它作为一个议程条目。确保与家庭作业相关的议程条目被定义为一个问题，而不只是简单带过与复习家庭作业相关的话题。例如，你也许可以转而聚焦于让来访者无法完成作业的困难，完成作业时体验到的挑战，或从中取得的收获。为了引出这样的讨论，你可以说：“在讨论今天的家庭作业时，听起来我们可以谈谈有哪些策略可以帮助你坚持完成书写工作。”遵循这些准则会让你的会谈更聚焦，并提高治疗效果。

为了在每次会谈开始时设定议程，你可以与来访者一起使用下面的工作表。

来访者工作表

设定议程

为了让你的会谈具有目标导向性，请列出你今天想谈论的条目。为了明确你希望在会谈中重点讨论哪些内容，请确保这些议程条目是详细、具体的。

例如，比起“谈谈对我而言重要的其他人”，更详细的议程条目可以是“弄清我的恋爱关系是否符合我的最佳利益”。然后，与你的治疗师合作，对每个议程项目进行优先排序，以确定你想在会谈中最先解决哪些条目。

最后，与你的治疗师决定你想在每个条目上花多长时间。请记住，每次会谈的时间是有限的，所以，请你思考一下，今天对你而言最重要的话题是什么。

议程条目	优先级	分配时间

会谈中期

设定议程条目后，治疗会谈的中期就开始了，这也是完成工作的时段。会谈中期就是治疗师努力理解并处理每个议程条目中的“是什么”的时段。换句话说，在这个时段，对于来访者列出的每个议程条目，治疗师需要确定是什么在推动这个问题。请具体了解来访者在每个议程条目上经历的困难与挣扎。帮助来访者识别出是什么阻碍了他们。特别是，治疗师应弄清导致困难的是来访者的思维模式还是行为，抑或二者兼而有之。下表提供了一个示例，用于说明来访者可能列为议程条目的两个困境，以及推动这些困境的“是什么”成分（例如，思维和行为）。

界定每个议程条目中的“是什么”

议程条目	是什么阻碍了来访者？ 思维、行为，还是两者兼有？
1.不能完成任务	思维：“我总是想着晚点再做。” 行为：拖延（看电视、刷社交媒体）
2.感到来自母亲的批评	思维：“妈妈应该闭嘴。” 行为：与妈妈吵架、大喊、咒骂、忽略妈妈的愿望

一旦你确定了每个议程条目的“是什么”部分，就请继续讨论每个条目的“怎么办”部分。也就是进行头脑风暴，思考来访者要如何处理这个具体的问题。这个过程的一部分包括帮助来访者评估自身想法和行为的准确性或有效性，以及他们怎么去修正本质上非

适应性（maladaptive）的想法或行为。

请记住，所有的心理问题都涉及思维方面的问题，所以认知重构（cognitive restructure）可以帮助来访者评估自身思维过程。请运用引导式提问流程，帮助来访者修正扭曲或无益的想法，让他们用偏见更少、更有帮助的方式看待情境。记思维日志（thought register）、画饼状图、做成本−收益分析、从他人视角看问题、看到替代性观点、采用连续体思维，以及给思维扭曲贴标签和寻找证据，是进行认知重构的一些方式。

为了处理来访者的无效行为，治疗师可以考虑采用针对问题行为的 CBT 策略，例如基于暴露的技术、进行实验来检验假设、收集行为数据、角色扮演或行为激活。以上仅仅是部分例子。总体目标是找到来访者可以使用的具体技能，来帮助他们克服所有带来困难的非适应性思维模式或行为模式。

界定每个议程条目中的“怎么办”

议程条目	来访者可以运用哪些具体技能来处理这个议题?
1.不能完成任务	思维：用“去做”思维替代“放弃”思维 行为：设置目标、做计划、抵抗分心刺激、遵循计划
2.感到来自母亲的批评	思维：用偏好陈述替换“应该”陈述［例如，“我希望（状况）……”“如果……就好了”］ 行为：进行决断训练、表达自身感受、让妈妈知道她的哪个行为让自己不快、不要忽视妈妈的愿望、考虑折中让步

总　结

在会谈过程中，随时总结来访者已经学到的内容。在完成每个议程条目后简短、定期地进行总结，以及在完成整个议程后提供整体的总结，对于取得良好的治疗效果至关重要，因为这样做能强化来访者在会谈中学会的东西。此外，你会希望来访者用自己的话总结学到了什么，以确保他们从这次经历中有所收获。

为了引出来访者的总结陈述，可以询问来访者“你从这次谈话中收获了什么？”或“你觉得你能从我们的谈话中带走什么？”。很重要的一点是，基于内容而非过程邀请来访者进行总结。不去讲“我们今天谈到了你的丈夫”，而要问“在谈论丈夫的过程中，你学到了什么？”。理想情况下，你希望来访者无需你的指导，能用自己的语言进行总结。然而，如果他们做不到，第二个办法是将来访者引向特定的结论。例如，你可以说：“我们谈到，你的丈夫没有用你喜欢的方式向你表明他的关心，但是，他自己认为他用什么方式表达了对你的关心呢？”最终手段则是直接告诉来访者，你希望他们从谈话中收获什么。例如对来访者说：“请记住，我们得出了结论，你的丈夫确实关心你，只是没有按你希望的方式表达关心。”

为了帮助来访者保存并复习学过的内容，请他们用书面、电子或口头的方式记下这些总结。例如，来访者可以把这些总结写在笔记本、小卡片或纸上，可以用短信发给自己，可以在手机的备注栏里留下信息，或者给自己留一条录音信息。

总结每个议程条目对应的收获

议程条目	收获是什么？
1.不能完成任务	治疗师："你认为你从我们的对话中收获了什么？" 来访者："我的思维干扰了我的行为。重点是用目标导向的思维取代干扰目标实现的行为，并用前者敦促我行动起来。当我能按照计划处理需要做的事情，我就会感觉好些。"
2.感到来自母亲的批评	治疗师："你认为你从我们的对话中收获了什么？" 来访者："当我冷静而坚定地向妈妈表达我的感受时，状况就会好得多，我也不会那么生气。进行妥协折中，既能帮助我得到我想要的东西，也能让妈妈开心。"

家庭作业

为了让来访者充分吸收他们在会谈中学到的东西，来访者必须在会谈间隙将学到的内容付诸实践。正因如此，家庭作业是 CBT 的重要组成部分。家庭作业能衡量来访者在改变过程中的投入程度，这就是为什么家庭作业依从性与更好的治疗预后有关。来访者完成家庭作业表明他们已经接纳了治疗模型，并正在努力实现自我效能。家庭作业能让来访者把会谈传授的原则应用于现实世界，从而延长并增加治疗接触（therapy contact）。家庭作业也提供了机会，让来访者得以收集数据、进行实验、练习会谈中学到的新观点。也就是说，家庭作业让来访者有机会把抽象的概念付诸实践，并且它通常为认知改变的发生提供了必要的行为数据。最重要的是，家庭作业有助于预防复发，因为治疗结束后的一切都是家庭作业。

不要以统一而宽泛的方式布置家庭作业，相反，家庭作业应当有机地立足于每位来访者的需求。因此，请确保让来访者参与设置家庭作业的过程。这样一来，治疗师就可以确保家庭作业是为来访者量身定做的，从而增加来访者依从的可能性。请确保清楚解释家庭作业的理论依据，以便来访者充分理解他们应当完成作业的原因。这一点对于依赖性强的来访者尤其重要。他们为寻求治疗师的赞许，通常在不理解背后原理的情况下盲目遵守家庭作业，这会让他们从完成作业的经历中收获较少。类似地，自主性更强的来访者会希望在选择作业内容的过程中扮演更主动的角色，向他们提供作业背后的理论依据会提高他们选择的质量。

此外，为了提升家庭作业依从性，你可以向来访者提供关于家庭作业内容的详细指示（例如，地点、时间、频率、持续时长）。让来访者考虑一离开你的办公室就开始做家庭作业，也是有帮助的策略。为了帮助来访者考虑这种可能性，你可以问："离开这里之后，你打算做点什么？"或者问："立刻就做我们刚才谈妥的家庭作业，可能会有什么好处？"同样重要的是询问："你做作业的可能性有多大？"你希望来访者在离开办公室时相信自己会去做作业。如果来访者说"我试试吧"或者"没准儿吧"，那么请考虑修改作业，或者找出可能存在的障碍。在这种情况下，你也可以在会谈中就开始布置作业。例如，如果来访者的家庭作业是完成一项特定的申请（例如，申请学校、职位或住房），但来访者一直在拖延，那么你可以让来访者在办公室开始申请程序。

把家庭作业与问题直接联系起来

议程条目	家庭作业
1.不能完成任务	• 回顾遵循计划的所有理由（例如，我会获得成就感；尤其如果我能为我完成的任何工作量赞美自己，这可能会提升我的自尊；这将减轻压力和应激；由于我不会再着眼于没能完成的事情，我会更加愉快）。 • 按照我的计划，在每天下午5点到晚上7点的时段内，花些时间处理我一直在拖延的具体事务。 • 用“去做”思维（例如，“拖延只会让我感觉更糟，我还会错过很多乐趣”或者“如果我等待，这件事就可能永远做不成了”）替代“放弃”思维（例如，“我晚点再做”）。
2.感到来自母亲的批评	• 练习坚决地与母亲沟通，明确告诉她我的感受、我想要什么、希望什么、偏好什么。准备好做出妥协。

有时候，有些真实存在的障碍会影响家庭作业依从性，在这种情况发生时，治疗师帮助来访者解决问题、处理障碍是恰当的选择。但更多时候，这些障碍源于内心的困难、接受程度（buy-in）不足、缺乏对作业的理解或者无望感。不管怎样，在来访者首次没有完成家庭作业时，就有必要对障碍进行讨论。除非某个作业是来访者康复过程的重要组成部分，否则，最切实可行的干预措施是修改家庭作业。如果某项作业非常关键，例如暴露，那么你可以试着找出某种方式，先和来访者一起完成作业。此外，你还可以要求来访者从朋友或家人那里寻求帮助，让他们协助来访者进行暴露。你也可以

提醒来访者他在治疗开始时确立了怎样的治疗目标，并讨论做作业对于目标的实现有多么重要。

会谈末尾

会谈末尾阶段应进行总结。临床工作者们通常把会谈末尾视为讨论家庭作业的时间，但讨论应该在议程上的每个问题得到解决后进行。相反，会谈末尾是一个机会，可用于获取总体反馈、重述学习要点、向来访者提供总结，以及回顾计划进行的家庭作业。邀请来访者给出总体反馈，这可以确保你没有用不恰当的方式对待他们、让他们感到困惑，或以任何方式让他们感到不快。请注意，若来访者已经自发地给出了反馈，在来访者已经提供反馈的情况下再要求他们反馈会让来访者觉得你没有关注他们，没有认真听他们说话。

此外，如果来访者给你积极的反馈、说这次会谈很有帮助，问来访者："是什么让这次会谈有帮助？"如果他们告诉你，这次会谈帮助他们深入陈述了自己的问题，而你是他们唯一倾诉过这个问题的对象，那么，这表明治疗关系很牢固。然而，积极的反馈并不一定意味着来访者获得了应对能力，特定问题带来的痛苦也不一定减少了。理想情况下，在采取干预措施后，来访者应当能够说出具体学到了什么能帮助自己在接下来一周内更好生活的内容。治疗师通常有必要引导来访者达成这项理解。在有需要时，治疗师甚至可以帮来访者讲出来。对学习内容进行总结，才表明已经进行了干预。

为了帮助你将基本的 CBT 会谈结构整合进你的实践，下面提供了一个治疗笔记模板，你可以用它来总结与来访者的会谈。

临床工作者工作表

治疗笔记

来访者：________　　日期：________

会谈次数：________　　会谈时长：________

心境检查：________

用药检查：________

家庭作业遵守情况：________

议程条目：________

关键想法与行为（“是什么”）：________

需要改变或养成的技巧（“怎么办”）：________

简要总结 / 可以带走的信息：________

相关家庭作业：________

要点的整体总结：________

对会谈的整体反馈：________

家庭作业：________

未来会谈需进行的工作：________

下次预约日期：________

自我评估

认知疗法量表（The Cognitive Therapy Scale）——又称认知疗法评定量表（Cognitive Therapy Rating Scale, CTRS）——提供了不错的方法，让治疗师得以评定自己实施 CBT 治疗的临床能力（Young & Beck, 1988）。它可以测量治疗师遵守 CBT 模型的程度和运用 CBT 的熟练程度。因此，我们认为此表既能测量忠实度，又能测量能力。

CTRS 有 11 个条目，可以测量不同领域的忠实度和能力。具体而言，它测量治疗师在如下方面的能力：（1）以合作的方式商定并遵守议程；（2）在会谈全程和会谈末尾征求反馈和总结；（3）基于认知模型的视角对来访者进行理解；（4）人际效能（interpersonal effectiveness）与融洽（rapport）；（5）在会谈全程中展现合作的态度；（6）有效率地把握工作进程；（7）运用引导式发现的基本原则；（8）识别并处理关键的认知与行为；（9）制订并实施连贯、有效的 CBT 改变策略；（10）用合理的方式应用各项技术；（11）定义并讨论相关家庭作业。

下面给出了 CTRS 量表，你可以用它评估自己运用 CBT 的熟练程度。得分 40 分及以上，表明你具备 CBT 领域的临床工作能力（Young & Beck, 1988）。虽然通常由独立、客观、受过训练的评分者来对工作样本打分，你也可以将量表中的锚点当作指导，给自己的工作样本打分。在督导中使用时，督导师可以对治疗师在会谈中运用 CBT 的情况打分，并和治疗师一起回顾每个分量表，以提升其 CBT 技能。过段时间后，督导师可以培训治疗师使用 CTRS，然后，督导师和治疗师可以对同一次会谈打分并一起回顾它，从而提高对认知模型的忠实度和使用 CBT 的熟练度。治疗师还可以通读量表和附带手册，继续对会谈进行自我评分；还可以在小组中对志愿者提供的会谈内容进行评分，以提高特定组织内的评定者可信度。量表和配套的 CTRS 手册（Young & Beck, 1980）也可以在认知疗法学院的网站 www.academyofct.org 中找到。

督导 / 临床工作者自我评估工作表

认知疗法量表

治疗师：________________ 来访者：________________

会谈日期：________________

指导语：对于每次会谈，用在 0～6 分的范围内打分的量表评价治疗师，并将评分记录在条目编号旁边的一行。偶数的得分旁有相关描述。如果你认为治疗师的得分处于两条描述之间，请选择中间的奇数（1、3、5）。例如，如果治疗师议程设定得很好却没有确定优先次序，就打出 5 分，而不是 4 分或 6 分。

如果有时某个条目的描述语似乎不适用于当前评分的会谈，请无需顾虑，略过它们，并使用下面这些更一般性的量表：

0	1	2	3	4	5	6
差	几乎没有能力	平庸	良	好	非常好	优秀

请不要对任何条目留白。对于所有条目，请考虑到治疗来访者的困难程度，最终聚焦于考察治疗师的技能。

第一部分　一般性治疗技能

______ **1. 议程**

0　治疗师没有设定议程。

2　治疗师设定的议程含糊或不完整。

4　治疗师与来访者一起工作，设定了双方满意的、包含具体目标问题的议程（例如，职场焦虑、对婚姻的不满）。

6　治疗师与来访者一起工作，设定了适当的议程，它既包含目标问题，也适合可用的时间。对问题确立了优先级，然后按议程进行治疗。

______ **2. 反馈**

0　治疗师没有寻求反馈，以评定来访者对会谈的理解或反应。

2　治疗师从来访者处获取了一些反馈，但没有询问足够多的问题来确保来访者理解治疗师在会谈中的逻辑链条，或者确定来访者是否对会谈满意。

4　治疗师询问了足够多的问题，以确保来访者理解治疗师在会谈中的逻辑，也挖掘了来访者对会谈的反应。在适当的时机，治疗师基于反馈结果调整了自己的行为。

6　在会谈全程中，治疗师非常善于引出并回应来访者的口头反馈和非口头反馈（例如，引出来访者对会谈的反应，定期检查来访者的理解情况，在会谈末尾帮助来访者总结要点）。

______ **3. 理解**

0　治疗师多次未能理解来访者明确谈及的内容，因此一直未能抓住重点。共情技能差。

2　治疗师通常能反映或重述来访者明确谈及的内容，但多次未能回应来访者更微妙的交流。倾听和共情的能力有限。

4　治疗师似乎大体理解了来访者的内在现实，后者既反映在来访者明确谈及的内容中，也反映在更微妙的交流传递的内容中。具有良好的倾听与共情能力。

6　治疗师似乎全面理解了来访者的内在现实，且善于通过恰当的言语或非言语回应，向来访者传递这种理解（例如，对于来访者的信息，治疗师回应时的语调传达出充满同情的理解）。具有优秀的倾听和共情能力。

______ **4. 人际效能**

0　治疗师人际技能差，看起来对来访者流露出敌意，贬低来访者，或者以其他有伤害性的方式对待来访者。

2　治疗师看起来对来访者没有伤害性，但有显著的人际问题。有时，治疗师流露出并无必要的不耐烦、冷漠、不真诚感，或难以传达自信和能力。

4　治疗师表现出令人满意的温暖、关切、自信、真诚和专业水平。没有显著的人际关系问题。

6　治疗师展现出最佳的温暖、关切、自信、真诚和专业水平，且适合本次会谈的来访者。

______ **5. 合作**

0　治疗师并未尝试与来访者建立合作。

2　治疗师试图与来访者合作，但要么难以界定来访者认为重要的问题，要么难以确立融洽的关系。

4　治疗师能够与来访者合作，聚焦来访者和治疗师都认为重要的问题，并建立融洽的关系。

6　治疗师与来访者似乎达成了很好的合作。治疗师尽可能地鼓励来访者在会谈中扮演主动的角色（例如，通过向来访者提供选项），以便咨访双方作为团队发挥作用。

______ 6. 节奏与有效利用时间

0　治疗师并未尝试对治疗时间划定结构。会谈显得漫无目的。

2　会谈有一定方向性，但治疗师在结构或节奏方面存在显著的问题（例如，结构不足或结构僵化，节奏太慢或节奏太快）。

4　治疗师相当成功地有效利用了时间。治疗师持续恰当地控制着会谈的进程与节奏。

6　治疗师巧妙地限制了离题而无益的讨论，用适合来访者的速度控制治疗进程，从而有效地利用时间。

第二部分：概念化、策略与技术

______ 7. 引导式发现

0　治疗师主要依靠辩论、说服或“讲大道理”。治疗师看起来在盘问来访者、让来访者陷入防御状态，或将自己的观点强加给来访者。

2　治疗师过于依赖说服或辩论，而不是引导式发现。然而，治疗师的风格足够有支持性，来访者看起来没有感到被攻击或开始戒备。

4　在多数情况下，治疗师通过引导式发现帮助来访者看到新的视角（例如，通过检验证据、考虑替代观点、衡量利弊），而不是通过辩论。恰当地使用提问。

6　治疗师非常善于在治疗过程中运用引导式发现探索问题，并帮助来访者得出自己的结论。治疗师很好地平衡了有技巧的提问和其他干预模式。

______ **8. 聚焦于关键认知或行为**

0 治疗师并未尝试引出特定的想法、假设、意象、意义或行为。

2 治疗师使用了恰当的技术来引出认知或行为；然而，治疗师难以找到聚焦点，或聚焦在了与来访者关键问题无关的认知或行为上。

4 治疗师聚焦于与目标问题相关的特定认知或行为。然而，治疗师本可将重点放在更核心、更可能带来进展的认知或行为上。

6 治疗师巧妙地聚焦于关键认知、假设与行为，它们与问题领域最相关，也更可能带来可观的进展。

______ **9. 改变的策略**（注意：对于这个条目，请关注治疗师所使用的改变策略的质量，而不是策略实施的效果，或改变实际上有没有发生。）

0 治疗师没有选用认知行为技术。

2 治疗师选用了认知行为技术。然而，要么引发改变的总体策略显得很含糊，要么看起来对来访者并无助益。

4 治疗师看起来有总体连贯、预期收效良好的改变策略，也包含认知行为技术。

6 治疗师遵循着连贯的改变策略，这一策略看起来很有希望，也包含了最恰当的认知行为技术。

______ **10. 认知行为技术的应用**（注意：对于这个条目，请关注治疗师应用技术的熟练程度，而不是技术与目标问题的适配程度，或改变实际上有没有发生。）

0　治疗师没有应用任何认知行为技术。

2　治疗师运用了认知行为技术，但在运用方式上有显著的缺陷。

4　治疗师运用了认知行为技术，展现出一定的熟练程度。

6　治疗师熟练且机敏地运用了认知行为技术。

______ **11. 家庭作业**

0　治疗师并未尝试在治疗中纳入与认知疗法相关的家庭作业。

2　治疗师在将家庭作业纳入治疗方面有很大困难（例如，没有回顾先前的家庭作业，对家庭作业的解释不够细致，布置了不合适的家庭作业）。

4　治疗师回顾了先前的家庭作业，布置了与会谈中处理的议题大体相关的认知疗法“标准”家庭作业。对作业进行了足够详细的解释。

6　治疗师回顾了先前的家庭作业，并基于认知疗法认真布置了下周的家庭作业。作业看起来是“定制的”，以帮助来访者整合新视角、检验假设、尝试在会谈中讨论过的新行为，等等。

总分：__________

第四章

案例记录

案例记录说明

案例记录（case write-up）提供了一种方式，有助于全面理解来访者本人、来访者的诊断和来访者的困境。根据认知疗法学院使用的格式，案例记录包括四个部分：个案历史、个案建构、治疗计划，以及治疗过程。

个案历史部分提供了来访者背景的总体概况，包括：与来访者主诉相关的信息，当前疾病史，过往精神病史、个人史、社会史和就医史，当前精神状态，以及适用的诊断。个案历史部分的通篇内容都应当支持对来访者的诊断，以便确凿无疑地得出这一诊断结论。

个案建构部分在个案历史之后，给出对来访者的认知概念化。这一部分包含可能诱发当前障碍的所有重要事件的信息、对当前认知与行为的横向呈现（例如，自动思维、情绪和行为）、对认知和行为的纵向呈现（例如，核心信念、深层假设）、来访者的优势与资源，以及把治疗中的概念化与干预措施联结起来的工作假设。在完成个案概念化中的横向部分与纵向部分之前，必须首先完成怀疑概念化（见第二章），以提供理解来访者的认知与行为功能所需的必要信息。

治疗计划和**治疗过程**是案例记录的最后两个部分。治疗计划部分包括来访者的问题清单、治疗目标和治疗计划。有明确的治疗计划是非常重要的，它能简化临床工作者面临的治疗任务，尽可能提升治疗起效的概率。最后，治疗过程部分记录了使用 CBT 的全过程中处理的议题。关键在于，这个部分的信息应涵盖治疗关系的性质与质量、主要运用的 CBT 干预措施（以及基于对来访者的概念化，使用这些策略的理由）、遇到的任何困难、基于对来访者的概念化来理解并处理这些困难的方式，以及迄今为止的治疗成果或进展。

和 CTRS 一样，案例记录也是辅助 CBT 技能习得的有效工具，因为一份可靠的案例记录需要治疗师对来访者及其问题有良好的理解，并提出综合的干预计划。构建有效的个案建构和治疗目标，需要治疗师理解认知模型的基本原则，并将其应用于有特定诊断的个案。基于这一理由，认知疗法学院（Academy of Cognitive Therapy）也开发了案例记录评分表来评估治疗师的 CBT 临床胜任力。这个评分表评估治疗师遵从个案建构特定要素的程度，每个条目按“缺乏”“具备但不充分”“具备且充分”进行打分。在总分 24 分中得到 20 分表明遵从度良好。可以从认知疗法学院的网页上下载该个案建构评分表的副本。下面是一份大纲，它详细说明了进行案例记录的方式。

临床工作者小贴士

个案概念化记录

1. 个案历史（建议词数：750）[1]

总体说明：个案历史部分应当简要总结你在治疗中评估该来访者时收集的、最重要的背景信息。描述个案历史时应简洁明了。

A. 辨识信息

基于保密目的，请使用虚构名称指代来访者。请在个案历史和个案概念化的全篇使用这一虚构名称。描述来访者的年龄、性别、种族、婚姻状况、生活状况和职业。

B. 主诉

用来访者的原话记录来访者的主要困扰。

C. 当前疾病史

描述来访者当前的病症，包括情绪、认知、行为和生理症状。记录环境中的应激源。简要回顾对当前疾病已经尝试进行过的治疗（若有）。

D. 过往精神病史

简要总结过往精神病史，包括物质滥用历史。

E. 个人史与社会史

简要总结来访者个人史与社会史最突出的特点。纳入对有塑造作用的经历、创伤（若有）、支持结构、兴趣爱好和物质使用状况的

1 原文为建议的英文词数，和对应中文字数包含的信息量有差别，请读者注意。

观察。

F. 就医史

记录所有可能影响心理功能或治疗过程的医学问题（例如，内分泌紊乱、心脏病、癌症、慢性病、慢性疼痛）。

G. 精神状态观察

列出在治疗开始时进行的精神状态检查中观察到的三到五个突出的特点。纳入对来访者总体外貌和情绪的观察。不要描述完整的精神状态检查。

H. DSM-5 诊断

给出 ICD-10 或 DSM-5 体系下的诊断。

2. 个案建构（建议词数：500）

总体说明：使用下面的提纲，描述你的个案建构的主要特点。

A. 诱因（precipitant）

诱因指的是可能对疾病发作起到重要作用的较大规模事件。典型的例子是由多个事件诱发的抑郁发作，其诱因可能包括在职场中晋升失败、亲密朋友去世，以及婚姻关系紧张。在某些情况下（例如，来访者有双相情感障碍、具有强烈生物学特征的复发性抑郁），明显的社会心理诱因可能不存在。如果无法确定社会心理诱因，请留意来访者个人史中有无其他任何可能有助于解释疾病发生的特征。

在案例建构的下一部分用到的术语激活情境（activating situation），是指引发消极情绪、突然产生非适应性认知与行为、但规模较小的事件和情境。例如，一位来访者在经历了前文所述的诱发事件后陷入抑郁，她的抑郁情绪可能在工作时、与丈夫共处时，以及参加她与去世的朋友曾经一起上的课程时恶化。

在你的假设中，哪一个诱因在来访者的症状与问题的发展过程中发挥了重要作用？

B. 对当前认知与行为的横向视角

案例建构的横向视角，包括对来访者目前（或在治疗中取得实质性进展之前）表现出的主要认知、情绪与行为（以及相关生理反应）的观察结果。在通常情况下，横向视角更关注在治疗中较早识别出的表层认知（例如自动思维），而不是潜在图式（schemas）、核心信念，或者在后文描述的纵向视角下居于核心地位的诸多假设。

在你的概念化结果中，横向视角应该可以指明如何在治疗早期将认知模型用于当前来访者。列出最多三个当前的激活情境或对过去激活情境的记忆。描述来访者在这些情境下的典型自动思维、情绪和行为（以及相关生理反应）。

C. 对认知与行为的纵向视角

个案概念化的这一部分，重点是用纵向视角看待来访者的认知与行为功能。随着治疗进行，治疗师逐渐发现潜在的图式（核心信念、规则、假设）和持续的行为模式（补偿策略），从而充分补全纵向视角。

来访者的关键图式（核心信念、规则或假设）和补偿策略是什么呢？对于先前病史并不显著的来访者（例如，一位来访者有双相障碍，但并未患过产生非适应性假设或图式的发育障碍），请写明来访者只在当前发作期间出现的主要信念和功能失调行为模式。报告与来访者的图式与行为策略的产生和维持相关的发展前因，或者论证来访者的发展史与当前心理障碍没有关系，从而支持你提出的假设。

D. 优势与资源

简要描述来访者的优势与资源（例如，躯体健康、智力、社交技能、支持网络、工作经历等）。

E. 工作假设（概念化的总结）

简要总结指导你制订治疗干预措施的工作假设的主要特点。将你的工作模型和与来访者当前障碍相关的认知模型联系起来。

3. 治疗计划（建议词数：250）

总体说明：使用下列提纲，描述你的治疗计划的主要特点

A. 问题清单

列出你和来访者发现的所有重要问题。通常而言，你们会在好几个领域中发现问题（例如，心理 / 精神、人际关系、职业、医疗、财务、住房、法律和休闲问题）。问题清单通常包括 2 ～ 6 个条目，有时可达八九个条目。用几句话简单描述一下这些问题，如果这些问题已经在当前疾病史中详细描述过，就只用在这里列出问题的名称。

B. 治疗目标

写出与来访者合作商定的治疗目标。

C. 治疗计划

结合上述目标、个案历史以及你的工作假设，简要写出你对当前来访者的治疗计划。

4. 治疗过程（建议词数：500）

总体说明：请使用下面的提纲，描述治疗过程的主要特点。

A. 治疗关系

详细说明治疗关系的性质和质量、你遇到的所有问题、你对这些问题的概念化，以及你解决这些问题的方式。

B. 干预或程序

描述你使用过的三种主要的认知疗法干预措施并进行论述，将这些干预措施和来访者的治疗目标以及你的工作假设联系起来。

C. 难点

请举一例说明你在治疗中如何处理难点。描述一下，你对难点出现的概念化，并写下你是如何处理它的。如果你在这次治疗中没有遇到任何显著困难，请举一例说明你在治疗中是如何利用来访者的优势的。

D. 结果

简要报告治疗的结果。如果治疗尚未完成，请描述到目前为止的进展。

案例记录示例

下面是一份对 28 岁男子乔治的案例记录示例，旨在说明如何将案例记录付诸实践。如前所说，案例记录的第一部分包括：填写怀疑概念化模型，以理解来访者的过去经历以何种方式塑造了怀疑标签、准则或假设，以及无效补偿行为的发展过程。治疗师只有在把这些部分汇聚在一起之后才能完成案例记录的写作。因此，书中提供的例子首先描述了对乔治的怀疑概念化，然后给出他的案例记录。在案例示例之后，我们给出了一份空白的案例记录模板，你可以用它来进行概念化，并制订针对你的来访者的治疗计划。

来访者工作表示例

怀疑的概念化模型

●●●●●●

乔治

有塑造作用的经历

- 父母谨慎、戒备
- 父亲非常焦虑，总是忧心忡忡
- 被家人溺爱

怀疑标签

- “我是脆弱的”

准则或假设

- 积极：“如果我没有躯体感受，那就说明我状态良好。”
  “如果我和能照顾我的人在一起，那我将平安无事。”
  “如果我避开让我焦虑的事物，那我将平安无事。”
- 消极：“如果我产生了躯体感受，那就说明我处于脆弱状态。”
  “如果我独自一人，那我将无法应对。”
  “如果我让自己陷入有压力的情境，那么我将易受伤害。”

无效补偿行为

- 回避（例如，逃避工作、社交场合和自我暴露）

- 时常检查自己的心跳以获取安慰
- 总在家人身边以获取保护

来访者工作表示例

特定情境下的自动思维

乔治

情境 1

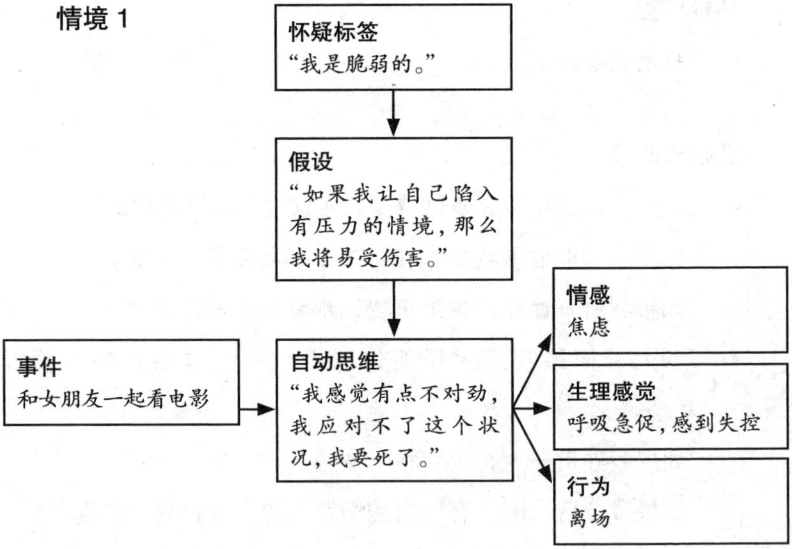

情境 2

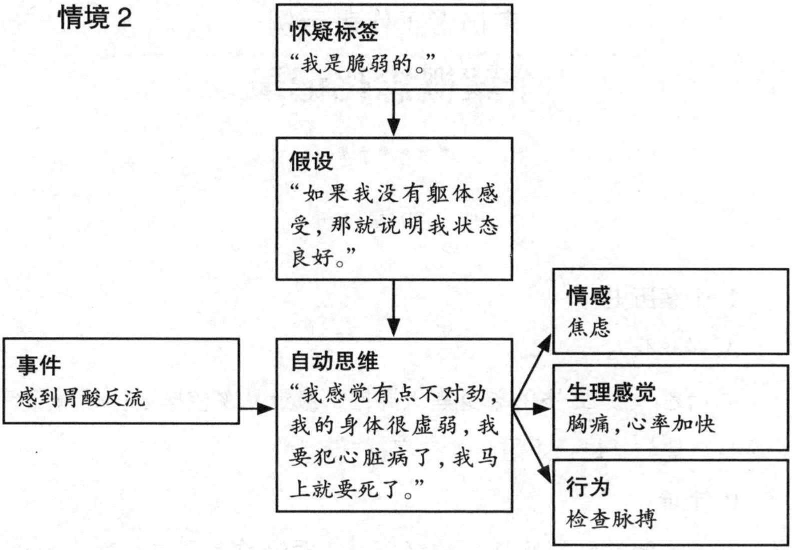
怀疑标签
“我是脆弱的。”
假设
“如果我没有躯体感受，那就说明我状态良好。”
事件
感到胃酸反流
自动思维
“我感觉有点不对劲，我的身体很虚弱，我要犯心脏病了，我马上就要死了。”
情感
焦虑
生理感觉
胸痛，心率加快
行为
检查脉搏

情境 3

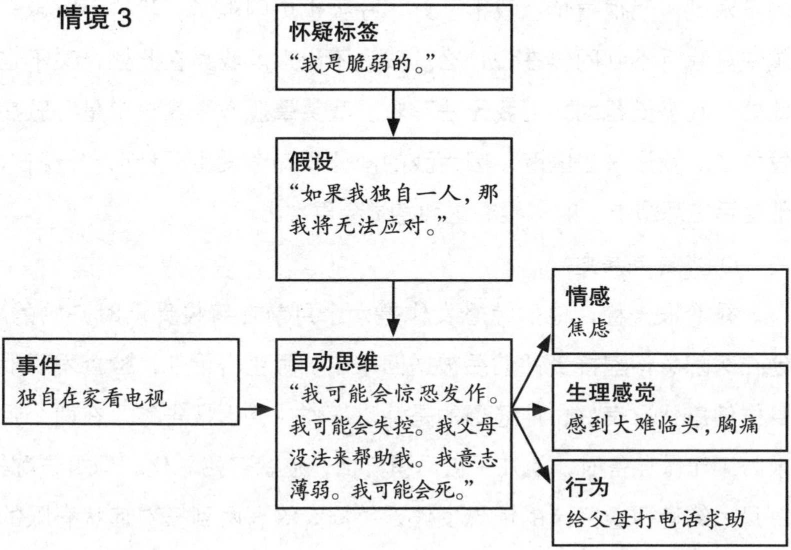
怀疑标签
“我是脆弱的。”
假设
“如果我独自一人，那我将无法应对。”
事件
独自在家看电视
自动思维
“我可能会惊恐发作。我可能会失控。我父母没法来帮助我。我意志薄弱。我可能会死。”
情感
焦虑
生理感觉
感到大难临头，胸痛
行为
给父母打电话求助

来访者工作表示例

个案概念化记录

●●●●●●

乔治

1. 个案历史

A. 辨识信息

乔治是一位28岁的单身黑人男性，最近从警校毕业，是一名新手警察。他与父母、姐姐同住在家。

B. 主诉

在一次随警队执行任务的经历后，乔治前来寻求治疗。当时，他注意到咽喉深处涌起一种可怕的灼烧感，并想："状况不对劲，真的不对劲。我很害怕。我很不好。呼吸也更困难了。我的心跳越来越快。我听不到同伴在说什么。我说不出话。我身在此处，又不在此处。我需要帮助，但我无法呼救。我头晕恶心。我一定是心脏病发作了。我没法去医院，因为我的同伴不知道发生了什么。"现在，他生活在恐惧中，时刻担心这种感觉会再次出现。

C. 当前疾病史

乔治报告称，他的惊恐发作是六个月前在警校受训时开始的。他在医院急诊室接受评估后被送回家中。医生告诉他，检查发现他身体健康状况良好，他经历的是惊恐发作。乔治报告称，在两个月前为工作做准备时，他几乎被恐惧打倒，症状开始恶化。他报告称，每月大约有两次完全的惊恐发作，每周大约有两到三次症状有限的发作。他意识到自己几乎无法在家庭之外正常发挥功能，需要采取行动，因此决定打电话预约治疗。

- 情绪症状：惊恐、焦虑、担心、悲伤、易怒、忐忑不安。
- 认知症状：相信自己出了问题（“我会心脏病发作的，我会死”），担心再次出现惊恐发作。
- 行为症状：检查脉搏，大部分时间与家人待在家里，与朋友隔绝开来，与女友进行活动受限，寻求安慰，打盹。
- 生理症状：心率加快、胃肠道不适、呼吸急促、手掌出汗、颤抖、嗜睡、刺痛感、口干、虚弱、不真实感、恶心、肌肉紧张、腿部有针刺感、头晕和头痛。

乔治生活中的主要应激源是工作和社交生活。由于乔治对自己的惊恐发作感到尴尬，他对此缄口不言，只有直系亲属知晓此事。这让他感到自己与同事、朋友和女友隔绝开来。他报告越来越因自己的警察身份感到焦虑。这本是他人生的梦想，而最近刚刚实现。

D. 过往精神病史

乔治去看了家庭医生，医生建议他请几个月的病假，给他开了劳拉西泮（Ativan）让他在有需要时服用，还给他开了另一种抗抑郁药物。然而，他对于服用精神药物感到很不舒服。乔治提出，几个月前他曾短期接受过内省取向的治疗，但他认为这没有帮助。13岁时，他曾接受过针对夜惊（night terror）的治疗，这一状况现在已经完全康复。乔治没有精神科住院史和自杀尝试，也未受过情感、言语、躯体或性虐待。他未报告抽烟、喝酒或使用非法药物。

E. 个人史与社会史

谈到相关的童年经历时，乔治表示他是家中四个孩子里最小的。

他报告称他与父母关系密切，认为父母很慈爱，觉得他们是提供支持与保护的人。乔治提到，他父亲总忧心忡忡地为自己的健康状况而烦恼。乔治的祖母和外祖母都曾因抑郁症接受过治疗。

乔治报告称，他一直想成为警察。然而，他也承认，终于实现当警察的毕生梦想让他感到焦虑。尽管他自称有朋友，但没有一个人是他特别亲近或可以向其倾诉的。在接受治疗时，他与一名女性刚刚建立亲密关系。

F. 就医史

乔治最近因慢性胃酸反流而寻求治疗。警校录取体检显示，乔治的身体健康状况良好。

G. 精神状态观察

乔治的主要情绪倾向是焦虑。

H. 精神障碍诊断与统计手册（DSM–5）诊断

F40.01 惊恐障碍

2. 个案建构

A. 诱因

来访者惊恐障碍的诱发事件可能是被警校录取。他从小就梦想着成为警察。

乔治给自己施加了很大的压力，要求自己必须成功。他还认为，他的焦虑超出了自己的承受力，以至于已经对身体产生了伤害。这种情况的结果便是以脆弱和软弱为核心的信念激活。这增加了焦虑与恐惧，导致惊恐发作。乔治试图向他人隐瞒自己的困境，这也会加剧他的焦虑。此外，自我批评的增加和社交孤立也与他烦躁不安的情绪有关。

B. 对当前认知与行为的横向视角

在首次评估中，乔治描述了带女朋友去看电影的情境。他买票时感到自己心脏狂跳，出现了恶心、头晕、颤抖和双腿无力的情况。他的自动思维是“我不对劲了”“我无法处理这个问题”“我要死了”。因此，他感到焦虑，和女朋友中途离开电影院。

在另一个情境下，乔治在工作时胃酸反流，感到越来越不舒服。他的自动思维是“状况不太对”“我的身体很虚弱”“我要心脏病发作了”“我要当场死掉了”。随着他的焦虑不断提升，他发现自己每隔几分钟就检查一下脉搏。

在第三个情境下，乔治独自在家看电视，因身边没有人而感到焦虑。他的自动思维是“我可能会惊恐发作”“我可能会失控”“我的父母没法来帮助我”“我意志薄弱”“我可能会死”。他感到焦虑，并打电话给父母寻求安慰。

C. 对认知与行为的纵向视角

乔治被父母带大，而他的父母对生活持谨慎而警惕的态度，尤其是他的父亲。乔治的父亲倾向于关注行为与活动潜在的危险后果，以及个体健康状况的不确定性。因此，基于家庭中传递的这些信息，乔治发展出了自己的内在规则，并似乎形成了自己很脆弱的核心信念（例如，怀疑标签）。为了应对这些自我怀疑，他的积极条件假设是：“如果我没有躯体感受，那就说明我状态良好。”“如果我和能照顾我的人在一起，那我将平安无事。”“如果我避开让我焦虑的事物，那我将平安无事。”他的消极条件假设则表现为：“如果我感受到躯体感觉，那就说明我处于脆弱状态。”“如果我独自一人，那我将无法应对。”“如果我让自己陷入有压力的情境，那么我将易受伤害。”

为了不让“我是脆弱的”的核心信念被激活，乔治发展出的补偿策略是回避可能触发焦虑的情景和紧贴安全感来源。他开始限制自己的活动，包括请假不上班、只在家附近活动。他报告称，他与朋友隔绝开来，并限制与女友的社交计划。乔治大部分时间都和家人一起待在家里，避免在他们不在时做任何事情。他不断检查自己的脉搏，确保自己没事。他还通过打盹来回避自己的恐惧。

D. 优势

乔治的求助动机非常强。他积极地配合制订议程、参与会谈和设计家庭作业的过程。他的智力也高于平均水平，还有良好的家庭成员支持系统。

E. 工作假设

乔治从他谨慎的父母那里习得这样的倾向并表现出来，他会高估情境中的危险，低估自己的应对能力。内在感觉引发恐惧，随之而来的是更严重的生理感受：心动过速、呼吸急促、恶心、颤抖和出汗。将注意力集中在身体内部的感受上，会让它们越发强烈。他消极的条件性假设，会让他在置身于有压力的情境（例如，工作时）时遇到更大的困难，他认为自己很脆弱的自我怀疑也时常被激活。由于害怕最糟糕的情况，他害怕并试图回避一切症状，导致工作和社交生活的功能受到影响。

3. 治疗计划

A. 问题清单

1. 惊恐发作
2. 伴发焦虑
3. 回避同事与朋友
4. 使用精神类药物——乔治表示不想依赖药物应对焦虑

5. 工作——在请假结束后回归岗位

B. 治疗目标

1. 识别焦虑与惊恐之间的差异
2. 通过强化应对焦虑的策略，更好地处理焦虑
3. 消除惊恐发作
4. 停止服用精神类药物
5. 从容地回归岗位
6. 重新开始社交

C. 治疗计划

乔治学习了认知模型，了解了思维在他应对、回应情境的过程中发挥的作用。基于个人经历，乔治得以看到认知对情绪、躯体反应和行为的影响。乔治随后也得以理解，若用更理性的替代反应取代当前自动思维，改变思维方式，又会对情绪、身体和行为有什么影响。我们把他旧的思维方式与焦虑、惊恐的认知模型联系起来，帮助他认识到，他倾向于将良性的刺激解释为有威胁、危险或可能带来灾难的刺激。治疗计划还旨在帮助乔治与朋友和同事重新建立社交关系并重回工作岗位。

4. 治疗过程

A. 治疗关系

我们有良好的治疗关系。乔治的求助动机非常强，这有助于推进治疗。

B. 干预或程序

1. 对乔治进行心理教育，讲解焦虑与惊恐循环的认知模型。通过对他的经历和心理障碍构筑工作模型，乔治清楚地意识到，

治疗策略将使他获得康复所需的必要工具。

2. 教导乔治如何使用风险/资源比（risk/resource ratio）来现实地评估威胁与资源，这减轻了他的焦虑与脆弱感。

3. 在治疗过程中使用内感暴露练习，激活身体中的自主神经唤起。这一练习的原理是模拟惊恐发作帮助来访者认识到，这些症状虽然带来不适，但并不危险。

C. 难点

治疗中的难点之一是，乔治不愿完成一项家庭作业，这一作业需要将自己置于更可能诱发惊恐发作的环境中。我们讨论了做这个练习与不做这个练习的利弊。然后，我们根据讨论中得出的优点论证了做这项练习的理由，他也完成了暴露。

D. 结果

乔治对持续六次会谈的治疗反应良好。结束治疗时，乔治不再恐惧身体感受，也不再回避社交场合或工作。

第五章

抑郁

认知模型与治疗的关键成分

抑郁来访者的思维模式往往存在消极偏差，这种偏差主要表现在思维的三大方面。具体而言，抑郁来访者对自我、未来和世界怀有消极看法（Beck, Rush, Shaw & Emery, 1987）。例如，他们可能认为自己没有价值（自我），相信一切都不会好起来（未来），并认为没有人在乎他们（世界）。这三方面的消极偏差与意志瘫痪、抑郁情绪、自杀愿望、依赖增加、回避和社会退缩相关（Beck et al., 1987）。

无论抑郁的病因是什么，我们都能观察到上述认知三联征（cognitive triad）的出现，并且很重要的是，不论病因为何，这样的认知三联征都是可以经由治疗改善的。抑郁治疗的一个关键成分是认知重构（cognitive restructuring），这包括识别、评估并修正这些扭曲而夸大的负性自动思维，并把它们转化为更现实、积极且合理的信念。治疗的另一关键成分是行为激活（behavioral activation）。抑郁带来的行为退缩和活跃性降低，会助长消极偏差并阻碍康复。因此，激活来访者、让他们重新建立社会联结，通常是治疗抑郁的必经之路的开端，这还可以为认知改变提供必要的数据、同时改善情绪。本章更加详细地论述了认知重构和行为激活的原则，并讨论了评估来访者抑郁症状程度的最佳方式，从而相应地构建治疗、确定优先级。

评　估

心境量表

心境量表（mood scale）是评估抑郁症状严重程度的有效方法。已有许多客观自我报告量表可以可靠而有效地评估心境，这包括贝克抑郁量表 -II（Beck Depression Inventory-II）（Beck, Steer, & Brown, 1996）和伯恩斯简明心境调查（Burns Brief Mood Survey）（Burns, 1995）。然而，除了使用这些更正式的心境量表，治疗师还可以简单地要求来访者使用李克特量表对自身情绪进行主观打分。你可以请来访者根据自己经历的具体困难，对自己的易怒度、烦躁、沮丧、愤怒、焦虑或无望感进行评分，评分范围为 10 分（完全不严重）到 0 分（严重）。

进行心境测量有好几重目的。第一，抑郁来访者在从重度抑郁转变为中度抑郁再到康复的过程中，往往不能意识到自己取得的进展。每周完成心境量表，来访者便获得了衡量自身进展的客观标尺。第二，在会谈开始时收集每周心境测量数据，可以提供展开讨论的机会，探讨让来访者的心境改善或恶化的因素是什么。第三，在会谈中途或结束时使用心境测量，可以提供数据以衡量治疗策略是否有效。例如，假设你正与一位来访者工作，她报告自己情绪低落，只能给当前心境打 2 分，但在谈论自家花园里正在萌发的植物后，她报告当前心境为4分。你可以凭逻辑推论，让来访者安排更多时间做园艺会是改善情绪的合理策略，因为似乎只是想一想花园里的植物就对情绪有积极影响。同样，如果高风险的来访者在会谈结束时报告的心境评分比之前更低了，这就表明治疗师有必要立即进行干预。

第四，心境评估有助于引导会谈焦点。例如，当来访者报告心境低落时，治疗师或许就需要优先讨论并处理与这一低落的心境相关的议题。来访者是否表达了自杀或杀人的想法？这种心境是否显著影响了来访者的睡眠？来访者是否报告体重急剧下降或增加，或者有问题的饮食行为（例如，患糖尿病的来访者不再注意糖分摄入）？这一心境是否影响了来访者的日常功能，例如个人卫生或行动能力？处理自杀或杀人风险始终是第一要务，因为如果来访者无法保持存活、持续就问题展开工作、因医疗问题而住院，或者锒铛入狱，那么他们的情况就无法改善。此外，饮食失调、个人卫生状况差和缺乏睡眠，也会让来访者处于危险之中（例如，厌食症可能导致心脏问题，睡眠剥夺可能导致疲乏、易激惹和精神病）。通过评估来访者的心境，你可以识别并优先处理这类问题，其中有许多都可经由CBT干预改善。对于构成更严重问题的议题，可能有必要纳入辅助服务（例如，药物治疗），并请来访者咨询如何获取这些服务。

为了评估心境，你可以请来访者每周或每天进行测量。例如，你可以请来访者对过去一周的平均心境进行评分，主题可以是当前追踪或评估的任何特定情绪（例如，抑郁、无望感、愤怒、焦虑）。这种心境评分的李克特量表示例如下：

一点也不			轻微			中等			严重	
0	1	2	3	4	5	6	7	8	9	10

作为这种每周心境评分的替代方式或补充方式，你还可以请来访者使用这样的李克特量表，坚持记录每天的总体心境：

差	低于平均				平均		好			非常好
0	1	2	3	4	5	6	7	8	9	10

行为激活

第一步：行为评估

行为激活过程的第一步是确定你的来访者行为活跃的程度。你需要清晰地描绘来访者的日常活动，才能评估他们的功能水平。这一过程的重要成分是评估与这些活动相关的愉悦、掌控感和社会互动程度。也就是说，你需要评估这些活动是否令人愉快、能带来成就感，并且涉及他人。这三大属性是幸福感的必要条件，也可以保护人免遭抑郁困扰。然而，来访者的日程安排可能很不平衡，他们要么独处时间太长，要么过度关注其他责任（例如工作、照顾他人）而不是关注自己。在这种情况下，来访者很难从生活中找到乐趣，抑郁就会占据上风。

请记住，抑郁来访者的记忆有消极偏差，往往会误报数据。例如，他们可能报告自己什么也没做（而事实上，他们可能已经完成了多项任务），或者他们可能报告心境没有变化（而事实上，不同的情境会激发不同的情绪）。因此，为了更客观地评估来访者的活跃水平，你可以回顾一下他们是如何度过会谈前一天的，或者帮助他们检视自己前一天的活跃水平。写下他们一天中实际进行的活动，能帮助来访者对自身活跃程度得出更客观的结论。更进一步，你可以要求来访者在每日活动日程表上填写心境评分，最终这些心境检查结果会与各种令人愉快的、有成就感的、有社交属性的活动对应起来。在这个过程中，来访者将学会识别自身心境的波动，并找出与心境恶化或改善相关的活动或时刻。

工具：活动日程表

活动日程表（activity schedule）是对来访者的活跃程度进行行为评估的首选工具。活动日程表要求来访者追踪一周内进行的活动，并记录在当时与之对应的心境。它能向你提供基线水平信息，显示来访者每天都会做些什么、这些活动对他们的心境有什么影响。这样你就可以判断他们是否需要加强活跃度、掌控感、愉悦感或社交联结来改善自身情绪。

引入这一工具的最佳方式是明确地给出理由，说明你为何要求来访者填写这些信息。向来访者强调，活动日程表能让你清晰了解来访者的活跃水平、他们的心境是否与特定的活动或人有关，而这对治疗有指导作用。最好在会谈之中完成一次填写，然后请来访者每天填写日程表并记录从醒来到入睡之间的情况，直到下次会谈。

“第一天”从来访者前来接受治疗的当天早上醒来时开始记录。这样，你和来访者就可以在会谈中一起回顾性地填写内容，来描述来访者的这一天到目前为止的情况。在会谈中就开始填写活动日程表的好处是，这有助于向来访者说明他们究竟需要提供哪些信息，并向来访者展示这项练习是多么便于操作。这样做，还能让你衡量来访者独立完成活动日程表的可能性有多大。

向来访者解释，他们需要记录自己每天、每个小时内做的事情，并对自己当时的心情从 0 分到 10 分进行评分，0 分代表“最差的心境”，10 分代表“最好的心境”。下一页给出了一份活动日程表，你可以对你的来访者使用它。这个工作表可以作为评估工具单次施测，测量来访者活跃度的基线水平；也可以反复使用，用于自我检测、促进行为激活。

来访者工作表

活动日程表

在接下来的一周里，请记录你每一天的每小时内都在做些什么，以及当时你的心境如何。请用如下评分表描述你的心境：

差		低于平均			平均		好			非常好
0	1	2	3	4	5	6	7	8	9	10

	星期一	星期二	星期三	星期四	星期五	星期六	星期天
6:00—7:00							
7:00—8:00							
8:00—9:00							
9:00—10:00							
10:00—11:00							
11:00—12:00							
12:00—13:00							
13:00—14:00							
14:00—15:00							
15:00—16:00							
16:00—17:00							
17:00—18:00							
18:00—19:00							
19:00—20:00							
20:00—21:00							
21:00—22:00							
22:00—23:00							
23:00—0:00							
0:00—次日6:00							

活动日程表：学习过程

等来访者填完活动日程表后，新目标是有效地运用它。记住，完成这项练习本身就是一项成就，值得认可和表扬。首先询问来访者，从完成练习的过程中收获了什么、学到了什么。作为治疗师，你很可能需要引导来访者进行额外的学习，并帮助他们得出结论。例如，看一看下面这张活动日程表的部分内容，你可以帮助来访者得出什么结论呢？

	星期天	星期一	星期二	星期三
11:00—12:00	起床/喝咖啡 心境=2	起床/吃健康早餐 心境=3	起床/吃垃圾食品 心境=1	起床/吃健康早餐 心境=3
12:00—13:00	坐在厨房 心境=1	枯坐无事 心境=2	给鸟添饲料 心境=3	洗澡/穿衣 心境=3
13:00—14:00	看书 心境=2	看书 心境=2	在室外看书 心境=3	去食品店 心境=3
14:00—15:00	看书 心境=2	试图小睡 心境=1	吃健康午餐 心境=3	试图小睡 心境=2
15:00—16:00	吃不健康的午餐 心境=1	躺在床上 心境=1	试图小睡 心境=1	躺在床上 心境=2
16:00—17:00	女儿打来电话，聊天 心境=4	吃垃圾食品 心境=1	躺在床上 心境=1	吃健康晚餐 心境=3
17:00—18:00	试图小睡 心境=2	针织 心境=3	看电视 心境=1	去散步 心境=4

续　表

	星期天	星期一	星期二	星期三
18:00—19:00	躺在床上 心境=1	铲猫砂 心境=3	躺回床上 心境=1	去上健身课 心境=5

阅读这个活动日程表示例，其中有一些你可以与来访者一起讨论的有趣要点：

- “好像有一些活动与你低落甚至郁闷的心境相关。例如，当你试图小睡或者躺在床上时，你让自己陷入隔绝状态、独自一人，这会让你感觉更糟糕，吃不健康的食物和看电视也是一样。”
- “另一方面，和女儿聊天、散步，尤其是走出家门去上健身课，会大幅改善你的心境。”
- “从中可以看出，我们也许要朝着怎样的目标努力呢？哪些事情显然对你没有帮助呢？帮助你投入能改善心境的活动，正是你需要努力的方向。”

一旦发现来访者存在明显的困难——不论是行为不活跃、时间表不平衡、缺乏社交互动还是躺在床上的时间太长——活动日程表就会成为调动来访者处理隐患的工具。关键是，活动日程表可以让来访者开始有意识地规划活动，并将其逐步纳入自己的日程表。制订日程表是治疗的关键成分，因为许多抑郁来访者已经从生活中退缩，这让他们丢掉工作、人际疏离、不再能承担责任（例如不能协助育儿、做饭或采购）。这种隔离会加剧不活跃状态，并使来访者对自己、世界和未来的消极看法越发顽固。当来访者不承担义务、不需要离开自己的床或家时，抑郁就会持续存在。

帮助来访者看到制订日程表的好处，有助于促使他们行动起来。第一步是找出遵循日程表的理由。以下是一些遵循日程表的可能理由，但是也请与你的来访者集思广益，看看他们能否找出日程表对他们有益的其他理由：

1. 日程表是一种利于身心健康的约定，遵循日程表本身就是一项成就。

2. 日程表是对抗无望感和抑郁感的方式。

3. “行动”就会带来更美好的一天。

4. “行动”可能会让来访者对更多的行动感兴趣。

5. 日程表让来访者的情况不至于变得更糟，这是对来访者有益的加分项。

一旦你帮助来访者理解了制订日程表的价值，第二步就是让他们理解行为激活原则之下的重点概念。通过帮助来访者理解这些重点概念，你就能最大化他们成功进行行为激活的概率。

行为激活的重点概念

重点概念 1： 行动先于动机

行为激活中，最重要的概念就是“行动先于动机”。患有抑郁症的来访者错误地认为，除非他们感觉更好、更有精力，或者产生参与活动的欲望和动机，否则他们无法开展活动。然而事实是，这些因素都不会真正构成行动的阻碍。抑郁的常见特征是缺乏动机和精力，但它们不是行动的阻碍。

只要来访者坐在你面前，你就已经拥有了支持这一论点的数据。来访者不太可能自己想来赴约，也不太可能在那天早上有精力，或者突然感到抑郁减轻。然而，他们还是来到了咨询室，这本身就与他们的信念相反（即精力、动机和积极情绪是采取行动的必要条件）。让来访者自己提醒自己这一理念，有助于他们与抑郁带来的惰性作斗争。以下是一张应对卡片（coping card），来访者可以在需要这样提醒自己的时候查看它。

应对卡片

行动导向的思维

- 行动先于动机。我不需要等到想做才能去做。做就是了！
- 抑郁会窃取我的动机，做事的确会变得更难，接纳这一点。
- 提醒一下我自己，行动就会有帮助！
- 就算我不喜欢做这件事，我也可以去做。
- 就算我不想做这件事，我也可以去做。
- 如果我告诉自己，“做就是了！”，那么我很可能会感觉好一些。
- 为了对抗抑郁，我可以逼自己行动起来。
- 我可以提醒自己，或许我不想做或不喜欢做这件事，但这不一定会阻碍我直接行动起来。

- 行动先于动机。

重点概念 2：成功不在于结果，而在于努力本身

人们常常以自身行为的结果来判断自己是否成功。然而，结果往往是我们无法掌控的，它们受到外在变量的影响，并不总能反映我们的努力。例如，设想一位一直把自己和他人隔离开来的来访者，她决定主动打电话邀请几位朋友共进午餐，却发现他们都没空。这算成功还是失败呢？这应当算成功，因为来访者的目标是建立联结，他人客观上没空，并不减损目标已经达成的事实。又或者，设想这样一位来访者，他好几个月来第一次上跑步机，但只坚持了几分钟，于是他认为自己失败了。其实，这也是一个成功的例子，而与来访者实际坚持了多久无关。上跑步机本身就是目标，并且，考虑到来访者为此付出了多大的努力、做到这一点又有多么困难，这就是真真切切的成就。成功在于行动的过程，而不在于结果。因此，不管发生了什么，重要的是尝试的过程和付出的努力。对于抑郁来访者来说，认识到这一概念是建立自信的关键部分。

抑郁会窃取能量、扰乱思考、让所有事情变得更困难。因此，抑郁来访者需要付出更多努力才能做事。当来访者患有抑郁症时，完成起床、换上干净的衣服、洗碗、给朋友回电话之类的小事都需要付出更大的努力。然而抑郁来访者通常会否定这些成功，特别是在付出努力后仍然感到抑郁的情况下。我们不以结果来判定成功，相反，成功就在行动之中。成功意味着来访者付出了努力，做了自己计划做的事情。不管行动多少，都比什么都不做强；不管行动多

少，都应被视为成功、得到认可。此外，采取行动通常会给心境带来微小的变化，这会向来访者证明他们正在改善。你可以向来访者提供下面这张应对卡片，帮助他们认识到这些成功反映了自己的努力。

应对卡片

认可成功

- 成功在于行动。
- 每一小步都是成就。
- 努力值得奖励。
- 结果不在我的控制范围之内，但我可以掌控努力！
- 不管结果如何，采取行动本身就是成功。

重点概念 3：设定目标，找出理由

在与抑郁来访者工作过程中，要调动他们行动的积极性时，他们提出的目标可能太过含糊（例如，做有助于对抗抑郁的事）或者非常具体（例如，本周内接受与朋友聚会的邀约）。目标的具体程度并不重要，更重要的是来访者是否相信这个目标符合他们的最佳利益。当来访者相信某个目标符合自己的最佳利益时，他们就会相信朝这个目标努力是有意义的，而这会增加他们的接受程度。

接受某个目标“有意义”，和告诉自己“必须”或“应该”去完成这个目标是不一样的。如果来访者将目标视为一项要求或命令，

他们很可能会感到受挫、愤怒，而这会从一开始就阻碍他们采取行动。相反，找出良好的理由将提高他们接受这个目标的可能性。你可以使用下面这张应对卡片来提升来访者的认可程度，并帮助来访者提醒自己，追求所设立的目标符合他们的最佳利益。

应对卡片

接受程度

- 我不是非得这样做，但完成这项目标对我而言有意义。
- 不是我“应当”这样做，而是这样做是有意义的。
- 即使我并不想，我也仍然可以选择去这样做。

帮助来访者认识到为某一特定目标付出努力有意义的另一种方式是，请他们列出为该目标努力的理由或好处。这样做可以帮助他们仔细思考，如果这个目标实现了，他们的生活会有，或者可能会有哪些不同。下面的“设定附带理由的目标”工作表，可以为这个目的服务。

来访者工作表

设定附带理由的目标

请找出一个有助于消除抑郁的具体目标。想一想，如果你朝这个目标努力，你的生活可能会出现什么积极的变化？这将让你更有动力付出努力，以达成这个目标。

你的目标是什么？

____

列出至少五个理由，说明为什么朝这个目标努力是有意义的。达成目标会带来哪些现实或潜在的好处呢？

1. ____________________________________
2. ____________________________________
3. ____________________________________
4. ____________________________________
5. ____________________________________

重要概念 4：制订计划，并把它提上日程

活动日程表可以让你了解来访者活跃程度的基线水平，以及哪些活动会改善（或恶化）来访者的心境。一旦你掌握了这些信息，你就可以制订计划，有意识地规划一些活动，让来访者逐步将其纳入日程。

计划中最重要的部分就是把它纳入日程表，因为如果没有具体的计划或日程表，改变发生的概率是不高的。例如，想象一下，一个朋友邀请你找个时间共进晚餐。“找个时间”的回答通常意味着这件事不会发生。反过来，如果那位朋友问“这周五晚上，你想一起吃晚饭吗？”或者“这几天里我有空，可以一起吃晚饭，你哪天晚上可以？”，那么共进晚餐的可能性就增加了。与之类似，在活动日程表上安排符合特定目标的活动，也会增加这些活动实际发生的可能性。

计划应当包括目标的具体内容。它包括地点、内容、时间、数量和时长方面的细节。例如，缺乏社会联结的来访者可以计划会见朋友的时间，在床上瘫太久的来访者可以计划一天之中进行一些带来能量的活动。如果你想最大限度地提高某件事发生的可能性，那就把它纳入日程。

同时，来访者计划了一项活动，并不意味着保证这项活动不会由于合理（或不合理）的原因被取消、中断或搁置。关键是重新安排活动时间，直到目标达成。安排日程表这项任务本身就是一种成就，它意味着“我正在努力完成这件事，我正在努力变得更好”。

当来访者开始将有计划的活动纳入自己的活动日程表时，请确保他们记录自己遵循计划的情况以及心境如何。在这一张活动日程表上，他们也可以继续记录他们做的其他事。请记住，微小的任务也是成就，也需要认可。此外，除了记录心境，来访者也可以用类似的 10 分量表给别的方面打分，例如这项活动有多令人愉悦或者自己体验到多强的成就感，这对来访者也有好处。请记住，在对抗抑郁、保持心理健康的道路上，每天体验到一点成就感、愉悦感以及进行社交互动，是非常必要的。

然而，对于抑郁来访者，尤其是那些快感缺乏（anhedonic）的来访者而言，体验愉悦是非常困难的。这些来访者不再参与带来快乐的活动，这意味着他们没有获得愉悦所需的原材料。此外，来访者还常常经历着许多阻碍（例如资金有限、交通不便、未获取育儿服务、受伤、健康问题），让他们难以参加愉快的活动。因此，刚开始时，可以寻找简单易行不费钱的替代性愉快活动。以下是一些可能的活动：

- 泡澡或淋浴
- 听音乐
- 躺着晒太阳
- 在树林、海滩或附近散步
- 骑自行车兜风
- 主动与他人交谈
- 抚摸自己的宠物
- 伸展身体
- 通过电话、短信、电子邮件或社交媒体与人联系
- 看电影
- 读书

重点概念 5：自我对话——把“放弃”思维变为“去做”思维

“放弃”思维（give-up thought）指的是这样一些想法：它们自动跳入脑海；我们若盲目地加以相信，就会放弃或避免采取行动。这些想法是阻碍我们执行计划、达成目标的绊脚石。以下是一些

“放弃”思维的例子：

- “我晚点再做。”
- “我明天再做。”
- “这不会有用的。”
- “我不想做这件事。”
- “我做不到。”
- “太难了。”
- “我太累了。”
- “我永远不会好起来了。”
- “我更想睡一小会儿。”

与“放弃”思维相反，“去做”思维（go-to thought）是理性客观、目标导向的。它们能推动来访者采取行动，实现目标。以下例子说明了如何用“去做”思维代替“放弃”思维。

“我晚点再做。”→“如果我拖延这件事，我就有可能永远不会去做这件事了。晚点儿再做，就意味着再也不做。”

“我不想做这件事。”→“我确实不想做这件事，但它不一定能阻碍我的行动。我可以做我不想做的事，或者在做的过程中变得想做这件事。”

“这不会有用的。”→“我没法知道它会不会有用，除非我做了。什么也不做是绝对不会有用的，我倒不如试试别的策略。”

“我做不到。”→“告诉自己‘我做不到’会阻碍我去尝试这件事。我已经完成了许多过去以为自己做不到的事。我会开始行动、执行计划，来看看我能否做到。”

“放弃”思维会严重困扰抑郁来访者，让他们对未来怀有消极的看法，而这会滋生无望感、极大地阻碍行动。因此，战胜这种无望感就是我们的目标。具有讽刺意味的是，战胜无望感的最佳方式，就是运用行动过程中获得的行为数据，因为来访者很难在没有行为事实的情况下看到自身思维的扭曲。抑郁来访者自己与自己作对，回避行动，对不符合现实的思维紧抓不放。帮助来访者调动自身积极性，就能获得必要的数据，并将其用于应对抑郁带来的、阻碍行动的消极扭曲。要想清扫这一阻碍，来访者可以学习用更现实、更有益的“去做”思维来替代“放弃”思维。

你可以和来访者一起使用下面这张工作表，帮助来访者识别“放弃”思维，并将其转变为促进行动的“去做”思维。在来访者报告的内容中，请务必特别关注与无望感和恐惧相关的“放弃”思维。无望感会让来访者相信所有行动都是徒劳的（例如，“何必呢？反正没用。”），而恐惧会让回避长期存在并破坏行动（例如，“如果我去尝试，就会有坏事发生。”）。

来访者识别出自身的“放弃”思维后，就帮助他们想出替代性的“去做”思维。在帮助来访者构思“去做”思维时，有两点需要注意。第一，构思过程应当以“成功在于行动而不在于结果”和“行动先于动机”的原则为指导。做任何一点儿小事，都比什么都不做好；做成任何一点小事，都是一种收获；每一小步都是一项成就。这种理解应当指导重构过程。此外，在采取行动之前，来访者不必具有任何特定的感受。这种理解应当驱动这个重构过程。行动需要的只是去做事，而人们哪怕疲惫和抑郁也可以做事。

第二，针对这些“去做”思维的好处展开引导式讨论是很有帮助的。与来访者一起列出清单，列出所有能说明“采取行动是有意义的”的理由，以巩固“去做”思维。不要让来访者陷入“放弃”思维。（例如，“这事儿可以等，我晚点儿再做。”）相反，帮助他们运用“去做”思维让自己动起来。（例如，“想一想这样做都在什么方面有意义吧。这件事不能等。如果我晚点儿再做，那我想获得的一切就不可能实现了。”）

等来访者理解这项练习后，邀请来访者每次体验到新的“放弃”思维时就把那个想法写下来，并尝试用一个“去做”思维来替代它。

来访者工作表

用“去做”思维替代“放弃”思维

“放弃”思维，指的是在你脑海中出现的、让你想要放弃或避免行动的信念。当你想到要进行某项任务时，这些想法就会浮现在你的脑海中。“放弃”思维是无效的，因为它们会让你留在困境中。你有哪些“放弃”思维？请列出来。

1. ______________________________
2. ______________________________
3. ______________________________

4. ______________________________

5. ______________________________

和“放弃”思维相对的是“去做”思维。这些想法更理性、更合乎现实。它们能推动你采取行动，帮助你达成目标。为了帮助你从困境中脱身而出、向你的目标前进，试着用“去做”思维替代你先前识别的“放弃”思维。

“放弃”思维	**“去做”思维**
1.	1.
2.	2.
3.	3.
4.	4.
5.	5.

重要概念 6：接受赞扬

就取得的成就接受赞扬（take credit），是克服抑郁的方法之一。然而，由于抑郁来访者看待自己和世界的视角比较消极，他们倾向于解构或忽视自己付出的努力。尤其是，他们会通过比较自己现在的状况和以前功能水平较高时的状况，或者拿自己和“非抑郁”的世界进行比较，来淡化自己取得的成就。

为了帮助抑郁来访者真正欣赏自己的成就，请让来访者拿自己现在的状况和最糟糕的时候进行比较。请提醒他们，他们朝目标前进的每一步都值得赞扬，无需等到完成目标时再表扬自己。最后，接受赞扬需要来访者自我肯定，认可自身行动反映出的积极意义。例如，设想一位几周没有走出家门的女人去杂货店买了几件必需品。她可能会想："这没什么大不了的。很多人都在购物，买的东西也比我多得多。我能买几样东西又如何？"

相反，如果她提醒自己，去杂货店买东西对她而言是件需要付出勇气和努力的大事，她就可以为自己做成了原本她以为自己做不到的事情而接受赞扬。她可以向自己证明，即使感受很糟糕，她也可以做到这件困难的事。通过重构她的思维、从不同的角度看待她的行为，她可以认识到，去杂货店买东西对她而言是一项重大成就，值得好好表扬。

因此，当来访者完成他们以前不能做或不愿做的事情时，他们需要为这项成就接受赞扬，并认可自己对此投入的努力。知道采取行动、完成目标有多么困难后，就更应赞扬而非置若罔闻。你可以在会谈中或在家庭作业中使用下面这张工作表，将其用于让来访者留意自己的成就、认可自己的努力。通过每天填写这张工作表，来访者可以在为自己的行动接受赞扬的过程中巩固自己学到的东西，并体验越来越多的积极情绪。

来访者工作表

赞扬清单

请记得为你取得的成就接受赞扬，不论这些成就是大是小。成就并不总是宏大的，它们可以小到成功起床开启一天的生活，或者给好久没联系的朋友回了电话。请注意，为了达成这项活动所投入的努力值得赞扬。请试着每天找出至少一项你已经完成的活动，同时记下为了完成这项活动所需的努力或必须克服的挑战。最后，请写一写，达成这项成就意味着你是一个怎样的人。

完成的活动：________________________________

付出的努力或克服的挑战：________________________

这项成就意味着你有怎样的信念：____________________

重点概念 7：奖励

当我们完成一个目标时，奖励自己可以成为驱动行为、促进行动的激励因素。然而，奖励是复杂的，因为奖励也许能促进持续的有益行为，也可能让行为只发生一次。有形的、实质性的刺激物，也就是外部奖励（external rewards），往往导致后一种情况，促进有意义的行为改变的效果也更差。例如，许诺给自己用电子产品的时间、自我放纵的机会、吃甜点、买新衣服等都属于外部强化，虽然它们也很好，但它们可能无助于巩固行动。此外，外部强化物也不能提升自尊，因为我们的关注点放在获取外部奖励上，而不是从内心意义上重视自己的成就。外部奖励是短暂的。

相反，内在奖励（intrinsic rewards）是更有效的、推动行为改变的工具，因为内在奖励能增进自信和个人成就感。内在奖励包含我们完成一项困难任务时所感受到的满足或成就感。当我们认可自己的努力，并欣赏为某个目标奋斗的意义时，就会打心底体验到这样的感受。内在奖励能增进自信、击退抑郁，因为它会确证我们的努力，并让我们在完成困难、挑战性的工作时体会到意义感和成就感。

然而，当来访者处于抑郁之中时，他们有时很难看到变得积极、投入努力带来的内在奖励。你可以把以下这张应对卡片提供给来访者，用来提醒他们继续参加治疗、努力走向康复带来的内在奖励。

应对卡片

奖励你自己

- 我内心的积极感受就是奖励。
- 我体会到的成就感就是奖励。
- 我情绪的改善就是奖励。
- 我体会到的点滴愉悦就是奖励。
- 我不断增长的自信就是奖励。

重点概念：总结

使用下面的“行动起来：总体计划”工作表，帮助来访者归纳所有与行为激活相关的重点概念，并激励他们展开行动。这一工作表要求来访者思考与抑郁斗争所需采取的步骤，这包括确立目标、列出达成目标带来的好处、制订具体计划、把计划纳入日程、用“去做”思维替代“放弃”思维、为自己的成就接受赞扬，以及提醒自己可获得的奖励。

来访者工作表

行动起来：总体计划

1. 确立你的目标：

____

2. 列出达成这一目标的至少五个潜在益处：

① ______________________________

② ______________________________

③ ______________________________

④ ______________________________

⑤ ______________________________

3. 为了达成这个目标，你的计划是什么？列出所有细节：

____

____

4. 将这个计划纳入日程。

5. 识别“放弃”思维，并用“去做”思维替代它们。

“去做”思维	“放弃”思维
____________________	____________________
____________________	____________________
____________________	____________________

6. 请写下实施这一计划的过程中需付出的努力，从而接受赞扬：

____

____

7. 提醒自己可获得的奖励：改善感受，体验愉悦，增进自信。

考虑双相情感障碍

对于患有双相情感障碍的来访者来说，保持有规律的睡眠、营养充足、适当活动是维持健康的关键。他们的生理系统比较脆弱，容易失调，不稳定或极端的时间表会给他们带来更大的危险。搭乘红眼航班或熬夜会让所有人第二天状态变差，但双相来访者会因此产生显著的情绪失调。此外，大多数人都会遭遇的事件，例如错过火车或航班、因为别人忘了来接而被困在某个地方、收到意料之外的账单，只会对普通人造成暂时影响。问题被解决后，这些情境引发的情绪唤起就会平息。然而，双相来访者可能会体验到持续几天的、延长的情绪唤起。

当双相来访者处于抑郁相时，用行为激活来动员他们的操作方式和治疗单相抑郁来访者时相同。然而，当来访者处于躁狂或轻躁狂状态时，活动日程表的目标需要改变。当来访者处于躁狂状态时，他们对自己、未来和自身体验的看法是膨胀的，这会让他们过度行动、过度动员、越发独立、鲁莽和冒险（Newman, Leahy, Beck, Reilly-Harrington, & Gyulai, 2001）。因此，重点是，此时不应在时间表上增加活动，而应该减少活动。

例如，不应让他们缩短睡眠时间，而应该让他们在床上待更久。不应让他们做更多工作，而应鼓励他们设定限制、遵守计划好的退出时间。应当计划好用餐时间，即使来访者在那时候还不饿，也应当敦促他们进食。还要把服药写入日程表中以增加依从性，确保来访者在每天大致同一时间服药。每天还要计划用于休息的安静时间。不鼓励来访者深夜接听电话或进行工作，并让来访者避开高风险的情境。活动日程表可以提供用于纠偏的数据，让来访者知道自己何时在过分挑战极限或做事太多。它为来访者提供了一个可以遵守的、维持健康的计划。

认知重构

用行为激活动员来访者，通常可以为开展更高层次的认知工作提供必要的能量和数据。给这一更高层次的工作奠定基础是至关重要的，因为认知重构是 CBT 治疗抑郁症的基石。解决客户的负面偏见的想法、假设和信念对于减少抑郁症状和预防复发至关重要。

请记住，在行为激活过程中，要求来访者把“放弃”思维重构为“去做”思维时，你们就已经在进行认知重构了。虽然功能受损、症状更严重的来访者通常需要在开始认知工作前进行更久的行为工作，但其他来访者可以同时进行这两方面的工作。对于有严重无望感的来访者，治疗师则应立即进行认知干预，来减轻他们的脆弱程度、降低潜在的自杀风险。

虽然本节的重点是针对单相抑郁的认知重构，但是，处理有偏差的思维、假设和信念，也是减轻双相来访者的躁狂症状、预防复发的关键。抑郁来访者的问题是消极偏差的思维方式，而躁狂来访者的问题是过分积极的思维方式。一个重点是，当双相来访者处于躁狂相时，他们对自己、未来和自身体验有过分膨胀的观点。他们尤其倾向于高估自身能力，过分仰仗运气，低估风险，轻视自己的问题，过度看重即时满足。因此，当来访者处于躁狂状态时，治疗应当通过认真规划、权衡利弊、回顾过往经验，处理并替换这些危险的思维模式（Newman et al., 2001）。

引出自动思维

当你理解来访者的思维后，你就得到了一张来访者内心世界的路线图。然而，引出来访者的想法、假设和信念需要经过多个步骤，包括识别他们特定情境下的自动思维，再把这些思维和他们的规则、指导性假设和自我怀疑的信念联系起来。特定情境下的自动思维，就是来访者感知或理解某个事件的方式。例如，自动思维可能包含“我的男朋友迟到了，因为他想惹我不开心”“老师没有告诉我我的分数，是因为我成绩太差了”或者“她没有给我回电话，是因为她在生气”之类的想法。抑郁来访者很容易产生这些想法，但也并非总是如此。引出这些想法可以让我们理解来访者的痛苦。为了在会谈中引出这些想法，以下是一些可能的策略：

1. 当你在会谈中注意到来访者的情绪变化时，询问他们在想什么，或者有什么想法与他们此刻的感受有关。例如，当你注意到来访者热泪盈眶，你可以问："此刻你在想什么？"或者问："有什么想法和这些眼泪有关呢？"

2. 让来访者回想最近感到痛苦的情境或时刻，询问他们当时在想什么。

3. 考虑让来访者发挥想象力，想象过去的某个特定情境或时刻发生在当下，对其进行重温，然后询问他们在想什么。

4. 试着进行角色扮演，重现一次令人痛苦的过往情境或可能令人不快的情境，然后询问来访者在角色扮演的过程中在想什么。

5. 你还可以尝试运用矛盾的方式，抛出与来访者的可能想法相反的内容。例如，如果你知道来访者不满意自己在最近工作任务中的表现，你可以问："你是不是在想自己做的工作有多棒？"若来访者没有给出肯定的回答，你可以继续问："你不觉得你做得很好，那么，你实际上在想什么呢？"

6. 对于那些总回答"我什么也没想"或"我不知道"的来访者，你可以尝试更激进的方法。具体而言，你可以请他们花些时间好好想想，然后你自己走出房间，在走廊上站一分钟后回到房间，再问他们在想什么。

7. 虽然效果未必理想，但你还可以提供一些例子，说说自己对来访者可能想法的推测，从而"抛砖引玉"。

就算你使用了这些诱导技术，来访者仍然可能更愿意讲述当下讨论的特定情境的经过，而不是谈论相关想法或感受。你也可以利用这一点，引导来访者讲故事的过程，从中挖掘你理解来访者及其困扰所需的信息。例如，想象一下，来访者开始向你讲述丈夫出差回家后发生了什么。当她开始讲述丈夫言行的烦琐细节时，请考虑以下几个可能的回应选项：

选项 1：你耐心地倾听，让她占用会谈前半的时间向你讲述细节。

选项 2：你用探测问题打断她的讲述。例如，"当他问你为什么没去商店时，你有什么感受？你在想什么？当他问你为什么没去参加学校活动时，你在想什么？有什么感受？你做了什么？"

治疗的目标是减轻困扰、改善功能。因此，你可以看到，选项 1 会导致对话缺乏目标导向，这会拖慢治疗目标达成的速度。相反，引出与来访者困扰相关的想法和行为，可以帮助我们立即开始目标导向的工作。因此，当来访者下次向你讲述令人痛苦的情境背后的故事时，请尝试选项 2，打断他们的讲述并引出与他们的困扰相关的想法和行为。

箭头向下工具

在探测来访者特定情境下的自动思维时，引出的第一个想法通常不是最重要的。最初的自动思维通常反映事物的表面状况，但你会希望了解驱动这个想法的深层怀疑标签、规则和假设。因此，你需要引出与这一事件相关的、所有令人痛苦的想法和信念。例如，如果来访者最初的自动思维是"我在打那通销售电话时表现很差"，那么你需要更深入地探究是什么在驱动这个想法。例如，来访者的假设可能是"如果我表现很差，我就不胜任这份工作"，而怀疑标签可能是“我是个失败者”。

为了引出这种更深的意义，你可以使用“箭头向下”（downward arrow）技术，也就是说，用探测性问题探究来访者自动思维的根源。以下清单列出了可能的箭头向下问题：

- “那意味着什么？”
- “如果的确如此，它带来的坏处是……？”
- “那会给你带来什么困扰？”
- “关于那个议题的什么方面，对你而言构成了问题？”
- “那件事最糟糕的部分是……？”
- “所以，如果……发生了，会……？”
- “那意味着你是怎样的人呢？”
- “那对你而言有怎样的意义呢？”

为了充分理解箭头向下技术，请思考如下案例。丈夫出差回家后，发现妻子艾米一直在纠结，而没有做她承诺过在丈夫出差期间要完成的事。因此，他直接插手，提供了解决方案。在见到治疗师时，艾米感到很苦恼，因为她认为丈夫不相信她已经足够努力了。治疗师可以进行如下对话，以探明驱动这一信念的、更深层的怀疑标签和基本假设。

艾　米：“他觉得我不够努力。”

治疗师：“他认为你不够努力，这对你来说意味着什么？”

艾　米：“这意味着我屈服于生活了。”

治疗师：“如果你屈服了，这意味着你是怎样的人？”

艾　米："意味着我不在乎。"

治疗师："如果你不在乎，这又意味着什么？"

艾　米："这意味着我很懒惰。"

治疗师："如果你很懒惰，这意味着你是怎样的人？"

艾　米："这意味着我功能受损了。"

治疗师："如果你功能受损了，这意味着什么？"

艾　米："意味着我永远不会成功。"

治疗师："如果你永远不会成功，这意味着你是怎样的人？"

艾　米："我是个失败者。"

除了使用箭头向下技术，与来访者合作确定其自动思维背后的主要主题也有助于识别怀疑标签。这一主题是否涉及对自身能力、魅力或两者的担忧？在前面的例子中，妻子的部分想法包括"我很懒"和"我永远不会成功"，这传达出对能力的担忧。有助于引导讨论的一点是，明确来访者的担忧是围绕着成就、社会互动还是两者兼有。如果我们知道哪个主题是来访者最关切的，那么我们就知道要寻找与这一主题相关的怀疑标签了。对成就的担忧与缺乏能力、无助的信念相关，而社交方面的担忧则与感到自己没有魅力、不被爱的信念相关。特别值得注意的一点是，当来访者在心理上较为幼稚或不了解自己的自我怀疑时，帮助他们看到自己看重的内容以及自我怀疑的可能主题，有助于发现他们个人化的怀疑标签。识别个人化的怀疑标签是很重要的，因为这个标签是来访者易受心理困扰的根本原因。

潜在的陷阱

在使用箭头向下技术时，请牢记这些潜在的陷阱。第一，对于询问来访者探测问题的行为，临床工作者自己也常会产生一些自动思维。咨询师特别容易相信，反复发问会让来访者感到厌烦或恼怒。然而事实恰恰相反，因为向来访者提供全然的关注通常会让他们感到被倾听、被理解。因此，不要为询问探测问题而担忧。如果犯错无法避免，问太多问题总比问得不够多要好。

第二，来访者可能会阻碍这一进程，因为有的来访者可能会告诉你“我不知道这意味着什么”。对于一些来访者而言，他们可能真的不知道答案。在这种情况下，试着问一个不同的箭头向下问题，例如“为什么那会困扰你？”或者“为什么那对你而言是个问题？”。你也可以暂停提问、以后再试，或者考虑使用更具引导性的探索问题，例如“这件事的意义，有没有可能和你的能力或者魅力有关呢？”。另一方面，来访者也可能不想告诉你，或者因为谈论会带来痛苦而回避谈论。在这种情况下，很重要的一点是承认这个过程可能有多么困难，同时帮助来访者看到面对痛苦最终会带来康复。

评估自动思维

用苏格拉底式提问进行引导式发现

认知重构中，一个关键理念是：自动思维不一定是错误的或者有偏差的，它们可能反映了全部或部分的事实。因此，作为临床工作者，我们从不去挑战想法，而是检验并评估想法的有效性和有用性。有效的治疗变化并不来自治疗师告诉来访者如何思考或应当得出什么结论，而来自通过引导式发现帮助来访者看到新视角的过程。

通过运用苏格拉底式提问，我们让来访者像科学家一样审视事实、考虑其他观点，自己得出更准确、负面偏差更少的结论。引导式发现的过程是 CBT 的艺术，因为你越能熟练地检视想法，就越能有创造性地进行这一过程。以下是一份可能的引导式发现提问清单：

- “这些想法一定符合现实吗？支持或不支持这个想法的证据分别是什么？”
- “还有其他可能的解释吗？”
- “针对这件事，是否有不同的思考方式？”
- “有哪些其他的可能性？”
- “其他人可能如何看待这个情况？你是否还能从别的视角看待它？”
- “如果别人处于相同的情境中，你可能会对他说什么？”
- “这些想法有帮助吗？如果你相信这个想法，这会给你带来怎样的影响呢？”
- “现实中可能发生的最坏情况是什么？你能应对它吗？”
- “最好的情况是什么？”
- “最现实的可能性是什么？”
- “如果你能把自己传送到未来，例如一天、一个月或一年后，那时的你会对这一情境有什么看法？”
- “针对这一情境，有什么事情是你能做的吗？”
- “看待这种情况更合理或更有益的方式是什么？”
- “你的总体结论是什么？”
- “这个结论会影响你看待自己的方式吗？”

你可以使用这份清单中的问题直接询问来访者，帮助他们评估自己的思维，你也可以设计属于自己的苏格拉底式提问清单，从而引导来访者采用更准确、更现实的视角。你可以邀请来访者检视支持或反对某一思维的证据，看到对待当前情境的其他方式，但这可能不会带来有用的答案。请记住，抑郁来访者对过去和现在都有消极偏差，所以他们很可能盲目地接受自己扭曲的观点。作为治疗师，你的作用是帮助他们掌握全局，查看所有相关数据，让他们能评估自己思维的准确性和有用性。

例如，考虑前面艾米的例子，艾米对丈夫的自动思维是“他认为我不够努力”。要求她检视支持与反对这一思维的证据可能无意中让她更确信自己的想法，而这种想法可能并不符合现实。作为替代策略，你可以问来访者以下问题，帮助他们检查想法的有效性：

- “他告诉过你他认为你不够努力吗？”
- “他是否知道对你来说做事有多难、你有多么苦恼？”
- “你有没有告诉他你的状况有多艰难？”
- “他是否认可你付出的努力，或者对此做出过积极的评论？”

类似地，如果你问“丈夫一回家就问你问题，是否有其他的原因呢？”，而这一提问未能引发有帮助的回答，那么你可能就需要提出更多的引导式问题。以下是一些更有针对性的问题，你可以询问来访者、帮助她考虑别的可能性：

- “你的丈夫做什么工作？”
- “他工作的主要内容就是解决问题吗？”

- “解决问题是他的常用策略吗？”
- “他为什么想要解决问题呢？”
- “你觉得，他是不是把你的情况也看作一个问题呢？”
- “他可能出于什么样的原因，要投入精力解决你的问题呢？”
- “他问你问题，是否更可能是他解决问题的方式，而并不是在评判你做了什么或者没做什么？”

尽管我们通常拥有关于来访者案例的许多信息（这有助于引导来访者看到事实或思考其他视角），但我们无法提前知道这些问题的答案。因此，最重要的事是从收集的数据中建构意义。仅仅收集与来访者的想法相悖的证据还不够，你需要把证据联系起来，得出新的结论。在前面的例子中，证据表明艾米的丈夫理解她已经竭尽全力了。因此，你可以帮助艾米看到，当丈夫向她抛来连珠炮似的提问时，那只是他在试图解决问题，而解决问题是他的强项和运作模式。

思维谬误

在与来访者一起评估他们的负性自动思维时，有必要确定引发痛苦的常见思维谬误［thinking errors；或称认知扭曲（cognitive distortions）］。此举的目的不是把每个自动思维按思维谬误归类，而是学会识别这类思维谬误并用更有效的观点替代它。抑郁来访者体验到的部分典型思维谬误包括极端化思维（extreme thinking）、情绪化思维（depending on your emotions）、消极自我标签（negative self-labeling），以及过分关注负面内容（zooming in on the negative）。

极端化思维即以全或无的方式看待一切。世界非黑即白，没有灰色的中间地带。事情要么“好”要么“坏”，要么“成功”要么“失败”。极端化思维让来访者无法看到更大的图景，这让他们直接跳到比现实更糟糕的消极结论。例如，乔丁在科学考试中拿了B+，他便认为自己是个失败者，因为自己没拿到完美的成绩。为了帮助来访者克服极端化思维，治疗师需要让他们学会关注整体情况，考虑到所有的积极点并给消极点分配更恰当的权重。

情绪化思维即根据情绪而非事实来对情况得出结论。当来访者受到这种思维谬误的影响时，他们会无视情境中的事实，转而认为自己的情绪就是事实。诸如“我感到很内疚，所以我一定搞砸了”“这一切让我感到不堪重负，所以继续努力也没有意义”“我感觉自己很没能力，所以我一定做得不好”的说法都是情绪化思维的例子。尽管情绪是有效有益的信息来源，但若剥离事实使用情绪，就可能得出有偏而无益的结论。想帮助来访者克服这种思维偏差，治疗师需要教导来访者跳出自己的感受、检视情境中的事实。

消极自我标签即用消极的自我定义来描述自己。抑郁来访者在达不到自己的预期时往往会使用消极自我标签，他们也可能仅因自己在和抑郁作斗争的事实就给自己贴消极标签。例如，犯了错误的来访者可能会给自己贴上“愚蠢”的标签；来访者也可能只因自己不是学校运动队的最佳队员，就把自己视作“失败者”。为了克服消极自我标签，重要的一步是帮助来访者看到自暴自弃并无益处，并帮助来访者不再用一次错误、一个缺点定义自己。

过分关注负面内容即过度关注负面信息，而忽视情境中的积极因素。例如，乔丁在做课堂汇报后收到了老师的批评意见，她把这理解为老师认为她的报告糟透了。但其实老师还做出了不少积极评价，整体来看对她的汇报持赞扬态度。帮助抑郁来访者看到整体信息是至关重要的。识别积极信息、消极信息和中性信息能帮助来访者消除负面偏差，更准确地看待世界。若不能正视我们自己身上和自己所处环境中的积极信息，就不可能接受赞扬、感觉良好。

你可以和来访者使用思维日志（thought register），帮助来访者开始识别并修正无助益、不准确的自动思维。

思维日志

思维日志（也叫思维记录）是一份路线图，可以帮助治疗师和来访者收集、评估、重建有偏差和不准确的思维。不论你选用哪个版本的思维日志，其主要组成部分都是相同的。第一部分包括记录触发情境，也就是引发困扰的事件或刺激。这种触发因素可能是外部的，例如听说了坏消息；也可能是内部的，例如体验到强烈的躯体感受、情绪、思维或画面。

接下来的三个部分包括记录躯体反应、自动思维和与触发事件相关的情绪。也就是说，来访者在身体中体验到怎样的感触？他们的脑海中闪过了怎样的想法？激发情境唤起了怎样的情绪？来访者还用 10 分量表（0= 没有痛苦，10= 可能达到的最大痛苦）评定这些情绪的强度。

思维日志的第五部分和第六部分要求来访者识别与自动思维相关的思维谬误和怀疑标签。请记住，怀疑标签是来访者在自我怀疑被激活时对自己的消极描述。你可以使用前面提到的箭头向下技术，来引出这些负面的核心信念。

下一个部分通过询问引导式问题帮助来访者收集并评估事实，从而帮助来访者发展出看待情境的替代性观点。这一部分需要我们收集原始数据，将其当作得出新结论的基础，或重构原本令人沮丧的想法或画面。最后一个部分叫“行动时间”（go time），这要求来访者总结新的客观结论（重新思考），对与情境相关的情绪重新评分（放松），然后规划有效的行为策略（反应）。

下面的思维日志示例展现了艾米得出关于丈夫的结论的过程。特别注意，在回顾事实后，她便能意识到插手并解决问题就是丈夫应对压力的方式，哪怕是应对他自己的压力也是如此。当她考虑这一替代性观点后，她意识到，丈夫不等她求助就主动提供解决方案的行为似乎只是他的典型反应，并且她对情境过度反应了。

来访者工作表示例

思维日志

艾米

思维日志可以帮助你识别思维谬误，用更准确、更客观的方式重构你的思维，这样你就能靠自己改善感受、去做你想完成的事情。当你体验到情绪或躯体痛苦时，请记录相关情境和你伴随的身体反应、自动思维和情绪。接着，尝试找出导致痛苦的思维谬误，但如果你无法识别思维谬误也不必担心。然后，看看你能否识别被激活的怀疑标签。最后，通过记录事实来思考手头的数据，并重新思考得出更准确的结论。你会注意到痛苦强度降低，用这种方式放松一些，然后找出新的、更有效的行为并做出反应。

激活情境	躯体反应	思维谬误	怀疑标签	事实	行动时间：重新思考、放松、反应
我的丈夫出差回来，发现我没有完成我先前许诺会在他出差期间做完的事。因此，他开始插手，试图提供一大堆解决方案。	身体沉重，昏昏欲睡，哭泣 **自动思维** 他认为我不够努力 **情绪（0~10）** 难过，受伤（7）	极端化思维；情绪化思维	我不够好	他从未对我说："你不够好"。我丈夫的每日工作就是解决问题。事实上，他出差就是因为别处有需要他解决的大问题。他回家后看见我很痛苦，这就是他插手解决问题的原因。并没有证据表明他觉得我不够努力。	**重新思考**：我认为丈夫觉得我不够努力，这个想法并不符合现实。他注意到了我完成的几件事，并对此表示高兴。 我需要记住，他就是这样的人，也正因如此，他很擅长他的工作。阻碍我的是我自己的怀疑。 **放松**：我注意到我没那么沮丧和受伤了。 **反应**：对于我已经完成的工作，我肯定自己；我也可以借鉴他提出的部分建议，来为明天制订更好、更现实的规划。

在要求来访者完成思维日志之前，治疗师自己练习完成一次思维日志将很有帮助。可选方式之一是在留意到身体反应或情绪发生变化时填写记录，看看你能否确定这些变化的激发情境是什么。你也可以在特别有挑战性、特别痛苦的情境中填写思维日志。一旦你

自己掌握了填写思维日志的方法，就可以使用下面的工作表和来访者一起尝试。请确保首先在会谈中和来访者练习使用思维日志，再让他们在会谈之外自行练习。

思维日志的替代方案

饼状图

虽然思维日志是帮助来访者运用事实、重构负性自动思维的重要工具，但它并不是认知重构的唯一工具。责任饼状图（responsibility pie chart）是帮助来访者在得出结论前考虑所有因素的另一良好工具。抑郁来访者通常会把负面事件或负面后果的责任全部揽到自己身上。饼状图可以帮助他们更全面地看待问题。

设想这样一位母亲，她的孩子在学校行为不端，她相信自己应当对此承担全部责任。绘制饼状图要求她思考还有哪些因素可能导致她孩子的行为模式，并请她给这些因素分配百分比，从而帮助她意识到自己不可能百分百为此负责。例如，尽管母亲在塑造孩子行为方面起着重要作用，但孩子生活中的许多其他因素也是如此（例如其他成年人、同龄人、亲戚或兄弟姐妹；教室环境；孩子的先天气质；学业议题；无聊感；媒体的影响，例如音乐、网络、电视和电影）。这份清单可以不停地列下去。

与之类似，设想这样一位抑郁来访者，他的不活跃已经持续了一段时间，他的体重明显增加，他现在坚信自己是不受欢迎或很失败的。饼状图可以帮助他看到，不能仅凭身材或外表来定义任何人。通过考虑所有自我定义的因素（例如其他身体特征、性格、能力、兴趣、经历、智力、教育、人格），来访者可以得出一个更平衡的结论，即他在身材和外表之外，还有其他价值。

使用下面的饼状图来帮助来访者重构自己的负性自动思维，并得出更平衡的结论。

来访者工作表

饼状图

想一想，在什么情境下你会得出结论，认为自己对结果负有全部责任。你只是这一情境里诸多因素中的一个，你真的需要为此承担全部责任吗？列出所有可能导致这一结果的因素，然后把这些因素放入下面的饼状图。问问自己，你是不是其实并不对这一结果负全部责任。然后，在考虑所有相关因素的情况下，尝试确定你认为自己应当承担百分之多少的责任。

事件或情境：________________________________

可能导致这一结果的因素：________________________

把所有因素放入下面的饼状图，然后给各个因素分配百分比：

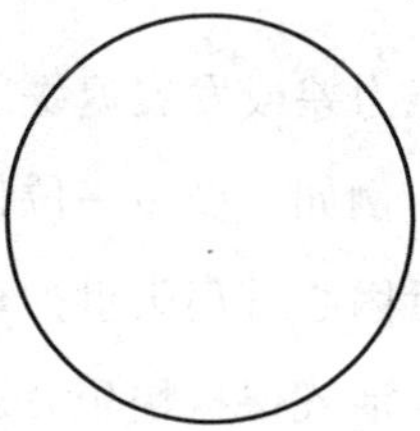

现在问问你自己，你真的应当为结果负全部责任吗？还是说你的结论仅仅基于单个因素呢？更合理的责任百分比是多少？ ______ %

拼贴画或照片

很多来访者不愿完成思维日志，原因有很多，例如书面表达困难、语言障碍或者就是不情愿。在这种情况下，拼贴画是一项可行的替代方案。杂志和报纸中的图片可以象征性地代表来访者的自动思维，以及对这些思维的潜在重构方案。治疗师可以邀请来访者，无论在会谈中还是在家里，剪下图片来反映他们看待情境的自动思维、假设、信念以及替代性重构。

例如，设想一位抑郁的女性，她需要为女儿参加的体育比赛制作纸杯蛋糕，但她认为自己没用又软弱。这让她想："这对我而言太难了。我做不到。没有人希望我在那里。"她制作了一系列拼贴画，画中是一个残疾的女人痛苦地抱着头、摔倒在地、在别人的帮助下行走，或者独自坐着。在会谈中，治疗师与她一起制作了其他替代性的拼贴画，内容是一个女人在教课、拿出蛋糕、在孩子们的环绕下读书给他们听、走上陡峭的楼梯，或者手持哑铃锻炼身体。然后她用黑色记号笔在代表负性思维和信念的拼贴画上画了个大大的"X"，并在接下来的一周里观看替代性的拼贴画，试图找到更多支持非抑郁观点的图片。

类似地，在与读写能力差或发展迟缓的来访者工作时，照片是思维检查的另一种方式。例如，设想一位仅有二年级智力水平的成年来访者。她的父亲最近因心脏病去世，现在她认为除非在亲人身边，否则自己无法正常生活或保持快乐。通过查看她母亲提供的家庭照片，我们得出结论，她在没有母亲或兄弟姐妹在身边时也有可能保持快乐、正常生活。我们找出一些照片，照片显示她在没有家人陪伴的情况下开心地做自己最喜欢的事情（例如跳舞、打保龄球），这有助于论证这一点。

成本-收益分析

成本-收益分析是帮助来访者认知重构的另一个工具。它尤其适用于来访者为某个决定纠结不已时（例如，“我是否应该结束这段关系？是否应该接受这份工作？是否应该搬家？”），或者来访者受困于可能符合现实但没有帮助的思维方式时（例如，“继续谈论这个问题有什么作用？继续像这样自我责备有什么意义？”）。通过考虑行动和不继续行动的优缺点，来访者将得出更平衡的结论。

例如，妮基不断纠结自己的过去，坚持把它当作每次谈话的焦点，并把自己目前的问题归咎于自己的家庭。治疗已经花了大量时间试图帮助她接受过去不可改变、她的结论不一定有事实依据、她的回忆也可能比真相更加负面的观点。然而，她只想关注自己记得的每次不公对待。通过考虑继续聚焦过去的利与弊以及不再聚焦过去的利与弊，妮基意识到这样的对话不会带来任何收获。对过去的关注让她无法活在当下，扰乱了她体验快乐的能力，只会助长她对家人的愤怒，让她无法如愿融入这个家庭。

再考虑一下齐克的例子。只要齐克的表现没有达到自己的标准，他就认为自己是失败者，不管这件事是工作、运动还是打牌。尽管有时候他的确会在某件事上失败，但大多数时候他的表现相当好，甚至超过了别人的预期。然而，在他看来，只要没达到自己内心理想的结果，他就是失败者。通过进行“自认为是失败者”的成本-收益分析，齐克得以认识到，这样做没有任何好处。相反，这只会让他感到自己被打败、想放弃，而无法鞭策他继续前进。为了帮助来访者思考某种思维方式——或者决定采取特定行动——的利与弊，请使用下面的成本-收益分析工作表。

来访者工作表

成本-收益分析

请找出一个让你困扰的想法，不论这个想法是否符合现实，请试着考虑纠结于这个想法的利与弊。又或者，如果你正在考虑采取某个具体的行动，请写下这样做的利与弊，看看这项练习能帮助你得出什么结论。

这样想或这样做的好处：________________________

这样想或这样做的坏处：________________________

不这样想或不这样做的好处：____________________

不这样想或不这样做的坏处：____________________

结论：____

____

____

认知连续体分析

在连续谱系上看待数据，是另一种帮助来访者看清事物的方式。认知连续体分析（cognitive continuum analysis）会让来访者用更客观的视角看待自身行为（或他们自身），而不是用最糟糕的眼光来看待。例如，布兰登认为自己是最差的员工，因为他有时会错过截止日期、犯一些小错误，或者在被人问问题时紧张。当咨询师问布兰登最好的员工会有什么表现时，他答道："他们总会在截止日期前完成工作，从不犯错，不会紧张，干活很出色，从不抱怨，每天到岗，且全力以赴。"通过完成连续体分析，他得以意识到自己在大多数时候表现良好，很少抱怨，每天到岗，全力以赴。因此，他得出结论：他在很多方面符合自己对好员工的定义。

此外，当他考虑坏员工的所有特征（例如，撒谎，一直请病假逃避工作，甚至直接不完成工作，或者试图让别人替自己完成工作）时，他认为自己绝对不是最差的员工。事实上，他还在学习阶段，且愿意寻求帮助、接受帮助以继续改进，而这证明他实际上是个好员工。使用下面的认知连续体分析，帮助来访者把视角调整得更平衡。

来访者工作表示例

连续体分析

回忆一下，你在什么时候会得出结论，认为你自己或你面临的情况是“最糟糕的”。构建一个连续体，涵盖你对自己或对情况得出的结论中最坏的可能性到最好的可能性。以下是一份连续体分析的示例。空白的分析表请扫描二维码获取。你可以根据自己的情况进行填写。

示例：那简直是最糟糕的晚餐派对。

最糟的晚餐派对　　最好的晚餐派对

食物有毒　食物烤煳了　食物很一般（圈出）　食物不错　食物相当美味　食物超级棒

有人受伤　争吵　大喊大叫　白热化的对话　对话很有限　基本积极的对话　很棒的对话（圈出）

抱怨　有一些负面反馈　中性反馈　有一些积极反馈　多数反馈良好（圈出）　盛赞

写下你的新结论：那个晚餐派对远远算不上最糟糕的。实际上，除了食物令人失望，大家都过得挺愉快。

不要评判

抑郁来访者往往会扩大负面情境的意义。例如，他们往往会给情境赋予个人意义，或者认为状况永远不会好转，而这只会滋生无望、恐惧和自我怀疑。帮助来访者摆脱这种负性思维模式的方法之一，便是帮助他们培养不评判的接纳态度。不加评判地承认负面信息的能力是接纳这一概念的基础。接纳要求我们承认事物的本来面目，而不让怀疑、不确定或评判成为阻碍。

来访者可以通过使用3A有效思维（triple A's of effectiveness），即承认（acknowledge）、接纳（accept）和采取恰当的行动（action），来练习培养不评判的态度。具体而言，来访者可以学会承认（例如，记录情境的事实细节）、接纳（例如，暂不评判，仅根据事实得出准确的结论），并采取恰当的行动（例如，选择最有效和最适合的行动方案）。例如，某位来访者收到了乳房X光检查异常的结果，这并不意味着她得了癌症、不经治疗就会死。然而，如果来访者任由自己这样想，那么她可能会停止自我照顾并逃避治疗。相反，来访者可以通过承认、接纳和采取适当的行动来实践3A有效思维。具体而言，她可以承认异常结果，通过暂不评判来接纳现在的数据、直到她掌握事实（也就是说，考虑到这一异常结果可能存在多种解释，其中许多是良性的），并听从医生建议、采取恰当行动。这种认知工具可用于处理多种情况下的自动思维和信念。

来访者工作表

3A——承认、接纳、行动

●●●●●●

下一次，当你感到苦恼时，请使用3A有效思维来减轻你的苦恼：承认事实，提醒自己不要给情境赋予不必要的含义或做出评判，练习接纳，并采取恰当的行动。

承认事实

记录情境的详细信息，包括你的感受和身体反应。

情境的事实是？______________________________

接纳

客观看待情境。不要评判、夸张地赋予个人意义或预测未来走向。

事实向我传达了什么？__________________________

恰当行动

不要使用无效策略（例如回避、无效沟通、自我伤害），而采取有效和恰当的行动（例如面对现状、有效沟通、自我安抚）

我可以采取何种恰当的行动？____________________

重构怀疑标签

一旦你开始取得进展，越来越能帮助来访者抛弃、修正不准确或扭曲的想法，并让它们转变为更现实的观点，你就可以进行下一步，即帮助来访者重构怀疑标签。通过重构负性自动思维，来访者将拓广新的视角，这让他们能够得出新的结论，进而将其用于修正深层的怀疑标签。例如，如果来访者能够得出结论，认为自己在特定情境下取得了成功，那么自己是个失败者的怀疑标签就不再适用了。

由于怀疑标签会对抑郁来访者感知自己和周遭世界的方式产生负面影响，重构怀疑标签对康复和预防复发非常重要。要做到这一点，就需要收集当前和历史数据，从而帮助来访者检视支持和反对怀疑标签的证据。这些数据应当聚焦于可观察的客观事实——而不是来访者的想法、感受、想象中的忧虑，或者有偏差的、对过去的反思。不要把重点放在单个数据上，而要着眼整体，看看哪些内容支持他们的怀疑标签、哪些内容不支持怀疑标签。

来访者往往会试图把他们认为只是“小”数据的信息打折扣，而这些数据原本提供了证伪其怀疑标签的证据。请确保来访者为所有的行动和进展接受赞扬，无论这些行动和进展多么微小，这样才能让反对怀疑标签的证据累积起来。另一种有帮助的方式，则是从另一个人的视角看眼前的数据，从而让来访者把自己可能错过的支持性证据纳入考虑。在收集数据的过程中，如果出现了新的贬义标签，请确保稍后也对这些问题进行处理。然而，请注意，一次只处理一个怀疑标签。

一旦你收集了所有可获得的证据，就询问来访者，他们在多大程度上相信支持自身怀疑标签的证据，在多大程度上相信反对自身怀疑标签的证据，在 0% ～ 100% 的范围内打分。请确保你收集的证据足够多，使得反对怀疑标签的证据多于支持的证据。让我们再次回顾艾米的情况，她一共找到了 11 条证据：其中 4 条证据支持她相信自己“不够好”的信念，她的相信程度是 40%；7 条证据反对这一信念，她的相信程度是 60%。因此，反对这一怀疑的证据更可信。重要的并不是每个类别下证据的数量，而是来访者相信这些证据的程度。

支持“我不够好”的证据	反对“我不够好”的证据
我完成的事情比我应当完成的事情少。 我的丈夫总要给我提供解决方案。 我不能克服抑郁。 我的身材不符合自己的期待。	我在大学里上过学习成绩优异榜[1]。 我取得了高等教育学位。 我做饭很好吃。 我很擅长照顾别人。 我的婚姻很成功。 我有朋友。 我负责打理所有家事。
你在多大程度上相信这些证据（0～100%）？40%	你在多大程度上相信这些证据（0～100%）？60%

收集了所有可获得的数据之后，请回顾第一栏中的每条信息（即支持怀疑标签的那些证据），并帮助来访者考虑得出替代性结论。请让来访者重构每条证据，提出新的、更符合现实的思维方式。这有助于削弱怀疑标签的可信度。下表继续展示了艾米的例子：

支持“我不够好”的证据	重构

1 原文为“I made the dean’s list in college”，dean’s list在绝大部分的美国大学是指学生在该学期修了12个学分以上，并取得GPA3.5以上的荣誉。

续　表

支持“我不够好”的证据	重构
我完成的事情比我应当完成的事情少。	我抑郁了，抑郁让我做什么事都很困难。因此，去做任何一点事都是一项成就。
我的丈夫总要给我提供解决方案。	我的丈夫并不是在试图侮辱我；他只是想用自己熟知的方式帮助我。
我不能克服抑郁。	就算抑郁占了上风，这既不能反映我的为人，也不是我的过错。患抑郁症只是意味着要和抑郁持续抗争。
我的身材不符合自己的期待。	体重上升并不意味着我不如别人。我希望我没有变胖，但我还有很多其他品质让我感觉良好，这些品质也构成了现在的我。

在与来访者一起重构所有证据后，请让他们查看自己在第一张表中的回答，重新评定自己对支持和反对怀疑信念的证据的相信程度。在第二张表中完成的重构工作应当减少了对怀疑标签的相信程度。例如，在回顾证据后，艾米只有 10% 的程度相信支持怀疑标签的证据，而有 90% 的程度相信反对怀疑标签的证据。

最后，请来访者想出一个新的、更符合现实的总体结论。请注意，和最初的怀疑标签比起来，这个新结论可能完全相反，可能略有改动，也可能是一个不那么极端的版本。例如，和“我不够好”相反，来访者可能会说“我还算可以接受”“我还过得去”，或者“我是有能力的”。回到艾米的例子，她得出了这样一个符合现实的新结论：“我现在的样子就足够好了。我只是很抑郁，这让我倾向于自我批评。”

你可以与来访者一起使用下面的工作表，帮助他们修正怀疑标签，并将其重构为更现实、更有帮助的信念。

来访者工作表

修正怀疑

在康复和预防复发的过程中，重构怀疑标签是一个重要的部分。请在下一行中写下你的怀疑标签，并在接下来的一周内，记录支持和反对你怀疑标签的证据。

你的怀疑标签是？ ______________________________

现在，收集一些支持和反对这个信念的证据。

支持怀疑标签的证据：______________________________

反对怀疑标签的证据：______________________________

现在，看一看两种证据，并评定你在多大程度上相信支持怀疑标签的证据和反对怀疑标签的证据（0～100%）。

______%：支持怀疑标签的证据

______%：反对怀疑标签的证据

检视过所有证据后，请回头看看支持怀疑标签的证据，并就每条证据思考一条替代性结论。

支持怀疑标签的证据：________________________________

替代性结论：____

现在，请对支持和反对怀疑标签的证据重新评分。你在多大程度上相信支持和反对怀疑标签的证据（0～100%）？

______%：支持怀疑标签的证据

______%：反对怀疑标签的证据

你能得出什么新的、符合现实的总体结论？请想出一条新的信念。

识别并评估条件性假设

正如第二章讨论的，条件性假设指的是怀疑标签和补偿性应对策略之间的中间信念。条件性假设的表现形式是“如果，那么”陈述句，它们是个体生活于世的指引。尽管不一定要把这些假设划分为消极假设和积极假设，但这样做会很有帮助，因为消极假设会激活怀疑标签，而积极假设反映了来访者试图压下怀疑标签时所采用的保护性策略。

例如，艾米的消极假设可能是：“如果别人给我反馈或建议，那么就说明我不够好。”这样一来，每当有人给她提建议时（例如她的丈夫、家人、雇主、同事、朋友或者陌生人），她就有可能激活“我不够好”的怀疑标签。如果这种情况发生了，她就很可能对情境反应过当，体验到强烈不适的情绪和躯体症状，并感到情绪越发糟糕。为了进行补偿，她的积极条件性假设可能是：“如果我是完美的并且正确完成每件事，那么人们就不会发现我不够好了。”由于人不可能总是完成所有事，更不可能都完美完成，她这样想就让自己持续处于易受伤害的境地。

条件性假设是可以检验的。通常，我们可以查看来访者个人生活中的例子来检验他们的观念。例如，有多少次，艾米自认为没有“完美地”完成某事但别人并没有注意到呢？来自他人例子的数据也有助于检验假设。在艾米认识的人里，是否有她觉得已经足够好但并不能做成所有事，或者不能做到完美的人呢？为了检验假设，我们通常需要进行实验来检验条件性假设。例如，艾米可以在工作中做一个实验，在她负责分发的备忘录中故意留下一些小错误（例如语法或拼写错误），看看有没有人注意到。如果有人注意到了，那么她可以看看后果是什么，以及她能否承受得住（如果有任何后果）。为了良好地完成实验，重要的是，请艾米先做出预测，再把预测和观察到的数据对比，这样才有可能修正她的假设。

请记住，治疗师可以通过苏格拉底式提问和引导式发现帮助来访者修正错误的假设，从而使他们针对自己得出更准确、更现实的结论。对于艾米而言，重构条件性假设或许需要她针对自己的能力范围制订现实的计划，为力所能及的事项付出努力，并接受有帮助的反馈。

考虑双相情感障碍

对于有双相诊断的来访者，他们给自己的诊断或服药赋予的意义也往往和怀疑标签相关。例如，他们可能相信，由于他们被诊断为双相情感障碍，所以他们是有缺陷的、不够好的、不受欢迎的或缺乏能力的。类似地，如果他们不得不服药，他们可能认为自己有问题、太脆弱或有瑕疵。治疗可以帮助双相患者在定义自己时超越诊断的桎梏（例如，考虑自身的兴趣、技能、能力、价值观、人格），而这会帮助他们战胜自我怀疑。当他们意识到，依从药物治疗是力量与智慧的象征，而不是软弱和残疾的反映时，他们也能与服药达成和解。

通过行动，保持并增长自信

与抑郁作斗争的过程包含多个步骤。将所有步骤——重新思考（rethink）、放松（relax）、反应（respond）——落实到位对于成功而言至关重要。理想状况下，如果这些环节都做到了，来访者将从抑郁中康复并保持。

第一步——重新思考自身想法、假设和信念，是减轻痛苦、保持成果的关键。对于具体情境，艾米得以看到丈夫的反馈是为了帮助她，而不包含批评的意图。此外，艾米用更合理的假设替代了当前假设，即从相信需要变得完美、把所有事都做好，转为怀有现实的期待、意识到犯错是可接受的。最重要的是，“我不够好”的怀疑标签得到修正，变成了更准确、更积极的自我观：“我现在的样子就足够好了。”

第二步——放松，是最容易的部分。一旦来访者能修正思维，发展出更现实、更有帮助的信念，积极的情绪就可能随之产生。然而，我们也可以帮助来访者产生积极情绪。你可以向来访者提供促进放松的实用技术，帮助他们的身体安静下来，例如自我安抚技术、缓慢的腹式呼吸、渐进式放松和冥想。

最后一步——反应，这一步不仅需要提出来访者当下可用的行为策略，还需构思来访者在未来很长时间内可以采纳的策略。抑郁会窃取人的能量和动力，让人失去采取有效行动的能力。有消极偏差的想法会说服人们放弃、回避、逃走、自我孤立、退缩和封闭。因此，虽然动员来访者采取最初行动很关键，但至关重要的是帮助来访者在长期内保持这些收获，从而建立并保持来访者的自信心。以下观点可以帮助来访者巩固新的、更积极的自我观，并提升自信心：

- 让来访者面对邀请和机会时说“好的”，从而与他人重新建立联结。
- 告诉来访者，在有必要时也应当为自己挺身而出，说“不”。
- 请来访者注意那些证实他新的、积极的自我观的数据，每天进行记录。例如，向来访者提供一份日常记录表，让来访者用它来记录让他们感觉良好的信息。邀请来访者在每天结束时回顾一下这份记录。
- 指导来访者每天至少想出三条符合全新自我观的肯定语。让他们每天练习使用这些肯定语，随着自我概念中的自信逐渐提高，还可以增加新的肯定语。
- 如果出现了让来访者怀疑自己的信息，请他们考虑事实，看看是否需要做出更合理的结论。
- 指导来访者规划一项符合更积极的自我观的活动。
- 邀请来访者接受挑战，做一些能让自己走出舒适区的事。
- 为来访者提供可以随身携带的应对卡片，它们可以是电子的也可以是纸质的，用于提醒来访者注意针对自己的更现实的新结论。

第六章

焦虑

焦虑的认知模型

焦虑是一种适应性的生物反应，我们在面对危险情境时就会焦虑。焦虑让我们做好准备，得以面对困难而富有挑战性的状况并防止遭到伤害。换句话说，焦虑是自然赋予人类的内部警报系统。当我们感知到危险时，这一内部警报就会激活我们的交感神经系统，后者释放出大量的肾上腺素，引发战斗、逃跑或僵住反应。这种生理激活可以迅速提升心率、向全身泵去更多血液，减缓消化速度，代谢脂肪与糖类、为身体供能，并释放能让血液更快凝固的化学物质。

当我们相信自己身处险境并进入这样的生理激活状态时，我们会产生要么对抗威胁，要么逃离威胁，要么躲避威胁的行为倾向，从而确保生存。例如，如果我们面对即刻的火灾威胁，却缺乏必要的资源来扑灭火灾（例如现场没有消防员、手边没有消防栓），那么我们体验到的焦虑就是适应性的，因为正是它提示我们应当跑出大楼。只有在我们对威胁和可用资源的感知不准确，并且身体依然按面对真实危险的方式做出反应时，焦虑才会成为问题。在这种情况下，我们战斗、逃跑或僵住的行为倾向就不具有适应性了。

根据焦虑的认知模型，各种焦虑障碍共通的相关因素是：对威胁的感知夸大，且过分低估资源。因此，认知模型是关于评估、风险和资源的理论（Beck & Emery, 2005）。在来访者面对一个刺激时，无论这个刺激是外部刺激（例如声音、气味、事件）还是内部刺激（例如身体感觉、想法、感受、图像），他们的大脑都会做出两项评估。第一项是对威胁的评估。也就是说，来访者面临的情境有多危险？焦虑来访者会夸大这种危险，因为他们高估了威胁发生的概率以及它可能带来的后果。第二项是对资源或对应情境的能力的评估。焦虑来访者会低估自己可用的资源，因为他们无法看到手边可用的外部资源（例如朋友、同事、专业人士、第一反应人员[1]），也低估了自己的应对能力。

若这两项评估表明威胁确实存在（不论是真实的还是想象的），且个体相信资源是有限的，焦虑就会被激活。例如，设想一位社交焦虑（social anxiety）患者，他在为一项严重的医疗问题等待会面好几个月后，终于来到了医生的办公室。当他在候诊室坐下后，他环顾四周，认为所有人都在看他、评判他、批评他（对概率的夸大感知）。对他而言，被评判是不可忍受的（对后果的夸大感知），他相信自己不够强大、无法承受他人的审视（低估应对能力）。因此，他逃离了办公室，缺席了先前寻求的会面，损害了自身健康。

在这个例子里，这位患者对威胁怀有夸大的感知，因为大部分坐在候诊室的人都不会注意其他人；相反，他们通常在一门心思看

1　first responder，指接受过培训，在紧急情况下首先到达现场施行基本救治的人，如警察或消防队员。

手机、看电视、读书或打盹。他们看他的概率很低；他们对他进行负面评价的概率只会比这更低，尽管不是完全不可能。然而，随便一个陌生人的看法并不会以任何方式影响他的生活。它不会影响医生对他的诊疗，不会损害他的医疗质量，也不会影响他生活中的重要他人对他的看法。简单而言，这一切都不会对他的生活造成重大影响。进一步讲，尽管想到其他人不喜欢自己并不是让人愉快的事，但其实我们也可以在批评中生存。

正如这个例子说明的，焦虑症患者体验到内部警报系统非必要的激活，这会导致不恰当且无效的行为反应。根据焦虑症的认知模型，各种焦虑障碍在认知加工方面都有这一共通的偏差，这正是为什么不同焦虑症具有类似的评估和治疗方式，且很容易对其进行符合具体症状特点的调整（Clark & Beck, 2010）。把各种焦虑症区分开来的，是焦虑背后恐惧的具体内容，以及个体随后用于应对焦虑的策略。因此，理解焦虑来访者的关键就是识别他们恐惧的内容，以及他们用于应对的无效行为策略。

为了说明这一点，让我们设想一个男人恐惧飞行、拒绝乘坐飞机。如果这个人患有特定恐惧症，他恐惧的内容可能是飞机失事，而他并不想死。然而，特定恐惧症患者的问题可能远比这复杂。或许他害怕自己会死，而未婚妻没有他就无法好好活下去；又或许他不确定自己有没有做足够的善事，能否拥有美好的来世。

另一方面，让我们假设这位来访者患有社交恐惧症（social phobia）。在这种情况下，他对飞行的恐惧可能与担忧社交羞辱有关，例如他担心万一机舱里出现恶臭，大家都会认为这是他散发出来的。在此情况下，他认为随之而来的尴尬可能让他无法忍受。最后，想象一下这位来访者有强迫障碍（obsessive-compulsive disorderm,

OCD)。在这种情况下，他的恐惧可能源于他可能会被安排到紧急出口旁边的座位，而他知道自己会体验到打开应急逃生门的冲动，最后害得自己被甩出飞机。他担心自己会顺应这种不请自来的闯入性想法采取行动，尽管没有证据表明他真的会这样做。

在每种情境下，驱动来访者焦虑的深层机制是相同的（例如，对威胁的夸大感知和对资源的低估），但他恐惧的具体内容会随诊断不同而变化（Beck & Emery, 2005）。不同的恐惧会引发不同的症状表现，因此确定来访者恐惧的具体内容是治疗的重要组成部分。例如，患有特定恐惧症（specific phobia）的来访者的典型特征是对特定情境或物体的非理性恐惧，他们的应对策略是不惜一切代价避免接触自己害怕的刺激。相反，患有广泛性焦虑障碍（generalized anxiety disorder, GAD）的来访者会体验到更多的自由浮动性焦虑（free-floating anxiety），这会让他们过度警觉，长期担忧日常生活中的事件。

对于患有惊恐障碍（panic disorder）的来访者，他们恐惧的是躯体损伤。他们错误解读躯体感受，误认为它们比实际情况更危险，并进行一系列回避行为，尽可能不让任何躯体症状产生。当这些症状发生时——它们的确不可避免——患惊恐障碍的来访者相信这些症状会危及生命，并去寻求紧急医疗帮助，通常是去最近的急诊室。疾病焦虑障碍（illness anxiety disorder）和惊恐障碍类似，但疾病焦虑障碍的恐惧对象是某种健康问题或重大灾难会在某一时刻发生。患有疾病焦虑障碍的来访者生活在警觉之中，对一切疾病的征兆高度警惕，过度寻求医疗服务者的保证。他们不会赶往最近的急诊室，而会去医疗专家的办公室。

社交恐惧症的来访者呈现出的症状是，在社交或需要表现的情境中，害怕被他人评判和负面评价，所以他们的应对策略是完全回避这类情境。对于强迫症，来访者的恐惧与闯入性思维和冲动（例如强迫观念）相关。患有强迫症的来访者会夸大自己强迫观念的力量和重要性，这会让他们试图压抑这些想法，或进行一系列强迫行为来中和自身焦虑。最后，创伤后应激障碍（post-traumatic stress disorder, PTSD）也可以被定义为一种焦虑障碍，其恐惧内容是重新体验创伤事件的恐怖感。创伤来访者会通过回避一切创伤相关提示物（例如人物、地点、事件、感受）试图压抑创伤记忆。

正如先前的例子阐述的那样，焦虑障碍不仅有共通的认知偏差，即让人高估威胁并低估资源，还都对应着相似的应对策略——回避。患焦虑障碍的来访者尤其如此，他们要么直接避开导致焦虑的情境，要么进行一系列能彻底中和焦虑感的安全行为（safety behavior）。例如，患疾病焦虑症的来访者可能过度向医疗服务者寻求安抚，而患惊恐障碍的来访者可能会在鼓起勇气去公共场所时确保附近有医院。类似地，患社交恐惧症的来访者可能会不遗余力地防止他人看到自己脸红的样子，例如穿高领套头衫、化浓妆，或者梳能遮住脸的发型。

回避是一种功能失调的应对策略，因为它是不准确的感知的产物。来访者认为能保障自身安全的东西实际上会妨碍他们康复。回避就是这样的。回避让新的学习过程无从发生，又强化了来访者想象中的感知。它让来访者无法认清真相，阻碍来访者发展新的、更准确的观点。虽然来访者认为他们在确保安全或避开危险，但他们的所作所为恰恰在维持焦虑，因为回避让他们无法证伪对威胁的不准确感知（Clark & Beck, 2010; Salkovskis, 1996）。

对来访者而言，放弃回避行为是很难的，因为他们持有错误的假设，认为焦虑很危险、因此只能以消除焦虑为目标。调整预期非常重要。事实上，焦虑具有适应性，因为它提醒个体存在危险的威胁。如果我们真的与本能自带的警报系统断开连接，我们就无法适当地应对真正的威胁，甚至丧失生命。问题不是焦虑本身，而是来访者与焦虑相关的恐惧。因此，治疗目标是帮助来访者看到焦虑并不危险，这样他们就可以停止回避、直面恐惧、更准确地评估威胁和资源，并在保留自然警报系统完好无损的情况下，学会关闭虚假警报。

在本章中，我们将了解针对焦虑障碍的认知行为治疗的两大成分：认知重构和暴露疗法（exposure therapy）。认知重构是治疗的第一阶段，来访者将学会识别并修正导致焦虑的不合理思维模式。一旦来访者积累了足够的认知技巧以管理焦虑，他们就可以进入治疗的第二阶段，即运用基于暴露的技术来直面他们恐惧的事物。这两项技术联合使用，通过处理来访者高估威胁、低估自身应对能力的倾向来治疗焦虑。

认知重构

认知重构是治疗各类焦虑障碍的成熟技术，包括惊恐障碍、社交恐惧症、广泛性焦虑症、强迫症和创伤后应激障碍（Clark & Beck, 2010）。与针对抑郁的认知重构类似，治疗焦虑的目标是识别并修正导致来访者痛苦的、不准确的或无益的想法。正因如此，第五章中讨论过的认知重构策略也适用于焦虑治疗。不过，对焦虑来访者而言，认知重构的焦点是处理来访者高估负面结果发生概率（“可能性谬误”，probability error）和严重性（“灾难化谬误”，catastrophic error）的倾向，以及他们低估应对能力或内外资源的倾向（“资源谬误”，resource error）。以下各节将更详细地讨论这三类谬误。

可能性谬误

焦虑来访者倾向于错误判断负面结果发生的可能性。不论某一事件是可能发生、也许发生还是既定事实，焦虑来访者都错误地认为最坏的情况会发生。例如，一位强迫症来访者有伤害丈夫的强迫观念，她可能会相信，只是怀有这些闯入性的想法就会增加她实施这些想法的可能性。又或者，一位惊恐障碍来访者可能会错误地相信，每次他感到胸部不适，都可能演变为心脏病发作。同样，一位恐惧猫的来访者可能会相信，只要跟猫接触，猫就会毫无预兆地攻击她、咬伤她。

要想克服可能性谬误，就需要帮助来访者检视支持和反对他们扭曲信念的证据。让我们回顾那位具有伤害丈夫的强迫观念的强迫障碍来访者，她对想法和实际行动赋予了一样大的权重。实际上，来访者往往给想法赋予了远超其应得的价值。他们允许闯入性想法拥有过多的意义，并任由这些想法定义自己的为人（例如“我有这种想法，所以我真是个坏人”）。为了处理可能性谬误，你可以尝试用行为实验检验来访者假设的真实性。例如，你可以请强迫症来访者买张彩票，买的同时在心里想“我一定会中奖的”，看看这样是否会让自己更有可能中奖。帮助来访者理解想法并不像他们以为的那样强大或有意义有助于克服可能性谬误，并能使来访者能对他们的闯入性想法得出新的、更现实的结论。

对于惊恐障碍来访者，为了克服可能性谬误，你可以提出引导性问题，帮助来访者检视因感到心跳加速而引发心脏病发作的可能性。值得注意的是，直接问“支持和反对你的假设的证据分别是什么？”通常不会起效，因为来访者往往只会看到支持其偏见的证据。相反，熟练的治疗师会使用苏格拉底式提问，引导来访者得出新的、更准确的结论，例如这样问：“你产生过多少次惊恐症状？你经历过多少次心脏病发作？你死过多少次？你对这些症状进行过医学检查吗？医生们给你做什么检查了吗？结果怎么样，正常还是不正常？低风险还是高风险？他们有没有给你开药？开了什么药，是抗焦虑药吗？它起作用了吗？药物有效，对吗？抗焦虑药成功地让你的症状消失了，对吧？它能防止心脏病发作吗？不能，对吧？关于发生心脏病的可能性，上述信息会让你得出什么理解呢？”在这一案例中，检视证据会帮助来访者考虑“惊恐症状导致心脏病发作的可能性极低”的想法。新的结论是，心跳加速、出汗几乎不可能导致心脏病发作。

在处理可能性谬误中可能遇到的挑战是，来访者回避自己害怕的症状、物体或体验，这让他们无法验证自己的可能性假设。例如，考虑害怕猫的来访者的案例，她会采取极端措施来回避猫。她要求丈夫在自己进屋前彻底检查院子，避开可能有猫的一切场所，包括自家后院、户外淋浴处、露天餐厅、宠物商店和所有养猫的亲友的家。这让她无法测试她的恐惧假设（猫会攻击她），进而让我们无法挑战她的可能性谬误。当来访者回避时，证伪恐惧假设的数据也无从获得，他们的可能性谬误也无法被修正。

灾难化谬误

焦虑来访者不仅会高估负面结果发生的可能性，还会高估结果的糟糕程度。他们通常会做出灾难化的假设，认为最坏的情况一定会发生。例如，一位广泛性焦虑障碍来访者可能会高估错过航班的可能性，并认为错过这趟航班会带来世界末日般的后果。然而，来访者其实还有一小时的时间来赶飞机，而且一小时后还有另一趟航班（以及当天晚些时候还有五趟航班）。错过航班的确可能带来实际后果，但作为治疗师，你需要帮助来访者看到，这些后果虽然令人不愉快，但也没有他想象的那么具有灾难性。

为了帮助来访者检视自身的灾难化思维，你可以用以下这些有用的问题引导对话：

- “这些想法一定是真的吗？”
- “这些想法与证据一致吗？”
- “最坏、最好、最有可能的结果分别是什么？”
- “你能承受最坏的结果吗，以及这实际上构成问题吗？”
- “还有其他看待这个情境的方式吗？”
- “这些想法有帮助吗？”
- “如果有朋友或另一个人遇到这种情况，你可能会对他说些什么呢？”
- “你有哪些内部和外部资源，可以帮助你面对这个情境？”

为了说明这一对话大致会如何进行，设想一位社交恐惧的女士，她相信，如果某人不喜欢她或者对她有不好的看法，那就会像世界末日一样糟糕。你最先问的一系列问题将帮助来访者检视自己的焦虑想法是否准确。例如你可以问："如果有人不喜欢你或对你有不好的看法，这个人会怎么对待你？有什么证据表明这个人是这样对待你的呢？有什么证据表明这个人不是这样对待你的呢？一个客观的观察者会如何描述这个人对待你的方式？"然后，你可以帮助来访者思考，如果她恐惧的结果成真了，她会怎么做。例如你可以问："假设这个人不喜欢你，这会对你的生活有什么实际影响？这意味着地球上的七八十亿人都不喜欢你吗？"通过帮助来访者看到一个人的意见在全局中无足轻重，来访者将明白，就算有人不喜欢她或负面评价她，她也能够应对。她不会再害怕这个结果，而是学会接纳这种可能性，并意识到这不一定会构成问题。

应对焦虑的一部分是认识到生活中几乎没有完全确定的事，异常情况或侥幸之事都可能发生。来访者不可能总是完全安心地认为坏事不会发生。当坏事发生的概率很高时，就很有必要讨论如何应对这些结果。然而，当威胁发生的可能性并不存在或微乎其微时，讨论灾难化思维是没有帮助的。如果要解决每一项远在天边的可能威胁，这意味着来访者将无法活在当下、体验快乐、达成目标或与他人联结。准备应对在游乐场受到鸟群攻击、鼠疫暴发，或在内陆城市提防海啸，是毫无意义的。

资源谬误

当威胁出现时，焦虑来访者会低估可用的内部资源或外部资源。治疗需要帮助来访者看到他们手边已有的资源，并构建额外的内部和外部资源。例如，社交焦虑来访者可能需要发展沟通或决断方面的技能，而患有驾驶恐惧症的来访者可能需要接受驾驶培训，并在实际上路前在教练的带领下练习。在内部资源方面，许多来访者已经具备必要的可用技能，或者只是需要接受额外训练来进一步发展它们。内部资源的例子包括智力、街头智慧、能力、灵性、应对技能、天分、知识、性格、幽默感、体力、复原力，以及最重要的——自信。

在治疗中，自信或许是最重要的内部资源了，因为焦虑来访者相信自己对自己的焦虑无能为力，而这只会滋长他们的自我怀疑。事实上，没有人是完全无助的。我们都有能力、技能、知识和强项，它们让我们得以面对生活。（即使来访者的确缺乏特定的生活技能或治疗技能，治疗也可以帮助他们获取这些技能！）关键是要帮助来访者看到这一点。在帮助来访者建立自信时，你也在增强他们认为自己有能力、有魅力的能力，而不是质疑自己的能力或社交魅力（Sokol & Fox, 2009）。对自身能力自信的来访者明白，他们不需要做到“完美”，犯错也没关系，并且他们能意识到寻求帮助或接受更多培训并不意味着对他们能力的否定。类似地，对自身社交魅力有自信的来访者不害怕被拒绝（例如有人不喜欢他们或对他们不满），因为他们知道这些举动无法定义他们的价值。自信是消除毫无根据的焦虑的关键要素。因此，清晰地阐述并记录来访者内部和外部的强项和资源，是治疗焦虑的重要部分。没有了自我怀疑，焦虑也将不复存在。

在处理资源谬误的过程中，除了谈论内部资源以外，还需要帮助来访者意识到他们可以获得的外部资源。这个过程还需要给或许更加社交孤立的来访者构筑额外的支持来源。外部资源可能包括整个社区的各类人员，例如朋友、家人、邻居、好心人、警察、消防员、电工、水管工、心理健康专业人士、医生、律师、会计、建筑工人和第一反应人员。例如，可以教导一位害怕无法回答问题的演讲者，其他观众或其他演讲者或许知道答案。类似地，一位即将进行商务谈判的来访者有一个律师、会计师和销售主管组成的团队，他们的专业知识可以解决可能出现的任何问题。

当来访者能意识到自己掌握的内部资源和外部资源时，他们感知到的风险程度就会降低，他们便具备了必要工具、以进入治疗的下一阶段——暴露疗法。

基于暴露的策略

为了让你的来访者准备好接受基于暴露的干预策略，你首先需要结合他们恐惧的具体内容讲解焦虑的认知模型。他们害怕的究竟是什么？你需要引出他们的恐惧，关于害怕的后果发生的概率（可能性），在他们的想象中害怕的结果会造成怎样的后果（严重性），以及在他们的主观感知中可用于应对后果的资源。在此之后，请运用认知重构的原则，帮助来访者看到自己高估了威胁、低估了内外资源。

一旦来访者理解了焦虑的认知模型，并掌握了从认知重构和行为实验习得的知识，他们就可以进入暴露疗法的过程了。暴露是来访者测试恐惧假设的机会。它是修正不准确和扭曲思维的有力工具，因为它能提供确凿的事实数据来反驳来访者的恐惧假设。

你可以对来访者使用多种方式的暴露程序，包括现场暴露（in vivo exposure）、想象暴露（imaginal exposure）、内感暴露（interoceptive exposure）和虚拟现实暴露（virtual reality exposure）。

现场暴露意味着让来访者在现实生活中直接面对自身恐惧。例如，让来访者触摸引发恐惧的物体（例如蛇），让他们故意把咖啡洒在衬衫上并在公共场合走来走去，或者请他们独自在餐厅就餐，这些都是现场暴露的例子。

根据克拉克与贝克（2010）的研究，大多数治疗师建议尽可能使用现场暴露，但有时这样做并不可行。例如，某些情况下现场暴露是危险的、无法实操的或不道德的。在这些情况下，想象暴露可能是有效的策略，即要求来访者在想象中面对自己的恐惧。例如，你可以请来访者想象开车经过一座大桥，想象购物袋和里面装的东西掉到地上，或者想象在自己的孩子面前惊恐发作。想象暴露尤其适用于来访者的恐惧涉及想法、图像或观念的情况。它还可以帮助来访者在暴露疗法的最初阶段慢慢适应，尤其对于那些拒绝一开始就做现场暴露的来访者。

内感暴露是另一种用于治疗惊恐障碍的疗法，它需要故意诱发来访者恐惧的身体感受，例如头晕、出汗、心悸和呼吸困难。例如，你可以要求来访者故意过度换气，捏着鼻子、含着狭窄的吸管呼吸，在椅子上旋转，原地跑步，或盯着地板上的花纹。内感暴露的关键是引发来访者害怕的躯体症状。最后，虚拟现实暴露需要利用技术手段，虚拟地模拟出来访者恐惧的刺激。可以使用虚拟现实设备真实地复制多种恐惧情境，包括高处的窗台边缘、飞机上或者一群观众面前。

暴露干预的重要成分

在进行任何类型的暴露疗法之前，很重要的是向来访者说明这样做的理由。你需要让来访者理解，面对自身恐惧是康复的必要部分。如果他们继续进行回避行为，他们将永远被自身恐惧束缚，而这会持续损害他们获取机会、达成目标和追求兴趣的过程。回避行为让来访者无法检验恐惧假设，也让新的学习无从发生。需要帮助来访者看到，暴露是回避的反面，也是让恐惧假设平息下去的机制变量。

在暴露疗法中，关键是要让来访者对自己害怕的预期和后果得出新的、更准确的结论。为了让这种学习得以发生，你必须首先明确来访者恐惧的后果，让来访者进行暴露，并且讨论结果。暴露中实际“去做”的部分是成功的关键。暴露是否成功，取决于来访者是否面对了自己恐惧的后果——而不取决于来访者在暴露前、暴露中、暴露后的感受。实际上，如果来访者在暴露之中体验到强烈的焦虑，这反而会提供驳斥恐惧假设的更有力的证据。特别地，如果来访者认为自己在焦虑时无法发挥功能，那么当他们看到自己在高度焦虑的情况下仍能发挥功能、完成暴露时，他们的假设就被否定了。例如，如果一位来访者在高度焦虑的情况下仍然乘坐了电梯，他就会明白自己不会因焦虑窒息而死。乘坐电梯这一事实本身就是一种成功。

就像一切高质量实验所需的那样，重复才能确立可靠性。需要经常重复进行暴露，这样来访者才能客观地针对自己的预测得出更准确的结论。单次成功或许看起来像是侥幸，但反复暴露均取得成功，便足以构成可靠的证据了。此外，暴露的时间必须足够长，才能让情绪层面的学习得以发生。暴露时间如果太短，这种学习就不会发生，因为没有引发信息加工过程。如果来访者过早地结束暴露，他们就不会学到自己可以容忍焦虑，甚至最终习惯自己恐惧的对象。因此，请务必持续鼓励来访者花费比他认为自己能够承受的更长的时间进行暴露，这样才能充分检验他们的恐惧假设。现场暴露建议持续 20 分钟，而其他形式的暴露可能不需要这么长的时间。例如，在内感暴露中，通常要求来访者过度换气一分钟，并重复几次。

虽然确保暴露时间足够长是治疗的重要部分，但暴露强度的问题并没有确凿定论。一般认为 30% ～ 40% 的主观痛苦程度是不错的开始，但新的发现表明，不论强度如何，学习都可以发生。一方面，我们希望来访者的焦虑水平较高，因为它会让来访者推翻恐惧假设、进行新的学习。它让来访者看到，自己可以直面恐惧，并容忍与焦虑相关的不舒服感受。

但另一方面，如果焦虑太强烈，来访者可能需要一些焦虑管理技术（例如深呼吸、放松技术）才能进行长期、反复的暴露（Clark & Beck, 2010）。焦虑管理技术可能带来滑坡效应[1]，因为来访者可能开始使用这些技术作为回避的策略，从而让新的学习无从发生。对于惊恐障碍来访者尤其如此。来访者可能会使用放松或呼吸技术回避自己恐惧的躯体症状。如果发生了这种情况，来访者就无法认识到自己的躯体症状并不像主观相信的那样危险，也无法看到自己的恐惧并无根据。

要求来访者直面恐惧的事物，可能是很难被接受的提议。因此，重要的是与来访者通力合作，共同决定他们进行暴露的速度。对许多来访者而言，制订一个恐惧等级表会很有帮助。在这个表中，来访者按照从最不痛苦到最能引发焦虑的顺序对自己的恐惧进行排序。在此之后，你可以请来访者从困扰等级最低的事物开始暴露，随着自信增加，再慢慢按等级往上。虽然使用恐惧等级表通常意味着治

1　指坏情况或坏习惯一旦习得，就可能越发严重。

疗进程较慢，但它可以提升来访者的合作程度，减少来访者提前脱落的可能性。

一旦你开始运用暴露疗法，重要的是来访者应当持续参与暴露，直到他们提升功能水平、否定恐惧假设。让来访者每天重复进行暴露甚至每天进行多次，直到完成希望达成的学习目标。当来访者越来越能直面恐惧、否定恐惧假设时，暴露会变得毫不费力，也就不再需要进行了。

潜在的陷阱

如果来访者实施安全行为，这会抑制学习过程，从而减损暴露疗法的疗效。例如，一位惊恐障碍来访者害怕晕倒，每当头晕时她就会撑住桌子，这让她无法测试自己是否真的会晕倒。同样，一位患有创伤后应激障碍的来访者每当不得不复述创伤故事时就会出现解离症状，这会让他无法学到自己可以应对与创伤记忆相关的痛苦。又比如，一位害怕开车过桥的来访者，可能会坚持必须在教练的陪伴下开教练车（在这台车上，教练可以控制方向盘和刹车），这会让他无法看到自己有能力安全地开车过桥。请注意你的来访者是否有任何安全行为，因为如果你想让来访者从暴露中获益，就必须消除它们。

除了安全行为，暴露疗法的另一个潜在陷阱是让来访者面对恐惧等级过高的情境，这会让来访者陷入失调状态，让新的学习无从发生。如果遇到这种情况，你可以回顾先前收集的认知结论、查看他们对危险和资源的主观感知，缩短暴露时长，退回恐惧等级较低的情境，或使用让人平静的技术来帮助他们投入体验。

最后，暴露疗法最具挑战性的障碍之一是来访者拒绝练习暴露。为了让来访者更自如地进行暴露，我们推荐咨询师让来访者首先在会谈中练习暴露，这会让他们在会谈外自己练习暴露时感到更有准备。如果采用想象暴露、内感暴露或虚拟现实暴露，在会谈中练习暴露会更容易。即便如此，治疗师也可以在会谈中进行某些现场暴露。此外，争取家庭成员、朋友或重要他人的支持，请他们协助来访者面对暴露实验，也可能会有帮助。最后，你可以帮助来访者克服他们的不情愿：提醒来访者当初决定进行暴露的原因，提醒来访者继续进行回避会阻碍康复。

总结：暴露疗法的八个步骤

1. 识别来访者回避的对象和恐惧的对象。

2. 讨论进行暴露疗法的理由，以及回避阻碍康复的机制。

3. 提醒来访者，成功的暴露只需直面恐惧，而不取决于暴露前、暴露中或暴露后的感受。

4. 决定哪种暴露形式最合适：可以使用多种类型的暴露方式。

5. 在要求来访者开始暴露之前，请先做出明确的预测。

6. 请来访者开始进行暴露。如果有必要，制作一份恐惧等级表，让来访者从最低级开始工作。

7. 与来访者讨论每次暴露的结果，这样才能得出清晰的结论，让学习得以发生。

练习，练习，再练习！

对特定焦虑障碍的干预措施

正如书中讨论的，各类焦虑障碍的共同点是夸大感知威胁、过分低估资源（Beck & Emery, 1985）。因此，治疗的总体目标是相同的，即教导来访者更现实地评估风险和资源。然而，用以达成这一目标的关键治疗成分，需要根据来访者恐惧的具体内容而变化。接下来的部分将讨论各种常见焦虑障碍的具体干预措施，包括广泛性焦虑障碍、社交焦虑、惊恐障碍、特定恐惧症、疾病焦虑障碍、强迫症和创伤后应激障碍。我们讨论了每种障碍的症状，并提出了可用于这一障碍的具体的认知行为干预措施。

广泛性焦虑障碍

广泛性焦虑障碍意味着在生活的各个领域（例如健康、家庭、工作、财务）产生过度和持续的焦虑。广泛性焦虑障碍的主要特征是持续担心会有“坏事”发生，且非常希望控制这一事件。虽然偶尔的担忧是生活中正常的部分，但广泛性焦虑障碍来访者的担忧本质上是过度的，因为他们虽然缺乏证据、却仍倾向于预期灾难发生。此外，广泛性焦虑障碍典型的担忧是长期、弥散性的。这种担心并不是集中关切某个可能发生的潜在问题；相反，它意味着强迫性、冗思性的想法占据了上风（APA, 2013）。

认知干预

针对广泛性焦虑障碍的认知重构，重点是帮助来访者看到这种担忧是适应不良的，也并不能起到任何作用。广泛性焦虑障碍来访者通常相信自己的担忧会以某种方式起到帮助，所以，指出担忧的种种坏处是很重要的。例如，担忧会给来访者带来压力，干扰他们集中注意、学习东西的过程，损害他们体验快乐的能力，并让他们无法完全投入当下。就算被指出了这些缺点，一些广泛性焦虑障碍来访者仍会对担忧怀有积极看法，因为他们错误地相信担忧是一种获取确定性的方式。重点是帮助来访者学会容忍不确定性，接受自己的无能为力。坏事的确会发生，但担忧不能防止坏事发生，也不能帮助来访者更好地应对。帮助来访者接受无力感和不确定性是非常关键的一步。

此外，来访者需要理解，解决问题和为问题担忧是不一样的。解决问题的过程会产出解决方案，而担忧意味着仅仅反复纠结于问题却不采取行动。因此，目标是教导来访者，与其担忧，不如更准确地评估危险，只有在确实可能存在威胁的情况下才采取恰当行动。实际上，广泛性焦虑障碍来访者往往是优秀的问题解决者，当面临真正的紧急情况时，他们往往大放异彩。为了帮助来访者看到自己确实拥有解决问题的能力，你可以让他们回忆过去成功面对挑战并克服挑战的经历。此外，运用意象，让来访者围绕害怕的情境想象各种可能的结局并考虑所有可能的应对方式，也是有价值的。

下面的应对卡片可以帮助广泛性焦虑障碍来访者学会容忍不确定性，成为更好的问题解决者，并打破担忧的循环。来访者可以用下面的下发材料评估自身担忧的效用。

应对卡片

不再担忧

- 担忧本质上是一种思维障碍。它会窃取能量，让我疲惫、分心，还会用其他方式折磨我。它干扰了我活在当下的能力，让我无法快乐。我的目标是不去担忧。
- 与其担忧，我可以告诉自己："此刻我无法处理这个问题。当我做好准备或者有必要的时候，我会想办法解决这个问题的。现在就暂时搁置它吧。"
- 我是个很好的问题解决者，所以当我做好准备或者有必要面对问题时，我拥有面对问题所需的技能。
- 我不需要提前把所有事都想清楚。没想透所有问题也没关系。

来访者工作表

评估你的担忧

当你发现自己在担忧时，**停下来，**采取如下步骤：

1. 问问你自己：我在忧虑什么？我忧虑的事情是可能发生，不太可能发生，还是不可能发生？

____

2. 问问你自己：如果这件事确实发生了，可能发生的最坏后果是什么？最好后果是什么？最可能的后果是什么？

____

3. 如果你忧虑的事情会发生或者可能发生（并且，一旦发生，它将构成问题），那么跳到第 4 题。然而，如果你忧虑的事情不可能或不太可能发生（并且，即使它发生了，也不会构成问题），那么就不必耗费能量考虑这件事了。

____

4. 如果它可能发生且构成问题，有什么是你可以做的吗？

____

5. 如果有，你有哪些选项呢？评估每个选项的好处和坏处，并选定行动流程。如果你的选项只有在晚些时候才能实施，那就接纳并等待。如果你别无选择，那就接受自己的无能为力，让宇宙决定你的命运吧。

____

行为干预

考虑到广泛性焦虑障碍来访者总是处于紧张状态，在干预中纳入能降低自主神经唤起水平的措施也是很有帮助的。促进放松的行为干预（例如深呼吸、渐进式肌肉放松、正念、瑜伽和运动）都可以起到减少紧张的作用，降低来访者的反应性。若来访者的躯体焦虑特别强烈，在采取更直接的干预措施（例如认知重构或行为暴露）前，这些干预可能特别有用。这些干预不仅能让身体平静下来，还有减少担忧的附带效果。具体而言，瑜伽和正念这样的干预可以帮助来访者停止反刍思维，转而关注自己的身体。然而，如果来访者对焦虑本身感到恐惧，那么认知重构必须首先处理围绕焦虑的恐惧，之后才能教导来访者如何减少对焦虑的主观体验。否则，放松技术本身就会变成逃避的方式。

另一个有用的行为工具是让来访者每天特意安排一段“担忧时间”。广泛性焦虑障碍来访者整日深陷于担忧之中，反复考虑自身的问题却无法得出任何解决方案。通过事先安排一段担忧时间，来访者将学会推迟担忧并继续他们的一天。为了实施这一干预，首先请来访者在一天中确定 20 分钟的时间段，他们可以专门用这段时间来担忧。之后，当来访者在一天中发现自己开始担忧时，请他们记下这些担忧，并搁置到下一次的担忧时间。通常，来访者会报告自己在给定的担忧时间内无法担心，因为他们发现预想中的问题并未发生或者并不严重，这会否定高强度担忧的必要性。这样一来，来访者会学到：当他们担忧时，他们会让问题看起来比实际情况更严重，而这会带来焦虑、阻碍理性思考。

典型家庭作业建议

广泛性焦虑障碍

要求来访者：

1. 练习放松技术。

2. 在日程表中设置担忧时间，把出现的担忧推迟到那段时间进行。

3. 阅读应对卡。

4. 与其担忧，不如去解决问题。

5. 练习容忍不确定性。

6. 考虑自己恐惧内容的其他可能结果。

7. 回想过去成功处理困难情境的经历。

8. 聚焦于自己的长处并把它们记录下来，从而培育积极的自我意象。

社交焦虑障碍

社交焦虑的特点是害怕在社交或与自身表现相关的情境中受到评判。患有社交焦虑的个体害怕遭到社会羞辱或拒绝，且十分畏惧尴尬。他们过度关注内部过程（例如焦虑的感受、扭曲的自动思维、生理唤起），并反复思虑自己主观认为的社交缺陷会如何让他们以某种方式“搞砸”。因此，患有社交焦虑个体倾向于回避社交场合，这抑制了他们社交、约会、旅行、工作、上学和在生活中发挥功能的能力。

认知干预

社交焦虑来访者会高估他人关注自己的可能性，如果他们感到自己以某种方式被评判或拒绝了，他们就会体验到强烈的痛苦。由于他们过度关注内部线索，并认为这些线索证明了自己有社交缺陷，这会干扰他们客观评估实际社交线索的能力。因此，治疗的首要程序是帮助来访者检视真实的数据，而不是依赖这些内部线索。通过让来访者观察来自外部世界的线索并教导来访者质疑自己对可能性的歪曲评估，你可以与来访者一起评估他们假设的恐惧。

例如，考虑一位尚未完成青春期发育的大龄青少年，他害怕大家注意到自己发育不良。他声称："每个人都觉得我看起来像个小孩。没有人会认真对待我。没有人会愿意和一个小孩厮混。我会觉得很耻辱的。"这些恐惧让他拒绝上学，并且，如果没有相反的证据，他的恐惧还会持续滋长。认知重构可以帮助来访者评估自己的自动思维，从而得出更适当的行动方案。尽管他发育得的确有些迟，但这不意味着全世界都在消极地评判他。在他打暑假工时，没有人区别对待他。客人们并未要求找更年长的员工过来，也没有人取笑他的身材或较少的胡须。他的朋友们仍然像以前一样对待他，仍然和他分享秘密、出去玩，甚至让他拿上刚取得的驾照，跟他一起开车兜风。现实是，所有人都把他视为"他们中的一员"，而不是什么没发育的小孩。帮助来访者意识到这一点，会让来访者得以回到学校，在学校环境中，他的恐惧会被进一步证伪。

再举个例子，设想一位大量出汗的女子。在她的想象中，其他人会注意到她出汗过多并对此感到厌烦，她假设其他人会因此对她得出种种可怕的结论。她恐惧评判，这让她回避他人、拒绝邀请，使她进一步与世界脱节，还强化了她的恐惧。在这种情况下，治疗目标并不是减少出汗，虽然减少她对出汗的恐惧可能也会让出汗减少。相反，目标是帮助来访者看到，她的思维特点是对拒绝有过分夸大的感知。事实上，她出汗的确比一般人多，但世界上的大多数人对她的评价并不会像她自己那样严厉。其实，世界上的大部分人并不会意识到这一点。虽然的确可能有些人会觉得她出汗太多、令人讨厌，或者给出其他某种负面看法，但这仍然不一定会导致她想象中的可怕后果。例如，她出汗并未妨碍她获得幸福的婚姻，拥有喜欢她的朋友和孩子，以及出色地完成工作。让她陷入困境的不是现实，而是她想象中的出汗的后果。即使有人觉得她出汗很恶心，那又怎么样？这是否会影响她看重的任何事情呢？认知重构可以帮助她意识到，她不等于她的汗水；相反，她是资产、才能、兴趣和体验的复杂组合，上述所有事物组成了她这样一个被喜欢、有能力的人。

最后，患有社交焦虑的个体在回顾与他人的所有互动时，倾向于反复思虑自认为犯下的错误。例如，考虑这样一个来访者，他相信自己在社交方面很笨拙，在最近的工作面试中表现很差。根据他自己的讲述，他记得当时自己没有眼神接触、大汗淋漓、回答问题太冗长、讲的话也不机灵。与其任由来访者想象的内容占据上风，认知重构可以帮助来访者更客观地评估自己的看法，并重塑任何错误的结论。要做到这一点，可采用的方法之一是让来访者通过形象的描述或有记录的数据来重现这一经历。例如，你可以让来访者报告，未来的雇主究竟问了他什么问题，并让他向你复述他的答案。这样一来，你就会发现，他在面试中的回答其实是非常切题的。

为了帮助来访者意识到，他们体验到的社交焦虑与面临的情况并不相称，可以使用下面的应对卡片提醒来访者，他们焦虑的原因是高估威胁、低估资源。

应对卡片

应对社交焦虑

- 任何一个人对我的负面看法，都不必然能定义我。
- 我没有必要被任何一个人对我的负面看法所影响。
- 世界并不会注意我；每个人都满心想着自己的事。
- 做到完美并不是成功或被爱的必要条件。我可以拥抱自己的不足。
- 我可以让自己走出去。我不会让对社会评判的恐惧阻碍我追求想要的事物、做享受的事情。
- 我可以放下脑海里的想法，看看周围的世界。世界大概并不像我想的那样令人害怕。

行为干预

在CBT框架下治疗社交焦虑时，请在暴露过程中收集行为数据，在此基础上开展认知重构。暴露为来访者提供了验证恐惧预测、证伪错误认知的机会。例如，让我们回顾那位青少年学生的例子，他想知道自己不会被拒绝或孤立，唯一的方法就是回到学校。同样，那位出汗过多的女士想要克服恐惧，就只能靠用真实的、多汗的模样面对世界。她不能用过厚的衣服隐藏汗水，也不能急匆匆去卫生间擦脸。她必须学会在出汗的情况下面对世界，这样她才能对真实的自我感到自信，并意识到汗水并不能定义她。

然而有时，社交焦虑来访者在很长一段时间里一直在回避，以至于他们的社交技能已经受损了。事实上，如果来访者没有进行任何练习，闲聊都会让他们举步维艰。在这种情况下，让来访者进行社交技能训练可能会有帮助。例如，你可以帮助来访者练习如何进行闲聊，包括找出感兴趣的话题（例如最喜欢的电视节目、电影、书籍、运动和音乐），如何进行角色扮演，顺着这些话题展开对话。这样做的目标是让来访者练习在对话中分享自己的意见，向他人提问，以及容忍沉默。对话是双边的，所以来访者并不100%负有让对话进行下去的责任。

那些把看法和需求被动地藏在心中的来访者可能需要决断技能训练。为了做到这一点，你可以教导来访者基本的决断技能（例如陈述事实，让别人知道他们的感受，承认对方的观点，并表达自己的期望），然后在会谈中运用这些技能进行角色扮演。来访者在会谈中与你练习之后，就可以开始试着对他们认为“安全”的人（例如家人、亲密的朋友）运用决断技能，并从这些人逐渐扩展开来。尽管变得果决可能会在一开始让人感到不舒服，但随着时间推移，这会越来越自然。

典型家庭作业建议

社交焦虑

要求来访者：

1. 回顾应对卡片，提醒自己，焦虑的原因是高估威胁、低估资源。

2. 关注外部线索（而不是内部线索），在社交或需要表现的场合收集实际数据。

3. 直面被拒绝的恐惧，这样才有可能证明自己能挺过这样的体验。这可能需要故意把自己置于肯定会遭到拒绝的情境。

4. 关注自身强项并把它们记录下来，从而形成积极的自我意象。

5. 面对自己一直在逃避的情境。

6. 进入比自己最担心的状况更糟的情境。

你可以把下面的下发材料交给来访者，用于提醒他们在运用以暴露为基础的策略、尝试直面恐惧时应当遵循的基本原则。

给来访者下发的材料

直面恐惧

●●●●●●

- 面对你害怕的情境，看看你对恐惧的预测会不会成真。
- 逼迫自己面对让你最不舒服的挑战，这样才能让恐惧平息。
- 请注意，不要让微小的回避阻碍你获得自由。让世界看到你真实的样子。即使脸红、出汗、衬衫上有咖啡渍、牙齿上沾了口红，也请到处走走。要知道这些缺点并不能定义你。
- 如果你缺乏社交技能，那就去习得这些技能。或许，回避让你的沟通技能和决断技能变得生疏了。请从简单的等级开始。例如，为了练习与他人交谈，你可以和家人闲聊、在商店里询问商品的位置、与邻居发起对话。在微不足道的小事中练习决断，例如修改点菜内容、拒绝一次邀请、对不合理的要求说不。请持续努力，直到你能为自己发声，让他人知道你的感受和偏好。

- 需要练习也没关系，如果你刚刚接触某件事，那就尤为如此。练习会让你感到舒适、熟悉技巧。例如，你可以制订一份每日计划，去发起对话、自我决断，或让自己待在不舒适的情境中。
- 利用你的社会支持系统。没有人说你只能靠自己完成这件事。

惊恐障碍

惊恐障碍来访者会体验到反复出现、预料之外的惊恐发作，并且，他们过分沉浸在对未来可能惊恐发作的恐惧中。由于这种预期性焦虑，这些来访者对躯体感受格外敏感，每当这些症状出现，他们往往会立刻寻求医疗援助。他们可能会采取各种回避行为，试图将惊恐发作的可能性降到最低，例如限制身体活跃程度或者限制他们认为可能诱发惊恐的活动。这种回避通常会导致广场恐惧症，即来访者避免离家，因为他们担心若出现惊恐症状，他们就会被困住，无法逃脱（APA, 2013）。

认知干预

惊恐障碍来访者会对惊恐发作时的身体感受进行灾难化误读（例如他们担心自己心脏病发作了，或者“发疯了”），这会让他们恐惧未来的惊恐发作。因此，一个关键的干预点便是针对这种灾难化误读展开工作（Clark & Beck, 2010）。第一步，识别每位来访者的惊恐循环，从而确定驱动惊恐的功能失调信念、触发因素、评估和灾难化误读。下图说明了这一基本惊恐循环背后的认知模型。

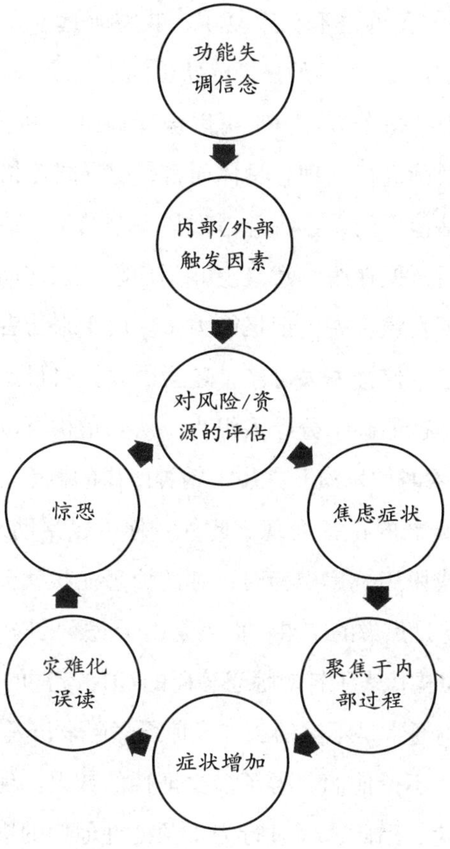

例如，考虑一位60岁的女性，她的怀疑标签是“我是受损的”（功能失调信念）。在去上班的路上，她想起自己把一个东西落在家里了（触发因素），于是在心中想：“这意味着我的记忆出了问题，我无法应对这个问题。”（对风险/资源的评估。）于是，她开始感到不安，体验到身体的刺痛感（焦虑症状）。她继续关注这些躯体感受，尝试深呼吸（聚焦于内部过程），却导致过度换气。结果，她开始感到身体燥热、胸闷、心率加快、胃部不适（症状增加）。她想：“我要疯了，我将永远失去记忆。”（灾难化误读。）于是，她当即惊恐发作。她想：“我再也不会康复了，我将永远卡在这种状态里。”（对风险/资源的评估。）她的焦虑症状也随之延续。

惊恐循环中的每个节点，都可以被理解和干预。最有力的干预点是对灾难化误读进行处理。具体而言，引导式苏格拉底提问可以帮助来访者评估他们的误读，并考虑另一个结论：或许，虽然他们的症状令人不适，但在医学意义上并不危险。在前面的例子中，来访者担心自己要发疯、失去记忆能力了。由于来访者的母亲即将去世，她害怕自己不仅会失去母亲，还会因丧失对母亲的记忆而面临更全面的丧失，这的确十分令人沮丧。认知重构可以帮助来访者看到，自己在60岁时“发疯”并患上精神障碍的概率非常低，而记忆丧失和健忘是衰老的正常表现。此外，你可以帮助来访者意识到，当来访者分心或服用抗焦虑药时，她的惊恐症状就会消失，这些事实证明上述症状是焦虑的结果，而不是由于潜藏的医学疾病。

虽然认知重构代表了针对惊恐障碍的CBT疗法的治疗要素之一，但只靠认知重构通常是不够的。许多惊恐障碍来访者做过许多检查，看过许多医生，不论他们获得了多少证伪的数据，他们仍然相信自己面临医学风险。因此，通过行为干预处理他们的灾难化误读，是治疗的另一关键要素，当存在突出的广场恐惧性回避症状时，这一点尤其重要。

行为干预：内感暴露

对惊恐障碍最主要的行为干预是内感暴露，这一练习需要让来访者故意暴露于自己害怕的躯体感受下。内感暴露的目的是引出这些被畏惧的躯体感受，激活所有无益的信念，保持被畏惧的身体感受而不进行分心或回避，从而让关于躯体感受的、新的学习得以发生。引出来访者最恐惧的躯体症状是最有用的，虽然在这之前可能需要从最不害怕的症状开始逐级进行。

可以通过多种方式引出这些躯体感受，这取决于来访者具体最害怕什么症状。例如，一位害怕心率加快的来访者可以原地跑步，或者开合跳一分钟；而一个害怕头晕和晕倒的来访者可以坐在椅子上旋转。练习的重点是有意识地尝试诱发惊恐发作，或者尽可能详细地反映惊恐症状。下面的“内感暴露练习”材料描述了更多具体的练习，你可以用它们诱发特定的惊恐症状。

给来访者下发的材料

内感暴露练习

●●●●●●

原理

内感暴露练习试图模拟来访者恐惧的躯体感受，从而评估来访者对危险的假设。可以尝试多种内感暴露练习，来制造恐惧的症状并检验对危险的预测。每次可以使用一个以上的内感暴露练习，它们有助于激活恐惧。症状越是种类繁多，学习成果就越泛化。因此，那些制造来访者通常不会体验到的症状的练习，也对来访者有帮助。暴露时长可以灵活调整，因为目标是让来访者暴露足够长的时间、体验到恐惧的症状、检验恐惧假设，并且在暴露中停留的时长超过自己认定的能力范围。允许来访者放弃暴露只会强化他们的恐惧，因为这会证实他们的假设——如果他们继续暴露，糟糕的结果就很有可能发生。

练习

内感暴露应首先在办公室中进行，随后请来访者每日独立练习。许多来访者发现，为了让自己更能低于对躯体损伤夸大的、不适当的恐惧，在独立练习时调整暴露练习的内容，会很有帮助。

一些方法

眩晕、头重脚轻、刺痛、恶心、出汗

- 过度换气/过量呼吸（例如，用鼻子和嘴，以每分钟100～120次呼吸的速率进行浅快呼吸），持续大约一分钟。
- 坐在椅子上旋转几圈。
- 从坐姿快速起立。
- 想要出汗，可以在进行上述练习时打开房间加热器。

呼吸困难或窒息感

- 捏住鼻子，通过圆形截面的吸管呼吸，持续大约45秒。
- 屏住呼吸30秒。

- 用厚毯子或大衣盖住头部坐着。

心跳快

- 原地跑步 2 分钟。
- 开合跳 2 分钟。
- 上下楼梯跑 1 分钟。

现实解体（derealization）/ 不真实感

- 盯着镜子里的自己看 3 分钟。
- 盯着荧光灯看，然后试着阅读。
- 盯着贴在墙上的一个小点（一角硬币大小）看 3 分钟。
- 盯着人字形平行花纹看 3 分钟。

给来访者下发的材料

内感暴露指南

1. 让来访者知道，为了更好地理解他们的惊恐障碍并帮助他们应对，你想和他们一起进行一个诊断性实验。
2. 如果你还没有这样做，请回顾他们在惊恐发作时具体体验到怎样的焦虑症状，并识别他们具体的恐惧假设。
3. 在开始暴露前，请来访者在 0 ～ 10 的范围内对自身焦虑进行评分，从而获得他们痛苦程度的基线数据。
4. 然后开始暴露。根据来访者具体的恐惧内容，你可以从内感暴露练习下发材料中的任何一项练习开始。请记住，你在故意引发惊恐发作。如果这样做会有帮助，你可以和来访者一起进行这个练习，并指导他们继续。如果你选择的具体练习并不能模拟他们恐惧的症状，那么可以考虑换一种内感暴露（例如屏住呼吸 30 秒，坐在椅子上旋转，原地跑步，通过小吸管呼吸）。

5. 在暴露过程中，询问来访者：
   - 你体验到了怎样的躯体症状？
   - 如果从 0～10 分打分，你的焦虑程度有几分？
   - 你的脑海中是否有任何想法？如果有，是怎样的想法？你最害怕的是什么？
6. 来访者完成暴露后，请他们按 0～10 分的标准重新对焦虑程度打分。根据他们的焦虑强度和对暴露过程进行加工的能力，请在下面两个选项中选择一种：
   - 选项 1：开始加工这段经历（跳到第 7 步）。
   - 选项 2：如果来访者正体验压倒性焦虑，这会影响他们对暴露进行有意义加工的能力，你可以首先尝试使用下列焦虑管理技术。然而，请记住，目标是让来访者最终能直面恐惧的症状，因此你不会希望他们长期用这些技术控制恐慌。

     （1）花几分钟时间分散注意力，谈论与来访者有关且良性的内容，例如电视节目或电影。

     （2）请来访者练习腹式呼吸。请来访者闭上嘴巴，尽可能缓慢地用鼻子吸气、呼气，练习三次。建议持续 6～12 秒。

     （3）邀请来访者在心中按倒序默读一段文字，或描述你墙上挂着的图片。

（4）让来访者说出所有省的名字。

7. 询问来访者，与他们实际经历的惊恐发作相比，暴露的体验有多大的相似或不同之处。让他们按0～10分为相似性打分。

8. 询问来访者在练习后得出了什么结论。例如，在暴露过程中，他们产生了哪些灾难化想法？这些想法成真了吗？如果使用了选项2中的减轻焦虑技术，这说明他们的症状在医学上有多严重或多危险呢？请记住，你在引导来访者得出“这些症状并不危险”的新假设。如果来访者得出结论，认为自己可以控制这些症状，那么他们就可以意识到症状并不危险。

9. 为了帮助来访者意识到他们自己也是导致惊恐发作的原因之一，请指出他们通过过度关注自己恐惧的想法或者过度换气，从而导致症状加剧的机制。例如，尝试邀请来访者仅仅通过鼻子快速吸气呼气来引发症状，他们会发现，这样做不可能产生症状。这些实验证明来访者有能力控制症状，而这又会证实这些症状不值得害怕的假设。

10. 和来访者协同合作，制作一张应对卡片，对他们的结论进行总结。应对卡片的内容应当包括来访者对恐惧的症状得出的更新（也更准确）的假设、支持新假设的数据、可以采取的适当行动（如果有必要），以及一个明确的表述，具体说明这些症状不论让来访者有多么不舒服都并不危险，并且不经干预最终也会消失。例如，“我以为我要________（心脏病发作、昏倒、窒息，等等）了，但这不是真的。这些症状可能令人不快，但它们并不会伤害我。驱动它们的，是我可怕的想法和对身体的过度关注。只要正常呼吸，我就能让这些症状消失。这意味着这些症状并不危险。”下面的应对卡片示例展示了前面提到的60岁女士从内感暴露练习中得出的新结论。这张应对卡片结合了认知重构和暴露的工作成果。

11. 一旦来访者在会谈中完成了内感暴露，请确保他们将其作为家庭作业持续练习，这样新的学习才能在会谈中和会谈之间持续发生。请让来访者在每次暴露后持续写下结论，并鼓励他们定期阅读这些结论。你也可以让来访者完成惊恐日志（panic log）工作表，从而观察，随着内感暴露练习的持续进行，他们对惊恐的反应随时间推移有何变化。

应对卡片示例

应对惊恐

- 这些症状并不会让我发疯。如果真的会发疯，那我早该疯了。尽管焦虑的感觉很糟糕，但它并不会伤到我，也不会让我发疯或者遭受躯体损害。
- 我知道这一点，是因为：

  （1）过度换气会导致焦虑发作，而改变呼吸方式会让惊恐的感受消失。如果焦虑是身体危险的征兆，就不可能出现上述现象。

  （2）焦虑是可以控制的。如果我关注内部线索、呼吸过量，就会让焦虑恶化。我能控制我的症状，这意味着它们并不危险。

（3）焦虑只是压力的表现。它并不是什么严重的状况。

（4）焦虑令人不快，但它并不是有害的。

（5）我曾经多次经历焦虑，但我从未发疯或失去记忆。不论我每次怎么应对，症状最终都会消失。

总之：焦虑不会伤害我，并且它最终会消失！

来访者工作表

惊恐应对卡片

制作一张应对卡片，详细写下你准确修正过的新假设、证实这一新假设的数据、恰当的行动（如果有必要），并清楚地说明这些症状不论有多么令人不适都并不危险，且无需干预、最终都会消失。

来访者工作表

惊恐日志

惊恐日志可以帮助你了解，你对惊恐和高度焦虑的反应是否随着时间有所改变。记下惊恐和高度焦虑的事例、它们发生的情境、你体验到的症状、你对感觉的解释、你对惊恐的反应，以及它有没有升级为完全的惊恐发作。

惊恐的日期，时刻和持续时长	出现惊恐的情境以及惊恐的严重程度(0~10)	描述惊恐症状	对感觉的解释	你对惊恐的反应（即当时你做了什么。如果你服用了药物，请标注药名和剂量）

那是一次完全的惊恐发作吗？如果没有演变成完全惊恐发作，请解释原因。

短期焦虑管理

在内感暴露期间，治疗目标是让来访者运用认知重构，与他们的惊恐症状对话，并在不使用分心和回避策略的情况下保持自己恐惧的躯体感受。然而，正如我们在“内感暴露指南”中提到的，有时候有必要向来访者传授短期焦虑管理技术，例如分心、重新聚焦和深呼吸，从而减轻他们的躯体症状。在短期内，运用这些技术可以鼓励来访者留在诱发焦虑的情境中，尽可能减少恐惧性回避（phobic avoidance）。这些技术还可以让来访者不去服用有成瘾性的短效抗焦虑药。

运用短期焦虑管理技术不一定会阻碍新的学习，只要你帮助来访者清楚地理解，这些有效恰恰证明他们的症状不具有医学上的严重性和危险性。此外很重要的一点是随着时间逐渐减少使用这些策略。最终，我们的目标是让来访者只用认知重构或应对卡片来面对症状。以下有两张应对卡片，你可以把它们提供给来访者，帮助他们克服继续长期使用分心技术和抗焦虑药的愿望。

应对卡片

我不需要分心

短期来看，焦虑能帮助我针对最害怕的情况练习暴露。然而，从长期来看，我必须仅仅通过和这些想法对话以及继续练习暴露来面对让我恐惧的想法，即“我将会__________（心脏病发作、晕倒、窒息等）”。

应对卡片

我不需要抗焦虑药

我不需要药物来封锁焦虑。焦虑只是我体内正常的警报系统，是人类对生活产生的反应。我可以通过深呼吸减缓焦虑，可以通过提醒自己并没有危险来远离惊恐。我必须继续靠自我对话来挺过焦虑。

恐惧性回避

当你通过内感暴露处理了来访者对身体伤害的恐惧，来访者就可以解决他们的恐惧性回避了。无论来访者的恐惧性回避程度有限还是相当严重，前面进行的认知和行为工作已经让他们具备了一些知识，这些知识会让下一步的暴露工作不那么具有威胁性。为了帮助来访者克服广场恐惧症，你将要求他们在自己最害怕的情境或场景中（例如离家在外、去公共场所、置身人群中，等等），故意诱发惊恐症状。例如，一个害怕心脏病发作的男人或许可以独自去跑步，一个害怕晕倒的女人可以去拥挤的商场里转圈圈。

对于一些来访者而言，没有必要逐步进行暴露，他们已经准备好面对先前害怕的情境，也不需要太多鼓励就可以故意引发惊恐症状。但是，对于回避更严重的来访者，暴露或许需要逐渐、分级进行。例如，你可以需要对恐惧情境分级，并请来访者慢慢加码，在各个情境中诱发惊恐症状。

最终，治疗工作可以回过头来探索是什么触发了来访者最初的忧虑。是什么引发了躯体感受本身并不重要，因为任何刺激都有可能触发躯体反应；相反，重要的是检视深层核心信念或称怀疑标签，是它让来访者容易产生惊恐。他们是否认为自己是虚弱、易受伤害、无能或有缺陷的？如果是这样，只要来访者还持有这个怀疑标签，他们的惊恐症状就有复发的风险。持续进行认知工作和行为实验有助于让来访者积累必要的证据，反击怀疑标签，从而克服惊恐障碍。

典型家庭作业建议

惊恐障碍

要求来访者：

1. 回顾应对卡片，提醒自己，这些症状令人不快，但并不危险。

2. 通过在家进行内感暴露练习，定期有意识地唤起恐惧的躯体感受。可考虑尝试不同种类的暴露练习。

3. 直面先前回避的、自己恐惧的情境。

4. 在这些恐惧的情境中，定期有意识地进行内感暴露练习。

5. 记录惊恐日志，看看他们对惊恐的反应是否随时间变化。

6. 关注自身优势并把它们记录下来，从而增强自信心。

7. 对任何引发焦虑的自动思维进行认知重构，从而证伪怀疑标签。

寻找让他们感到忧虑的触发因素，并检视自己对威胁和资源的感知是否准确。

特定恐惧症

特定恐惧症的特点是对特定物体或情境具有过度的、非理性的恐惧。这些恐惧可能与许多刺激相关，包括动物或昆虫（例如蜘蛛、狗）、自然环境（例如高处、黑暗）、情境（例如坐飞机、驾驶）、血液-注射伤害（例如针尖、看见血），或者其他非特定因素（例如呕吐、巨响、小丑）。特定恐惧症来访者只是想一想这些恐惧的刺激都会产生焦虑。除此之外，刺激唤起的恐惧或焦虑，会让人试图回避与刺激相关的地点、情境和物体（APA, 2013）。

认知干预

对于特定恐惧症，数据表明，只靠认知重构基本不足以缓解这些恐惧（Clark & Beck，2010）。然而，在让来访者准备好直面恐惧对象的过程中，找出导致恐惧的、不准确的危险假设，并收集证伪的数据，可能会有帮助。例如，一个有猫恐惧症的来访者可能认为，所有家猫都会攻击她、把她的眼睛挖出来。为了帮助来访者做好暴露准备，你可以与她讨论家猫的体型，强调家猫胆小的天性，并指出许多不同年龄段的人（甚至小孩）都可以养猫当宠物，或者在日常情境下和它们相遇而未受伤害。

尽管在治疗特定恐惧症时最常使用的是现场暴露，但有时没有必要这么做，尤其是来访者恐惧的对象被大多数人认为特别恶心的情况下（例如呕吐物的图像），这样做很可能会唤起任何人的内脏反应，所以没有必要直接暴露。在这些情况下，不接触对象本身的认知重构或许就够了。

行为干预

现场暴露是特定恐惧症的首选治疗方案，通常我们需要对恐惧假设进行检验，从而消灭恐惧（Clark & Beck, 2010）。就像所有良好的暴露要求的那样，治疗师首先需要识别来访者的恐惧预测，用暴露进行行为实验，然后从客观的立场讨论来访者的观察结果——仿佛来访者是一个训练有素的科学家——从而得出符合现实的新结论。如果来访者表现出特别严重的恐惧性回避，那么或许有必要沿着恐惧层级逐渐往上，用更慢的步调进行暴露。例如，回到那位有猫恐惧症的来访者的例子中，或许你一开始可以让她观看猫的视频，直到她能习惯这一暴露唤起的焦虑并体验到新的学习。然后，她可以逐步继续，从和猫共处一室到最终亲手摸猫。

为了构建恐惧等级表，首先需要针对引起恐惧的刺激物确立锚点，其形式通常是范围为 0～100 分的主观痛苦感觉单位（subjective units of distress, SUDs）评分。接着，确定恐惧的物体、动物、活动或情境，并从最不容易引起焦虑到最容易引起焦虑的顺序，在恐惧等级表中对其排序。然后，来访者准确评估感知到的威胁，以及应对感知威胁的资源，从而做好准备面对这些恐惧的刺激。当来访者知道他们并没有被要求面对真正的危险并且拥有应对资源，来访者就可以开始暴露工作了。

不论你按多快的速度带领来访者沿着恐惧等级表向上尝试，最重要的都是经常性地、反复地进行暴露，这样才能持续证伪错误的预期。例如，你可以请有猫恐惧症的来访者拜访养猫的朋友。即使她在踏入朋友家门的那一刻体会到强烈的焦虑，但若能待在暴露情境中，她就会明白自己能耐受这份焦虑，痛苦最终会消退。此外，如果她能观察到，她最初踏入朋友家门时朋友的猫远远逃开，但回到她身边时又用身体轻蹭她的腿，并且朋友的双眼完好无损，那么这些证据就否定了她的恐惧假设（所有家猫都会攻击她，并把她的眼睛挖出来）。

暴露的变体越丰富，学习的成果就越泛化到生活的方方面面。

对来访者而言，停止回避他们恐惧的东西是至关重要的，否则不合理的恐惧将持续扰乱他们的生活。面对恐惧，是允许新的学习得以发生并意识到威胁并不存在的唯一途径。

典型家庭作业建议

特定恐惧症

请来访者完成以下作业：

1. 定期、反复直面他们恐惧的物体、动物、活动或情境。

2. 回顾应对卡片，提醒自己，主观感受到的危险是夸大而缺乏根据的。

3. 聚焦于自己的强项，并把它们记录下来，从而提升自信。

4. 直面他们过去回避的情境，哪怕他们害怕的物体可能出现在这个情境中。

疾病焦虑障碍

疾病焦虑障碍，又称疑病症（hypochondria）或健康焦虑障碍（health anxiety disorder），意味着过度担忧身患重病，即使医学检查已经排除了所有潜在的健康问题。疾病焦虑障碍来访者并未表现出任何表明他们的担忧为真的身体症状，但是他们仍然恐惧在某个时刻会发生灾难性的医学后果。因此，他们对身体线索过分警觉——他们常常误读躯体症状，这些症状实际上反映了正常的躯体感受，或正常范围内的身体不适，而不是更严重的医疗状况——并强迫性地寻求医疗保障来应对疾病（APA, 2013）。

认知干预

患有疾病焦虑障碍的来访者沉浸于内部刺激（例如胃痛、皮肤变色、头部感到压力），并将针对健康状况的扭曲信念建立在错误的观察上，这些错误的观察让他们对自己的信念信以为真。例如，他们经常在互联网上搜索信息，并向自己生活中的他人寻求保证，从而支持了自己的错误假设。此外，他们还对反映身体正常功能的症状过分警觉，这进一步维持了他们对健康的担忧。例如，一位有肠道不适的来访者可能担心失去对肠道的控制，这会导致更多的胃部收缩与不适感。同样，设想一位担心患上喉癌的来访者，他在吃了一顿大餐后感到喉咙发紧，因此他反复尝试吞咽，以确保自己没有吞咽困难，这只会让他经历更严重的喉部不适，并强化了他相信自己患上癌症的信念。

这些来访者体验到的焦虑并非源于症状本身，而源于他们对症状含义的焦虑。因此，认知重构可以帮助来访者理解，他们基于特定的观察得出结论，但其他合理的解释也可能存在。例如，可以请相信自己患上喉癌的来访者考虑症状出现的其他原因。他是不是吃得太多了？是不是吃得太快了？是不是吃得太辣、太油了？他是否摄入了太多酒精或咖啡因？他比平时压力更大吗？通过检视这些证据，来访者可以检验其他的解释，并思考他的症状有没有可能是消化不良或胃酸反流的结果。

当你和来访者一起考虑症状的其他证据时，不应通过让来访者寻求额外的医学检查、向他们提供保证，或长时间讨论症状本身来收集证据。相反，你希望来访者考虑症状出现的其他原因，并耐受他们在某一天可能患上严重疾病的不确定性。无论来访者做什么（或不做什么），未来出现严重医学问题的可能性都存在；然而，为此担心并不能阻止它发生。通过帮助来访者接纳自己的无能为力，你在为他们赋能，让他们走出担忧、得以进行控制并过好自己的生活。

行为干预

针对疾病焦虑障碍最重要的行为干预，是帮助来访者减少维持恐惧的行为，这包括健康相关的行为（例如扫描全身上下，寻找与疾病相关的迹象）和寻求保证的行为。如果来访者不断触摸让他们感到担忧的部位，这只会增加肿胀、发红和不适的症状。同样地，虽然扫描全身和寻求保证可以暂时减少焦虑，但长期而言，这些行为会增加焦虑，因为正是它们维持了与健康相关的担忧。寻求保证也可能无法带来收益，因为来访者往往误读保证，只选择性关注证实他们恐惧后果的信息。

因此，一旦你与来访者共同工作、追求耐受不确定性和考虑症状的其他解释，重要的是让来访者练习抵抗搜寻医学信息或者从他人那里获得保证的冲动。例如，设想一位年轻的来访者，她的家人称她为“紧张小鸡”，因为她认为任何身体症状都是迫在眉睫的医疗灾难的迹象。在她看来，任何潜在的医疗问题都会发生，而这会是灾难性的。在与来访者合作树立一些认知重构后，可以指导来访者练习抵抗冲动，不要对任何与健康相关的强迫思维做出行动。例如，每当她得到一段模棱两可的医疗信息时，她可以试着去想“或许这不是一件可怕的事，不要灾难化”，而不是在网上研究各种信息。或者，如果她发现身上有个肿块，她可以做个实验，看看几天后它是否会自己消失，而不是像过去那样急匆匆地去看医生。或者，如果她出了城，开始流鼻涕，她可以告诉自己：“我得感冒而不是肺炎的可能性要高得多。想想吧，有多少人得感冒，有多少人得肺炎？”而不是早早赶回家。最后，你可以帮助她考虑“我能应对它”的观念，而不是低估自己。让来访者提醒自己，她即使真的得了重病也会获得许多外部帮助，也可以在配备专业人士的优良医疗里获取高质量的照护。

典型家庭作业建议

疾病焦虑障碍

要求来访者：

1. 考虑躯体症状的替代性解释。

2. 接纳带着不确定性生活，并考虑不确定性带来积极事物的经历。

3. 抵抗寻求保证的冲动。

4. 抵抗做更多医学检查的冲动。

5. 进行实验，不要关注症状，看看会发生什么。

6. 当焦虑驱使他们去研究自身症状时，练习放松或分心策略。

强迫症

尽管在第五版《精神障碍诊断与统计手册》（以下简称 DSM-5）中，强迫症被从焦虑障碍类别中移除，并被归入“强迫相关障碍”的新类别（APA, 2013），但强迫症的深层机制仍然与所有焦虑障碍相同（例如夸大威胁并低估资源）。因此，许多临床工作者仍然把 OCD 视为一种焦虑障碍并以此进行治疗。

强迫症来访者体验到反复的、无法控制的闯入性想法（即强迫观念，obsessions），这些想法十分耗时，并且干扰日常功能。强迫观念的内容可以有很大不同，包括对污染的恐惧、不请自来的与性相关的想法、失去控制、宗教性强迫观念、加害性强迫观念（harm obsession），或过分关注对称以及希望事物“恰到好处”。强迫症来访者把这些强迫观念视为比它们的真实状况更危险、更重要的事物，这会引发极度的焦虑和痛苦。反过来，他们试图压制这些想法，或进行各种仪式性行为（即强迫行为，compulsions），试图中和痛苦并预防他们恐惧的结果（APA, 2013）。

认知干预

强迫症来访者的标准治疗方案是暴露与反应阻止法（exposure and response prevention, ERP），这包括：（1）让来访者暴露于引发强迫观念的想法、情境或物体面前；（2）进行反应阻止，让来访者不对强迫观念做出仪式性行为。然而，在直接进入暴露阶段前，要帮助强迫症来访者重构围绕强迫观念的认知信念系统。强迫症来访者相信，普通的闯入性思维是值得恐惧的刺激。通过帮助来访者看到每个人都有闯入性思维，你可以让他们更接近这样一种状态，即不再害怕这些想法，也因此不再需要努力去中和或回避这些想法。向来访者分享普通人报告的闯入性思维与冲动的清单（例如打人或伤人的冲动，想到亲人发生意外，想从阳台上跳下去），可以帮助来访者获得他们急需的这种洞察。

此外，链式分析可以帮助来访者理解自己的强迫症是如何维持的，以及哪些节点可供干预。以下是一条典型的路径：

触发线索 → 闯入性思维 → 焦虑 → 中和焦虑的冲动 → 压制想法或进行强迫性仪式

例如，考虑一下高中生斯凯勒的案例。强迫症的仪式让凯勒无法参与社交、上学迟到，并且扰乱了她的睡眠。她看见衣柜里的一件黑衬衫，认为自己可能碰过它（触发线索）。因此她产生了“我碰了那件黑衬衫，现在，有什么对社会不利的事将要发生了”的想法（闯入性想法）。她的焦虑急剧上升，于是她对自己说：“如果我完成了我的仪式，那么我就会感觉好一些，还能让坏事不发生。”（中和焦虑的冲动。）于是，她开始进行她的仪式，也就是把房间整理好并重复这个过程七次（强迫性仪式）。

干预计划的第一个要点是，通过检视仪式行为或压制想法的好处和坏处，帮助来访者形成参与治疗的动机或提高其接受程度。对斯凯勒而言，你可以帮助她看到仪式化的几个坏处。例如，它会让她长期迟到，并使她无法投入她想完成的事，无法加入想加入的群体。此外，虽然仪式化或许有助于减少短期焦虑，但无论多少仪式化都不能完全消除焦虑。长期来看，仪式化也是无效的，因为焦虑会自行延续下去。请与来访者一起增进这样的理解，从而让你们拥有相同的视野；还要请来访者制作一张应对卡片，重申停止仪式化的理由。例如，斯凯勒的应对卡片包含如下内容：

斯凯勒的应对卡片

防止仪式行为

我们的目标是停止仪式化。为什么呢？仪式化耗费时间，消耗精力，让我难以入睡。通过停止这些仪式，我可以学会不被焦虑感受困扰，并克服我对感受本身的恐惧。我也将不再让父母恼火又担心，对自己有更好的感受，变得独立，可以和朋友们出去玩，不会错过留宿活动，并重新取得对生活的掌控。

第二个要点是，你必须努力减少来访者对焦虑本身的恐惧，从而让焦虑的体验不再那么令其不安。要做到这一点，你首先需要确定，焦虑或不适感的哪些方面是来访者无法忍受或感到可怕的。对斯凯勒而言，她的焦虑与她对自己社交魅力的怀疑有关，因为她相信如果自己很焦虑，就会在社交情境中说出不恰当的话，进而遭到拒绝。类似地，一位软件工程师可能会想：“如果我不能缓解焦虑，我就会犯错并丢掉工作。”请注意，在这两个例子中，来访者的恐惧或焦虑都与深层自我怀疑直接相关。要处理这种恐惧，你就需要利用认知重构的方法来修正来访者的怀疑标签并增强其自信。斯凯勒可以学到，她在社交情境中是受欢迎的，人们对她的看法也不取决于某一句话。工程师则可以学到，他其实相当有能力，并且就算他的表现未达自己的理想标准，他仍然遥遥领先于其他人。

让来访者练习内感暴露从而证明焦虑的躯体症状并不可怕，也是一种有用的策略。然而，和惊恐障碍不同（惊恐障碍通常需要反复暴露），为了让强迫症来访者证明焦虑并不危险，单次的内感暴露通常就够了。一旦你和来访者一起工作、降低了他们对焦虑的恐惧，就请他们制作一张应对卡片来总结这份理解。

应对卡片

应对焦虑

焦虑并不危险。它不会伤害我。我并不需要驱逐焦虑。相反，我可以承认焦虑，对自己说："我感到焦虑，那又怎样！"感到焦虑，并不意味着我必须对它采取行动。焦虑的感觉会过去的。

干预的下一步，也就是处理闯入性思维本身，是最关键的。强迫症来访者表现出"思维-行动融合"，也就是错误地相信，只要某个想法产生，这个想法就更可能成为现实。这种思维谬误会让来访者把想法和行动混为一谈，让他们相信产生某个想法就会让想法更可能发生，相信想了和做了同样糟糕，且这些想法反映了他们糟糕的本性。你可以使用一个简单的暴露诱导来教导来访者，想法并没有看起来那么重要或危险。例如，要求来访者想"要下雨了""我会中彩票"，或者"我想揍你"，然后看看这些事情是否会发生。事实是，这里的每一件事的确都可能发生，但它们发生与来访者产生的想法或感受没有关系。

你还可以使用一个更有挑战性的实验，比如让他们写下，你或者办公室里的其他人会在接下来两分钟内死掉。满灌疗法（flooding），即要求来访者不止一次思考或写下这句话，一次又一次地这样做，也可能特别有用。这样做会让来访者感到焦虑，他们也会想要通过划掉这句话或撕掉纸张来中和这种焦虑，但你要帮助来访者抵抗这么做的冲动。事实上，的确有人可能会死掉，但和某个想法或写下来的某句话没有关系。你要让来访者了解，闯入性思维和冲动只是焦虑传来的讯息，它们是全人类的内心中每天都会发生的正常现象。

此外，请注意不要花太多时间评估来访者闯入性想法和冲动的正确性，因为这会导致来访者更加沉浸其中。然而，当你们首次讨论某个闯入性想法时，评估来访者的这一关切是否合理也是恰当之举。一旦你确定这个想法只是强迫症的表现，重点就是，不要让这个想法对来访者产生任何影响力，或占据任何重要地位。随后，你可以请来访者制作一张应对卡片，提醒自己“思维-行动融合”背后的思维谬误。

应对卡片

应对闯入性思维

理性地看，我知道这个思维不正确。这是一个荒谬的、错误的想法。我怎么想和实际发生什么并没有关系。也不存在“思维-行动”的关联。这只是强迫症的表现，并不是对现实的反映。

行为干预

要想有效地治疗强迫症，只是帮助来访者理解闯入性想法并没有那么危险或重要还不够。事实上，许多来访者能认识到强迫观念的非理性本质，但他们还是感到不得不进行仪式行为来中和焦虑。因此，强迫症治疗的一个重要组成部分是反应阻止，在这个过程中，面对强迫观念时，来访者避免进行思维压制或强迫仪式。通常而言，让来访者一下子停止强迫行为挑战性太高了，最好首先进行分级，让来访者逐渐减少仪式行为。最开始，可以尝试推迟仪式，然后消除特定种类的仪式。另一些选项是，首先在一天中的特定时间或特定地点内消除仪式。来访者还可以做一些干扰强迫行为的事，例如，如果分散注意力能延后应对冲动的行为，就这样做。终极目标是完全不进行仪式行为。

有时候，来访者也可能暴露于会触发强迫观念的事物，但有别的事情干扰了他们进行仪式行为的能力。例如，恐惧污染的来访者可能不小心碰到“脏东西”，但附近又没有洗手间，这会迫使他们推迟洗手或者完全无法洗手。可以将此用作学习经验，帮助来访者看到，尽管在这种情况下他们被迫进行反应阻止，这也提供了验证恐惧的机会。

以下是一张应对卡片的样本，来访者可以在刚开始进行暴露与反应阻止法时，用这张卡片来抵抗进行强迫行为的冲动。随后，还有斯凯勒为摆脱强迫行为而进行的暴露与反应阻止计划示例。

应对卡片

抵抗冲动

我可以一步一步来。我必须面对恐惧并克服恐惧。当我抵抗中和焦虑的冲动时，我确实会暂时感觉更糟，但长远而言，这会让我更强大。不用去管强迫性思维，要记住，别为它们赋予本来没有的意义。抵抗冲动会增进自信，而自信会让我更容易面对强迫症。

暴露与反应阻止计划示例

斯凯勒

1. 自如地面对焦虑。我可以耐受焦虑的感觉。焦虑没有什么好怕的，它可以被控制、可以被操控。焦虑只是一种症状，它无法伤害我。

2. 为了直面焦虑并彻底摆脱强迫症，我会努力逐级进行暴露：

- 直视黑衬衫
- 嗅闻黑衬衫
- 直接触摸黑衬衫
- 把黑衬衫披在肩膀上
- 穿上近似黑衬衫的衬衫

- 穿上黑衬衫

3. 为了证明我可以耐受焦虑、我不害怕焦虑，我会开始打乱我的夜间仪式。我会试着只抹一次沐浴露，我会只关一次门、关一次灯。我会打乱弄软枕头和翻转枕头的顺序。我会试着改变检查房间的顺序。

4. 我不会屈服！我可以不做仪式且仍然感到舒适。我可以每天练习不做仪式行为。如果我不屈服，我就可以不做仪式且仍然感到舒适。我根本不需要做这些仪式。

5. 每天提醒自己：仪式化，和做出某个选择（而不是选择另一个选项）以及坏事发生之间，没有任何关系。这种联系或许看似真实，但客观来讲并非如此。

6. 当我脑海中出现闯入性思维时，我可以提醒自己：这只是一个闯入性思维。普通人也会有同样的闯入性思维。我有强迫症，恰恰是因为我害怕这些思维。如果我试图压制这些想法，它就会越来越吵闹、越来越强大、越来越鲜活。直面它，全然拥抱它。

7. 时常提醒自己：我有焦虑的倾向，所以压力会触发强迫症。

8. 最重要的是，提醒自己：我在社交场合中受到喜爱，是有趣、关怀他人的人。我在任何时刻说或做的任何事，都无法否定我整段人生积累的数据。

典型家庭作业建议

强迫症

要求来访者：

1. 制作清单，列出继续仪式化的好处和坏处，以及抵抗仪式化冲动的好处和坏处。得出总体结论。

2. 用满灌疗法让他们直面闯入性思维（用口头、书面或默想的方式），同时抵抗仪式化的冲动或压制想法的冲动。

3. 阅读在治疗中制作的应对卡片。

4. 挺身而出直面焦虑，而不是试图驱散焦虑。

5. 关注自身强项并把它们记录下来，以增进积极的自我意象。

创伤后应激障碍

虽然 DSM-5（APA, 2013）把创伤后应激障碍重新归类为创伤和应激源相关障碍，但将其视为焦虑的一种进行治疗仍有理论意义，因为创伤后应激障碍包含对重新体验创伤事件带来的恐怖感的恐惧。创伤后应激障碍来访者往往会经历反复出现的闯入性记忆或与创伤相关的噩梦，任何让他们想起创伤的触发线索都会引起极端的痛苦。因此，他们试图回避与创伤故事相关的内部线索（例如记忆、想法、感受）和外部线索（例如人、地点、情境）。创伤后应激障碍可以被概念化为对异常情况的“正常”反应，但在时间和范围上过于泛化，超过了原本应有的范围。尤其，创伤后应激障碍来访者会出现过度活跃的表现和延长的“战斗–逃跑反应”，尽管不存在真正的应激源或威胁，这种反应也会被反复激活。

认知干预

不论你使用哪种治疗方案（例如延长暴露，认知加工疗法还是认知行为疗法），治疗创伤后应激障碍的关键因素都是认知重构和暴露（Clark & Beck, 2010）。通常，只有当来访者的症状造成痛苦、影响日常功能满三个月后，正式治疗才应开始。虽然这不是一个僵化的标准，但过早地敦促来访者针对创伤故事开始工作可能是有害的。请记住，大多数人不需要正式干预就能从创伤中恢复，早期症状可能是医学方面的（例如脑损伤、药物的副作用、躯体疼痛）。此外，如果来访者仍然与加害者保持关系、出现了严重的解离、对创伤的记忆不足，或者正在滥用物质并因此无法清醒地参与治疗，治疗师决不应当针对创伤后应激障碍展开工作（Foa, Hembree & Rothbaum, 2007）。

就像其他所有焦虑障碍一样，对创伤后应激障碍的治疗目标是纠正对创伤及其遗留的负性评估。然而，治疗创伤后应激障碍是一项特别有挑战性的工作，因为患有创伤后应激障碍来访者对创伤的自传性记忆往往有缺损（对创伤事件的记忆往往有顺序错误），以及对创伤相关线索的知觉启动（perceptual priming）水平较高，而这让他们很容易被触发并重新体验创伤，仿佛他们仍处于创伤情境中（Clark & Ehlers, 2004）。

此外，虽然回避对每种焦虑障碍的治疗都构成阻碍，但在创伤后应激障碍中，它会成为特别大的问题。大多数来访者不想思考、谈论或重温发生的事情，而这会大大限制你针对创伤后应激障碍展开工作的能力。因此，请帮助来访者认识到不再回避创伤故事及相关刺激的好处。回避会让创伤记忆占据主导地位、扰乱来访者的生活，而这很可能让他们的症状继续恶化。和来访者一起工作，帮助他们理解，通过重温创伤故事，他们将给自己一个机会来处理创伤记忆、削弱其影响，并用更准确、更有帮助的方式来看待它们。下面是一张应对卡片示例，来访者可以用它来汲取勇气，从而不再回避创伤故事。

应对卡片

克服回避

如果我想好起来，我就不能逃避。回避会阻碍康复。如果我一直回避，这段记忆就会一直占据主导地位。虽然听起来很可怕，但如果我面对这段记忆，我就能跨越它。我可以挺身直面它。我可以获得自由。

一旦来访者愿意针对创伤故事开展工作，治疗目标就是让来访者学会如何耐受并加工与创伤相关的复杂而矛盾的想法和情绪。经历过创伤的来访者有一系列思维谬误，这让他们对自己、世界和未来抱有消极看法，而这会维持对外部威胁（例如“世界是危险的”）和内部威胁（例如“我出毛病了”“我无法照顾自己”“我的心已经死了”“我很弱小”）的错误解读。通过使用苏格拉底式对话（例如检验可能存在的其他观点与视角，分析信念的影响），你可以帮助来访者改变他们对自己和世界的信念。特别是，认知重构有助于处理根植于创伤记忆的认知，包括源于恐惧的认知（例如“我要死了”）、源于愤怒的认知（例如“他们是故意伤害我的”）、基于内疚的认知（例如“都是我的错”）、基于羞耻的认知（例如“他们让我难堪”），以及在创伤发生后继续涌现的认知（例如“我必须总是保持警惕”“我再也不会好起来了”“我应该受到惩罚”）。

例如，设想一位抢劫案受害者。她认为被抢劫都是她的错，因为事发时她在一个混乱的社区，而坏事会发生在坏人身上。认知重构可以帮助来访者看到，尽管坏事的确发生了，但这不意味着坏事总会发生。此外，坏事可能发生在任何人身上。因此，她可以学会接纳这一事实，即遭遇抢劫并不是她的错，也与她的品行无关，而是一个随机事件。她不会再认为没有人值得信任，而可以学会接受有一些人关心她、永远不会伤害她，且值得信任。

行为干预

除了认知重构，创伤后应激障碍治疗还包括使用基于暴露的策略，包括想象暴露（例如通过想象重温创伤）和现场暴露（例如在现实生活中靠近与创伤相关的情境）。现场暴露通常在家庭作业中和会谈之间进行。暴露是治疗的重要组成部分，因为它们让来访者得以修正任何与创伤相关的无益认知，并帮助来访者理解那些糟糕的回忆。为了帮助来访者发掘创伤认知，并提供信息让更准确的新认知得以诞生。基于暴露的策略是很有必要的。有时候，来访者对事件的记忆与实际经过有出入，这会让他们对并非自己过错的事情感到内疚或羞耻。作为治疗师，你可以帮助来访者更现实地回顾这些记忆。

此外，暴露会让来访者直面先前回避的情境，并看到这些情境是安全的，而这会修正他们关于危险的认知。例如，一位经历过造成多人死亡的可怕交通事故的来访者，可能会刻意避开事故发生的路段。理想情况下，重新回到那个路段并花些时间观看经过的车辆可以改变来访者的错误认知，即“威胁目前仍然存在”“那个路段总会发生事故”。如果有必要，可以让来访者先坐车经过那段路，最终自己驾车路过。这有助于巩固来访者新学习到的信念，即仅仅因为悲剧曾经发生在那里，并不意味着它此刻仍在发生，或者将会再次发生。

一般来说，在开始暴露之前，教会来访者某种形式的放松策略是很有帮助的，这会增进来访者的依从性，同时对抗过度投入（overengage）创伤故事的倾向。在重新叙述创伤记忆时，过度投入的来访者可能与创伤故事太过靠近，导致他们重温创伤、仿佛创伤再次发生了一样。当这种情况发生时，来访者可能会陷入代偿失调（decompensate），陷入解离、表现出退行行为（例如大小便失禁）或无法控制地哭泣。在这些情况下，可以使用放松技术来帮助来访者重新接地（reground），提醒他们现在是安全的。在重新开始暴露时，可以用以下方式尝试修改暴露过程、降低投入程度：让来访者用过去时态讲述，睁着眼睛，或书写创伤故事而非讲述它。另一方面，如果来访者投入不足（underengaged），要求来访者用第一人称讲述，闭上眼睛，运用所有感官来更好地接触创伤事件。

请考虑一下这位女大学生的案例，她为一次在约会中被强奸的经历而自责。她无法忍受回到强奸发生的那所公寓，也无法忍受待在父母家里，因为她相信父母也为发生的事情而责备她。想到要面对他们的愤怒，她就无法忍受。她避开朋友、放弃暑期工作，害怕自己会情绪崩溃或面对不想回答的问题。当她刚开始寻求治疗时，她不想谈论强奸事件，所以治疗初期概括性地处理回避的议题，并帮助她定下了重新掌控生活的目标。最终，她终于能够讲述创伤故事，尽管重温创伤是痛苦又困难的任务。在只叙述了一次创伤记忆后，她立刻意识到原本的自责结论并无根据。她得出结论："之前我觉得我放任这件事发生，所以我对自己很生气。现在我知道，当时我无能为力，不是我放任它发生的。是他欺负我。他比我强大得多，是这个禽兽袭击了我。我该责备他，责备干出这档事的人。这就说得通了！现在我有力量了。他的所作所为是错误的。我依然是完整的。我将会痊愈。他什么也没有得到。回避意味着我给了他从我这夺取东西的权力。我不会让这种事情发生的。"

一旦来访者意识到该被责备的是加害者，她就可以面对父母，并意识到他们的愤怒是针对加害者的，而不是针对她自己的。来访者现在能面对过去回避的情境和人物，这让她得以向他人讲述自己的故事。她在讲述自身经历时得到的反馈比她预想的还要积极，她所属的女生联谊会甚至提名她做风险管理员，这让她得以勇敢地重温自己的故事，并心怀保护他人的希望。

典型家庭作业建议

创伤后应激障碍

要求来访者：

1. 通过倾听或阅读他们的故事，重述创伤记忆。也可以向他人讲述自己的故事，来完成这一点。

2. 练习放松技术。

3. 面对曾经回避的情境。

4. 提醒自己从评估创伤故事的过程中得出的新结论，并继续收集支持新观点的证据。

5. 关注自身强项，而不要让创伤后应激障碍滋长自我怀疑。

6. 重新取回对生活的控制，投入先前回避的活动。

总结：焦虑障碍

患有焦虑障碍的来访者倾向于高估负性事件发生的可能性和严重程度，并低估自己的应对能力。认知重构和暴露联合使用，是处理并修正这些扭曲信念的有力途径。暴露，其实是让来访者得以检验恐惧假设有效性的行为实验。特别地，暴露能让来访者看到自己担心的结果是否真的发生了（以及如果真的发生了，事情有没有他们预想的那么糟糕），以及最重要的是，他们是否有足够的应对资源。显然，如果他们能来到你的办公室谈论暴露，那么这已经说明他们拥有这些资源。

第七章

愤怒

愤怒的认知模型

愤怒可能是重要的警告信号，提示我们需要行动起来、保护自己免受伤害。然而，往往是被误导的认知让我们产生不必要的困扰进而产生愤怒，这让我们采取不恰当的行动，并在稍后为自己的言行后悔。愤怒源于未被达成或遭到违反的期望，这些期望通常在语言上的表达形式是“应该”“必须”“理应”“不得不”（Beck, 1999）。愤怒在心理的表层萦绕，驱使我们一再反刍不公正感，损害了我们客观评估情况的能力，并让我们误以为有见诸行动的正当理由。

就像治疗焦虑一样，治疗愤怒并不是要消除愤怒情绪，而是帮助来访者认识到何时愤怒是错误思维方式的产物。当来访者假定他人“应该”或“理应”满足他们的某些要求时，他们其实就是在假定自己可以控制他人和周围的世界。为了学会放下这种愤怒，治疗师就需要教导来访者：作为人类，我们无力控制他人的想法、感受或行为；也不能控制外部世界。此外，虽然我们不能完全控制体验到的情绪或脑海中闪现的想法，但是我们可以控制自己选择何种行为来回应这些想法和感受。

通过帮助来访者学着接受自己对他人和世界的无力处境，他们就可以学会用更合理的请求（例如，“如果能……，就好了”“我更喜欢”“我想”“我希望”）来替代他们不切实际的要求。用请求代替要求，可以缓解来访者的愤怒情绪，让来访者得以深入挖掘对产生困扰的情境具体有什么想法。未被满足的期望背后的含义，往往与潜在的恐惧或受伤感有关。询问来访者，未被满足的要求对他们而言意味着什么，或者意味着他们是怎样的人，这样的问题可以揭示自动思维，供进一步评估使用。通常，来访者围绕这些未被满足的期望产生的自动思维，都是不真实或夸大的。要想帮助来访者识别并修正思维方式的扭曲之处，一种可用的方法是，请来访者换位思考，想象如果自己是对方会有怎样的感受。鼓励来访者想象对方可能会有怎样的想法和感受，或者什么情境因素可能促使对方做出了这样的行为。你还可以要求来访者想一想，如果他们处于类似情境中，他们想要得到怎样的对待，然后考虑用这种方式对待惹恼他们的人。

例如，设想一下艾利克斯的例子。她下班后匆匆赶回家给全家人做晚饭，本来计划在杂货店停一下买做晚饭所需的调料。当她看见杂货店门对面就有个空着的停车位时，她简直不敢相信自己的好运，但她还没来得及往那边开，另一个女人就停了进去。别人抢占了她等待许久的位置，这让艾利克斯怒火中烧，所以她摇下车窗开始辱骂那个女人：“你怎么敢这样！你不能抢我的位置！你个烂人！”在艾利克斯开向别处另找车位的过程中，她还一直在对那个女人大吼大叫。当她们在店内再次碰上时，艾利克斯再次攻击了那个女人，吼道：“你就是故意抢我位置的！你是又一个试图占我便宜的人！”

在这个例子中，艾利克斯的愤怒源于“另一个女人抢了我的位置”的信念，也正是这一信念让艾利克斯体验到如此多的痛苦，并让她坚信自己体验到了不公，让她不恰当地大肆发泄。通过教导艾利克斯识别并深挖自身想法的认知技能，她就能认识到，自己的思维可能受到多种思维谬误的扭曲，包括需求视角（例如“她不应该抢我的位置”）、妄下结论（例如“她是故意的”）和贴标签（例如“她是个烂人”）。

此外，愤怒管理的目标是帮助艾利克斯评估她为感知到的不公赋予的含义，因为她体验到的具体的自动思维与“人们在占我便宜”的假设有关。这一假设激活了她无能为力的深层信念。治疗师需要帮助艾利克斯评估这些自动思维，收集支持和反对这些想法的数据，并考虑那个女人的行为有没有其他解释（例如，那个女人或许压根没有意识到艾利克斯在等那个位置）。艾利克斯还可以换位思考，考虑这件事到底有没有她理解的那么严重，从而得出更符合逻辑的总体结论。

除此之外，治疗还可以帮助艾利克斯思考，即使那个女人就是故意抢走她的位置（这也是有可能的），她也无法控制另一个人的行为。有时，人们就是会对我们做出不公平的事，但我们无法控制他们的行为。此外，虽然这个女人的行为让人不快，但并不一定是针对艾利克斯个人的。治疗师可以帮助艾利克斯练习接纳，即我们每个人都无法控制环境中的所有事物，但我们可以控制自己的反应，学会说“那又怎样！”。

下面是一些下发材料、工作表和应对卡片，你可以把它们提供给来访者，用于评定未实现的期望或要求（例如，“应该”“必须”“理应”“不得不”）在多大程度上让来访者在生活中发怒，并帮助他们将这些要求重构为更合理的、关于偏好的陈述句。

给来访者下发的材料

注意这些关键词

当我们期望别人“应该”“必须”“理应”或“不得不”做某些事时，如果这些期望没有实现，我们就会愤怒。为了帮助你减轻愤怒的感受，一种可行的方式是把这些要求重构为更合理的偏好（例如,“如果能……就好了”“我偏好……”“我想……”“我希望……”)。以下是一些例子。

不要想：	试着想：
“你应该……” “你得……” “你必须……” “你理应……”	“我希望你……” “我想要你……” “我更偏好你……” “如果你能……，就好了”
“你昨晚应该给我打电话的” “你得帮我这个忙” “你必须停止工作到这么晚” “你理应再开慢点”	“我希望你昨晚可以给我打电话的” “我想要你帮我这个忙” “我更偏好你别工作到这么晚” “如果你能开慢点就好了”

来访者工作表示例

重构期望

在这项练习中，来访者会看到假设的情境，尝试把苛刻的“应该”陈述改写成更合理的偏好陈述，重构未被满足的要求的意义，并考虑更恰当的行为。下面还有两个空白情境供来访者填写。

情境：你去商店买点必需品，急着赶回家。当你在收银台排队时，收银员开始与你前面的顾客交谈，稍微耽搁了结账进度。

要求陈述	**重构**
收银员不应该说这么多话，应该赶紧结下一位顾客的账	我希望收银员可以停止聊天，动作快点
↓	↓
附加意义 他故意要耽搁我。他太不体贴了	他可能只是想表现得友善。也许他不想打断那个人，那样显得没有礼貌。想表现得友善并不意味着他不体贴。他并不知道我赶时间
↓	↓
可能行动 站在原地跺脚，气呼呼地抱怨花了太长时间，给收银员脸色看	坚定而礼貌地询问收银员，是否可以加快速度，因为你要赶时间。耐心等待，因为你知道是你自己选择在时间有限的情况下还要跑这一趟的

情境 1：你下班开车回家，接近了一个十字路口。你注意到交通信号灯刚刚变黄，所以你加速行驶，试图赶在变红前通过。然而，在你前面的女人猛踩刹车，让你也不得不猛踩刹车。

要求陈述 这位女士，你到底在干什么啊？你不应该这么蠢，居然在黄灯时踩刹车。你应该直接通过的 ↓ **附加意义** 她一点儿也不体恤别人，会害得路上堵车的。她就不该开车上路，这么做真不负责啊 ↓ **可能行动** 多次鸣笛，让她往前开。对她竖中指，或者摇下车窗朝她喊叫	**重构**

情境 2：今天是你的生日，你一整天都在等儿子给你打电话。虽然他在 Facebook 上给你发了一条消息和一条短信，但他还是没有给你打电话，而今天就快过完了。

要求陈述	重构
要求陈述 我过生日，我儿子居然不给我打电话，这太荒谬了！因为他本该打电话的！我儿子应该在我生日当天给我打电话的 ↓ **附加意义** 他不在乎我。他觉得我不重要，我的生日不是他优先考虑的事项 ↓ **可能行动** 下次他打来电话时，对他报以恼怒的回应。避开他一段时间	

应对卡片

从愤怒中解脱

- 不要让愤怒困住你。请留意提出要求带来的愤怒。
- 识别要求陈述（应该，理应，需要，不得不，必须）。
- 不要用应该要求自己。
- 不要用应该要求他人。
- 用偏好陈述（希望，喜欢，偏好，如果……就好了）替代要求。
- 记住：你不能控制其他人的想法和言行。

- 请注意，你可能会给未被满足的期望附加不准确的意义。
- 接纳你无力控制他人和世界的事实。

来访者工作表示例

愤怒日志

每当你发现自己生气时，请用这个日志来探索愤怒背后的伤害或恐惧，以及驱动这些情绪的想法。检视这些想法的正确性，问问自己是否把这个情境看得太针对个人了，或者赋予了它不应有的意义。试着考虑，已经发生的事情还有哪些解释或可能性，运用事实得出更准确的结论。下面是一份日志样本。请扫码获取空白日志。

事实 （你和对方说了什么、做了什么，发生了什么）	**你的期望** （要求）	**你的解释** （意义）	**替换要求** （希望，偏好）	**对意义提出疑问** （替代观点）
丈夫把一堆脏衣服放在地上	他应该把脏衣服放在洗衣房	他故意这么做来惹我不快	我希望他可以把脏衣服放到洗衣房	他并不是不在乎。他一直这么乱糟糟的。他不会改，所以给他提要求没有好处。我得接纳他的消极方面。同时提醒自己，他还有多得多的积极方面。他聪明、善良，是大家的好朋友，负责、可靠、有吸引力
	感受： 愤怒、挫败	**感受：** 受伤		

愤怒唤起

沉浸在由愤怒驱动的思维中（例如“她怎么敢这样！”），只会提升自主神经的唤起水平，从而进一步加剧躯体和情绪症状。来访者会肌肉紧绷、焦虑攀升，客观评估情境的能力也大打折扣。相反，他们会基于错误的假设见诸行动（例如，“她活该。我必须表明我的看法！”），这将促使他们采取无效的行为。例如，愤怒的来访者会发泄情绪，进行攻击或冲动行为，而不是以更恰当的方式坚持自己的需求。

当来访者被愤怒驱使、情绪强烈时，邀请他们用满分为 10 分的量表来评定自己的情绪强度是很有帮助的策略。如果他们的情绪温度计得分达到了 8 分甚至更高，这就意味着他们要从当前情境中“离开一会儿”，并使用放松或分心策略来抑制唤起。使用这些策略一段时间后，他们可以重新评定情绪温度计得分，等反应性降低、思维更清晰了，再重新回到情境中。为了帮助来访者养成管理自身愤怒唤起的习惯，请向他们提供下面的应对卡片以及下面的下发材料。

应对卡片

管理愤怒唤起

人们并不总是听我的。他们不总是做我期待的事，想法不总是和我一样，也不一定看重我看重的东西。我无法控制他们的行为。我可以接受，人们有时候会忽视我的愿望。虽然我希望状况有所不同，但我也能接受现实。当我愤怒时，我可以通过练习深呼吸、散步，或使用其他放松技术，让自己冷静下来。

给来访者下发的材料

缓解唤起状态

当情绪占据主导地位时，人们很难清晰思考并负责任地行动。如果你发现愤怒掌控了你，请花些时间退后一步，用下面的量表评估一下自己的愤怒感受有多强烈。

0	1	2	3	4	5	6	7	8	9	10
完全不烦恼	有点烦恼		有些恼火		非常烦恼			愤怒		狂怒

如果你发现自己的愤怒水平达到 8 分或更高，这意味着你需要休息一下、整理一下情绪。可以使用以下的放松或分心技术，让身体平静下来。在愤怒回落到可以控制的程度并且你可以清晰思考时，再回到当时的情境，然后将源自愤怒的能量投入有建设性的行动中。即使在你并未情绪激动时，练习这些技术也是有帮助的，因为这样做可以提高你的情绪阈值，帮助你保持情绪稳定。

- 练习腹式呼吸
- 数到 20

- 尝试渐进式肌肉放松技术
- 散步
- 锻炼身体
- 想象一个放松的场景
- 观看停车标志的图片
- 看电视
- 听音乐

决断式沟通

决断式沟通（assertive communication）可以最大程度地让我们有效地得到倾听，提升我们的需求被满足的概率。决断意味着清晰、直接地表达我们的想法、感受和期望的行动。这包括清晰地说明自身观点，并以平静的、对话式的语调表达自身想法。决断的反面是极端被动和攻击，后两者是效果较差的沟通方式。这些沟通方式构成了一个从被动到攻击的连续体，而决断处于中间位置：

被动　　决断　　被动攻击/攻击

被动式沟通是指基本不进行沟通，要么不表达自己的想法而希望别人能读懂自己的心，要么用含糊不清的方式表达自己的需求。谱系的另一极端是攻击式沟通，包括威胁他人、提出要求或向他人施压。攻击式沟通的目的是恐吓或激怒他人，可能造成敌意、破坏性和强势的观感。攻击式沟通还可能采取被动攻击的形式。被动式攻击时，人们并不直接表达自己的想法、说“不”或提出选项，而是怀着挑衅的意图默然接受。例如，某人可能故意“忘记”完成别人交代的重要任务，而不是直接告诉对方自己做不到。另一种被动攻击性沟通的形式则表现为讽刺挖苦。

下面的表格给出了每种沟通方式的一些例子：

被动式沟通	决断式沟通	攻击式沟通	
		被动攻击式沟通	攻击式沟通
“我希望有人能帮助我完成这个项目”	“如果你能在这个项目上提供帮助，我会非常高兴”	“我马上就做”(但其实不会去做)	“你必须马上做这件事”
“我知道你大概在忙，没时间说话，所以，如果你想的话，可以给我回个电话”	“我今天没空帮忙了，但我明天可以帮你”	“如果你当时给我打个电话，我肯定会跟你讲要开这个会的”	“你怎么这么蠢，居然忘了这事儿？”
“我想表达心中的看法，但我还是同意他们的所有观点吧”	“你取消了我们的共同计划，这让我有点儿难过。我们现在另外定一个约会计划吧”	“哎呀，我肯定是忘了向你传达你的老板交代的重要信息了”	“我要你立刻停下手头的工作，做我希望你做的事”

给来访者下发的材料

决断式沟通

决断式沟通能最大程度地帮助你得到想要的事物。决断意味明确提出你想要的东西，而不是要求、大吼或威胁。当你吼叫时，他人会听到你的声音，却不会听到你想传达的信息。要做到决断，就不要问“为什么”，因为这种问题会让对方陷入抵触、寻找一堆借口，这不会导向你期待的结果。相反，用清晰而平静的声音坚定地传达你的需求，让别人知晓他们做了什么（或没做什么），他们说了什么（或没说什么），以及你对此有什么感受。然后，表达你想要什么。要乐于承认他人的地位并听取其意见，如果有必要，努力达成折中的结果。

决断式沟通步骤：

1. 陈述事实：发生了什么（或没发生什么），人们说了什么（或没说什么）。
2. 表达你的感受：描述你对于这个情境的情绪。
3. 陈述你想要什么：没有要求！陈述你想要什么、偏好什么、期待什么。
4. 承认他人的地位：运用主动倾听（active listening），听听他们要说什么。
5. 考虑折中方案：在连续谱系上找到双方都能接受的点。

请注意：不要喊叫，不要问“为什么”，不要被动地等对方读懂你的心，不要用“应该”来提要求。

有效约束

有效约束（effective restraint），意味着即使面对愤怒也能克制攻击冲动导向的行为。帮助来访者提升自控力的方法之一，便是让他们针对愤怒冲动行为进行成本–收益分析（cost-benefit analysis）。你尤其要让他们分析发泄愤怒的利与弊。作为治疗师，你可能会觉得弊端显而易见。然而，在完成这项成本–收益分析时，你要承认发泄情绪有其好处（例如，这能引起他人的关注，可能会让来访者得到想要的东西），也有其坏处（例如，它带来的其实是负面辅助，让来访者失去他人的信赖，损害他们的人际关系或机会）。

请记住，尽管来访者可能会找出一些见诸行动的好处，但这些好处更可能是来访者主观感知到的而非实际的。因此，使用引导式发问可以帮助来访者针对见诸行动的缺点列出更长、更有效的清单。为了帮助来访者得出上述结论，以下是一些引导式发问的示例：

- “想象一下，在那么做的那一 ________（分钟、天、周、月，或者年）之后，你会有什么感受。”
- “如果你的朋友说自己遇到了相同的情况并告诉你她会那样做，你会对她说什么？”
- “等你消气了，你认为这件事会对这段关系有什么影响呢？”
- “如果有人用这种方式对你做出反应，你会有什么感受？有什么想法？”

- “如果你在乎的人被别人这样对待，你会对那个人说什么？”
- “你这么做之后，其他人可能会怎么看你？总体而言，可能会导致什么结果？”

对于所有来访者而言，针对负面后果的清单可能包括如下内容：承认愤怒行事可能会让自己说出后悔的话，遭到逮捕，破坏关系，让自己陷入孤立，情绪受到负面影响，强化他人对自己的负面看法，让自己遭到疏远以及阻碍新的机会。如果来访者能认识到见诸行动并不是正确的行为，那么，那些带来愤怒、允许他们做出冲动行为的信念就不会误导他们。

当来访者再次感到愤怒、考虑采取攻击性或有问题的行动时，使用下面的工作表，让来访者进行成本-收益分析。

来访者工作表

愤怒行事的成本-收益分析

有时，我们会被情绪左右，变得反应过激。使用这份工作表来检视发泄与使用其他策略的成本和收益。考虑使用以下引导式问题来探究你的数据：这些证据是否意味着应得出新的结论？是否存在需要被考虑到的、更大的成本？然后，得出一个整体结论，这样你就能有效应对而非过激地应对。

发泄的好处：______________________________

发泄的坏处：______________________________

采用替代策略的好处（什么也不做，或决断沟通）：__________

采用替代策略的坏处：__________________________

结论：______________________________

总而言之：转移愤怒

下面的例子阐明了本章讨论的原则能如何转移愤怒的进程，让来访者踏上更有效的进程，从而客观地评估情况并采取适当的行动。

情境

威尔在打扫朋友约翰的房子，此时另一位朋友过来用电脑。

要求

“他应该知道在我打扫时不能进屋的。他没看到我的车吗？他应该更体贴些。”

附加的意义

“真是鲁莽！我应该迁就他吗？他太不体贴了。我的时间一点儿也不重要吗？他觉得全世界都围着他转。”

采取不恰当行动的冲动

威尔体验到强烈批评朋友的冲动，想冲他喊：“你给我马上出去！”

管理愤怒唤起

威尔意识到他的愤怒程度已经达到了9分，所以他决定去别的房间，做几次深呼吸练习。几分钟后，他的愤怒降到了可控的水平

成本-收益分析

威尔考虑了发泄的一些好处（例如，这位朋友可能会离开，他就能做完清洁了），以及发泄的一些坏处（例如，他会内疚，约翰可能会对他生气、让他再也别来打扫了）。他意识到发泄并不是对自己最有利的行为

重构

“我无法控制外部世界。如果世界能按我的规则运转，那当然好，但我不能要求他按我的方式看待世界。他的期待和规则跟我的不同，所以他甚至不知道自己违反了我的规则。”

新的意义

“他是个有些紧张的人，被心中的焦虑驱使着。他只是想通过快点用上电脑来处理内心的焦急。现在情绪而非理性占据了他的头脑。他并非有意给我造成不便。他甚至不知道我在这儿，他大概也没意识到我不想他进来。我可以更共情一些，甚至更宽厚一些，因为我知道他不是有意要对我怎么样。”

恰当的行动

威尔允许朋友进来用电脑，朋友一走就马上继续打扫

最后的结果

威尔的愤怒与烦躁感平息下去。他很高兴自己没有受愤怒摆布。他意识到自己并非无能为力，当他不让愤怒摆布自己时，反而实际上处于掌控地位。他计划在职场上、在开车途中和个人生活中也运用这些工具

自 信

正如前文讨论过的，来访者对未被满足的要求赋予的意义，通常是被受伤或恐惧的感受驱动的，而这种受伤和恐惧感往往与涉及自我怀疑的核心信念相关。特别是，当来访者产生评判，认为自己“应该”“理应”或者“需要”满足某种期待，又没能实现这些期待时，他们的自我怀疑就会被激活。反过来，他们会生自己的气，陷入更多评判、批评和愤怒的循环。

例如，一位企业高管的销售额未达预期，因此她对自己很生气。她心想：“我应该做得更好。我应该更有条理、更有效率、更加成功。”这份未实现的期待背后的意义，受到她心中怀疑标签的驱动：“我是个失败者。我很懒惰。”其结果就是，她开始自我怀疑，质疑自己是否具备成功所需的条件，这愈发激化了她的压力、愤怒、挫败和抑郁。

这位来访者要想克服愤怒情绪，就必须检视她的销售额未达预期的诸多其他可能原因。例如，她的生意比较难做，开拓客户群体需要时间，而她刚开始这项业务。她的客户群体在稳步增长，老板对她的进展也很满意。她把许多时间投入工作，并且她拥有胜任这份工作所需的智慧和经验。所有这些证据都表明，无论她做成了多少笔交易，她都既不懒惰，也不是失败者。如果她很懒惰，她就不会尽心竭力地露面、打电话或发邮件了。如果她是个失败者，她就不会努力工作，也不会积累起任何客户。实际上，她付出了太多努力，工作时间太长，并在很多方面为工作牺牲了个人生活。虽然她的销售额不像她期待的那么高，但绝对足以得到雇主的高度评价。

若自我怀疑萦绕心头，任何向来访者提供“失败”证据的机会，都只会加剧他们的自我怀疑和愤怒。要想帮助来访者对抗不切实际的要求并获得自信，一种方法是让他们关注自身优势，并为自己的成就接受赞扬。这样一来，来访者就能理解，他们的自我要求很可能并不合理。为了帮助来访者树立这种替代性观点，请向他们提供下列应对卡片和下面的配套工作表。

应对卡片

战胜自我怀疑

我可以通过以下方式克服自我怀疑：

1. 不要给自己贴超出事实的糟糕标签。

2. 看到我能做的、已经做了的和正在做的所有事。

3. 既为自己的努力也为自己的成功接受赞扬。

4. 想一想，我给自己施加的要求可能并不合理。

5. 提醒自己，即使我没有达成自己的期待，那也不意味着我有缺陷。

6. 重点关注我的优势，并留在我想要的路径上。

来访者工作表示例

收集数据，培育自信

当我们认为自己没有达成对自己的期待时，我们有时会生自己的气。为了克服这种愤怒，我们需要通过关注自己的优势和成就来消除自我怀疑。使用这份工作表，收集数据，培育你的自信心。请写下五个或更多在今天之内、到此刻为止，你做出的积极、有效的具体行动，然后描述这些行动意味着你是怎样的人。

例如：

1. 我真诚地赞美了某个人。
2. 尽管我不想上班，我还是准时去了。
3. 在待办事项中有一通电话要回，我回了。
4. 我完成了一个工作项目。
5. 我给一个处境艰难的朋友打电话，向她表达我的关心。

意义：我是个总体而言做好事的好人。

第八章

物质使用障碍

与其他许多心理问题类似，我们也可以从这样一个角度来理解物质滥用，即思维方面的问题和失调行为模式导致来访者产生有问题的冲动。根据复吸（relapse）的认知模型（Beck, Wright, Newman, & Liese, 1993），成瘾来访者遇到诱发刺激时（例如结束一天紧张的工作，回到家中，或者去餐厅吃饭），他们与药物相关的深层信念就会被激活（例如“喝酒是我压力管理的唯一方法”），而这些信念会影响他们，形成受物质扭曲的自动思维（例如“我需要它来放松一下。我需要喝一杯”）。反过来，这些自动思维又会提升冲动和渴求，助长给予许可的信念（permission-giving belief）（例如“明天我就不喝了”“喝完这瓶我就不喝了”“我只喝一杯”），把他们使用物质的欲望合理化。此后，来访者会运用工具性策略（instrumental strategy）来获取他们渴望的、待使用的物质，从而导致持续使用或复吸。

本章将更详细地探讨认知模型在物质使用领域的运用，并在此

过程中讨论可干预的节点。然而，在开始实施治疗策略之前，有你必要首先解决一个问题——或许是与在成瘾中挣扎的来访者工作时最重要的问题——即让来访者接受治疗。

动机与接受程度

通常情况下，治疗物质使用障碍的最大困难是成瘾来访者并不认为自己存在任何问题。他们即使具备这种程度的洞察，通常也不会投入心力解决这个问题。在许多情况下，来访者寻求治疗（或被强制要求接受治疗）只是因为发生的负面事件迫使他们处理成瘾问题（例如酒驾、被捕、离婚、失业）。因此，努力提高来访者的动机并让他们接受治疗，是治疗的第一步。

要帮助来访者产生投入治疗的意愿，并推动他们走向康复，方法之一是请他们对物质使用进行成本–收益分析，让他们考虑继续使用物质与戒除药瘾的利与弊（Liese & Franz, 1996）。由于来访者倾向于关注使用物质的好处（而忽视或淡化其负面后果），这项分析可以向来访者证明，节制的好处比使用物质的好处要大得多，继续使用物质的坏处很多，从而帮助他们找到支持戒除的理由。

例如，设想一下吉姆的例子。他有酗酒史，但他认为喝酒并不构成问题。在过去几个月里，他越来越频繁地沉溺于饮酒冲动中，导致他的妻子在毫无征兆的情况下提出离婚。一天晚上，吉姆酒后驾驶，撞上一辆停在路边的汽车，因而被捕。这起轻微的车祸让酒驾事件的情节变得复杂，但幸运的是，停在路边的车里没有人，也没有人因此受伤。作为结果，吉姆被强制要求针对物质使用寻求治疗。起初吉姆对治疗很抵触，坚称自己没有问题、不需要治疗。他为那起事故找了许多借口（例如声称他开车时只是太累了），并责怪妻子放弃了他们的婚姻。

治疗首先着重帮助吉姆针对物质使用列出利弊清单，这帮助他反思自己的饮酒问题，并让他更愿意接受治疗。从为他列出的成本-收益分析可以明显看出继续饮酒的坏处和戒酒的好处。尽管成本-收益分析也承认饮酒的好处（和戒酒的坏处），但这些条目中蕴含着客观的重构，让吉姆得以全面看待自己的物质使用问题。

饮酒的好处	饮酒的坏处
1.它能帮我放松，但它也让我失去家人、遭到逮捕 2.它能帮我屏蔽羞耻感，但现在每个人都知道我因为酒驾被捕了。就连我孩子的朋友们都知道了 3.饮酒让我当下感觉很好，但它会让我第二天早上很难起床上班 4.我喜欢喝酒，但如果要让我在喝酒和妻子中二选一，我想选择妻子	1.可能导致我自己或他人的死亡 2.让我和孩子的接触变得有限 3.无法工作，无法独立生活 4.为孩子树立了坏榜样 5.可能再次酒驾 6.酗酒有损我的健康
不饮酒的好处	**不饮酒的坏处**
1.为孩子树立好榜样 2.有更多与家人共处的机会 3.保住工作，可以独立生活 4.获得自信 5.避免酒驾	1.我将不得不忍受糟糕的感觉，但这些感觉只是暂时的，终究会过去 2.我将必须面对自己闯的祸，但在这之后，我就可以努力修复它，不让情况变得更糟，长期而言也更可能获得我想要的东西

你与来访者一同完成了物质使用的成本-收益分析之后，就请他们重新评估继续使用物质的好处以及戒除物质的坏处。目的是让来

访者看到戒除物质能带来更多益处。帮助来访者从成本-收益分析中得出准确的结论，并将这个结论作为应对陈述（coping statement）。例如，吉姆可能得出如下结论："从短期而言，饮酒让我不必直面我的处境和羞耻感，但从长远来看，我的问题永远不会自行消失，只会变得更糟。我可以克服羞耻感并用自豪感替代它，可采用的方式是勇敢地直面自己的错误，并向孩子们展示逆境是可以战胜的。虽然为了做到这一点、我可能需要忍受一些糟糕的情绪，但戒除会让我面对闯下的祸，并将其彻底清理干净。"

下面有一张工作表，你可以和来访者一起使用它来完成成本-收益分析，从而对导向戒除的工作得出健康的结论。

来访者工作表

物质使用的成本-收益分析

使用本工作表，检视继续使用物质与停止使用物质的利与弊。与此同时，试着从使用药物的优点（例如，"这让我感觉很好，但是……"）和不使用药物的缺点（例如，"保持清醒可能很难受，但是……"）中找出那个"但是"。

使用物质的优点：________________________________

使用物质的缺点：________________________________

不使用物质的优点：______________________________

不使用物质的缺点：______________________

总体结论（在形成符合现实的客观视角时，请确保你已经考虑了“但是”的内容）：

____

____

复吸的认知模型

诱发刺激

物质使用的诱因可能表现为各种高风险刺激，其性质可以是外部刺激，也可以是内部刺激。外部诱因包括与物质使用欲望相关的人、地点或事物（例如，酒店房间里装满商品的迷你吧台，餐桌上的空酒杯，进入酒吧，演奏乐器），而内部诱因包括身体感觉、图像、想法或情绪。最常见的内部诱因包括压力、焦虑、无聊、兴奋或挫败的感受，以及伴随这些感受的典型躯体反应。

尤其在康复的早期阶段，来访者最好实施具体计划来消除诱发刺激或减少其影响力，从而尽可能避开诱发刺激（例如，要求酒店拿走迷你吧的存货，要求服务员取走空酒杯，避开酒吧）。这些外部诱因有时可以避免，但不总是能彻底避免。例如，如果来访者必须参加一个供应酒水的重要活动，他们可以采用如下方式调和这个诱发因素：在自己的香槟杯中倒满水，待在房间中远离吧台的一端，或者和不使用物质的同伴一起前往。

然而，有的诱发因素比这还让人难以避免或逃开（如果不是完全不可能避开），尤其是内部诱因，因为它们涉及情绪和身体感受。在无法回避的情况下，请与来访者合作思考如何应对诱因或削弱诱因的影响力。重要的是，来访者需要学会直面触发因素，哪怕它们可能会让来访者不适或恐惧。帮助来访者认识到，即使他们什么也不做，这些感受也是短暂的、终会过去。此外，虽然这些感受可能不舒服，但这并不意味着他们必须基于感受采取行动。相反，他们可以什么都不做。他们可以直面这些感受并体会自己的力量，而不是去解决不适。例如，对于感到无聊的情况，你可以提醒来访者，无聊是一种他们可以忍受的、暂时的状态；你也可以让来访者安排一些活动来克服无聊，从而克服这些感受。

类似地，请想象一位正在康复中的酗酒者。他正经历着与工作相关的压力和挫折，这也是他酗酒的诱因。你可以帮助来访者把这份压力正常化，把它视为职场地位正常波动带来的暂时现象，从而减轻来访者的压力。你还可以制作一张饼图，列出他生活中重要的事情，从而让他认识到工作只是他看重事物中的一小部分。此外，你还可以请来访者写出他从工作中获得的、能帮助他享受个人生活的收益（例如，工作让他得以拥有自己的房子、享受假期、拥有健身房的会员、与职场中的好友来往，等等）。治疗还可以帮助来访者识别并运用与同事相互提供的支持，这样，他就可以在工作中寻求帮助或委任他人。

当人们相信自己拥有足以应对当前挑战的资源时，压力就会减轻。你可以邀请来访者每天进行压力管理练习，通过参与带来乐趣或成就感的活动，把注意力从物质使用冲动中转移开。例如，他们可以通过锻炼身体、看电视、淋浴或泡澡、遛狗、听音乐、整理庭院、烹饪、冥想、阅读、品香或其他多种放松活动，从而应对诱因。

与药物相关的深层信念

诱因是物质使用循环的第一条路径，因为诱因会激活与药物相关的深层信念，从而使成瘾现象长期存在。通常，这些信念表现为对物质或行为的、夸大或扭曲的看法。这可能包括“我只有在嗑药后才能享受弹吉他的乐趣”“喝酒是我管理压力的唯一方法”“我喝醉后才更善于社交、更受欢迎”，或者“我必须喝酒才能成为兄弟们的一员”。这些信念没有一个是完全正确的，其中大多数根本不正确。

帮助来访者评估这些信念，就意味着又往康复的方向迈出了一步。你可以使用引导式提问来评估这些错误的信念，这可以让来访者意识到自己的思维谬误；或者，你可以让来访者进行行为实验，测试他们与药物相关的信念是否正确。例如，如果来访者相信嗑药后弹吉他是享受音乐创作的唯一方式，就请他们尝试相反的行为来检验这一假设。他们可能会发现，他们不仅喜欢在清醒时弹吉他，还喜欢能记住音符、把它们记录下来这一点。类似地，你也可以帮助来访者看到除了饮酒还有哪些因素把他和朋友们联结起来，从而瓦解“我必须喝酒才能成为兄弟们的一员”这个信念，例如他们共同的爱好和兴趣（包括对体育、电影和度假的热爱）。重点是，帮助来访者建立替代性信念来抵销使用物质的欲望（例如，“我清醒时可以创作出更好的音乐”或“我不需要喝酒，朋友们也会把我当做他们中的一员”）。

受物质扭曲的自动思维

与药物相关的信念会催生受物质扭曲的自动思维，从而维持成瘾现象的循环。这些自动思维可能表现为“我需要喝一杯”“我想嗨一下”，或者“如果能喝一瓶就好了”，它们会加剧使用物质的冲动。比起全盘接受这些想法，你可以使用基本的提问方式让来访者检视这些想法的真实性，并考虑其他视角。例如，与其说“我需要喝酒来减轻压力”，不如将其更准确地重构为“我想喝一杯，但我不需要真的去喝。喝酒意味着没有家庭生活，宿醉，失去工作，以及一幅被打败的丑陋图景”。同样，与其认为“这杯酒是我应得的”，来访者可以这样想：“我今天确实努力工作了，但喝酒不是奖励自己的唯一方式。我可以洗个热水澡，预约一次放松按摩，或奖励自己修个脚。”

冲动和渴求提升

当来访者体验到受物质扭曲的自动思维时，使用物质的冲动就会被激活，而屈服于这股冲动的内心图像往往会助长渴求。例如，酗酒者可能会在心中浮现酒瓶的图像，想象喝酒会带来多么好的感觉；而可卡因成瘾者可能会想象自己通过小管吸食药品、体会着兴奋的快感大笑出声。为了让来访者管理这些渴求，请让他们练习符合过去真实经历的消极图像来替代这些积极图像。例如，对于酒瓶的画面，酗酒者可以转而想象自己趴在马桶上，浑身都是呕吐物，胃部疼痛难忍，头部血管跳动，而家人做的早餐的味道让他们阵阵恶心。类似地，成瘾者不去回忆吸食可卡因后带来的快感，而去回忆戒断反应带来的恐怖与痛苦（例如高度焦虑、恨不得挣脱自己的身体、难以忍受的烦躁、心跳加速、头部血管跳动）。

就渴求和冲动对来访者展开教育，可以帮助他们认识到，这些症状就像波浪起伏那样，就算来访者不向其屈服，这些渴求和冲动最终也会过去。认知干预也可以帮助来访者回复自己的冲动。例如，来访者可以制作应对卡片，提醒自己，出现冲动并不意味着他们必须按冲动的内容行事，抵抗冲动还会让他们感到自豪。你还可以尝试找出来访者生活中其他领域的例子，说明他们在哪些方面有效地进行了自我控制并因之获益。最后，来访者可以运用放松或分心策略（例如练习深呼吸、投入其他带来愉悦的活动、冥想、锻炼身体、与支持自己的朋友建立联结）来克服冲动，直到冲动过去。

就渴求和冲动对来访者展开教育的另一种方式是使用内感暴露。来访者通常错误地认为，只有按渴求行事才能让它平息，但事实上，渴求也可以在不屈服于冲动的情况下平息。进行过度换气的内感暴露练习通常会诱发物质滥用者的渴求，而中止暴露就会让这些渴求减弱，这会帮助来访者得出结论：渴求可以在不屈服于冲动的情况下自行消失。

临床工作者指导手册

内感冲动暴露

第一步：请来访者按 0 ～ 10 分评定自己使用物质的冲动强度。

第二步：请来访者过度换气 1 分钟，用嘴深深吸气再深深呼出。

第三步：请来访者再次用0～10分评定自己使用物质的冲动强度。

第四步：与来访者开启一段分心用的对话，谈论与他们有关系且有趣的话题（例如电影、政治、运动）；或者请来访者闭上嘴巴，尽可能缓慢地用鼻子呼吸几次。这样做会降低过度换气带来的唤起程度，通常也能降低冲动。

第五步：请来访者再次用0～10分评定自己使用物质的冲动强度。

第六步：针对来访者关于渴求的最初假设（例如，“我无法忍受这股冲动。只有使用物质，这股冲动才会消失。我没法控制它。”），与来访者讨论他们得出的结论，其目标是得出新的结论：不屈服于渴求，渴求也会自行减弱。

使用下面的工作表来追踪来访者的渴求程度，以及他们应对这些渴求的方式。请来访者记录一周内出现的任何诱发因素、随之而来的想法和感受、渴求的强度以及他们的应对措施。在每周的会谈中回顾这份记录，这样你就能识别来访者在哪些方面取得了进展，以及有哪些难点是你需要处理的。

来访者工作表

渴求与应对反应的每日记录

使用这份工作表，记录每天和一周内出现的所有诱发因素。请写下引发物质使用冲动的困难情境，并识别导致困扰的想法和感受。在这之后，（使用下面的量表）记录你渴求的强度，以及你应对这些渴求的方式。

0	10	20	30	40	50	60	70	80	90	100
没有渴求		有些渴求		中等渴求			高度渴求		极度渴求	

下面的例子向你展示填写工作表的方式，后面还有一些空白，供你完成自己的每日记录：

情境 / 诱发因素：走进我空荡荡的家。

想法或感受：我的妻子没有预先警告我就擅自离家了，我很生气，也很沮丧。我感觉很难过，想着“结束了”，然后告诉自己，“我需要喝一杯”。

渴求程度：60%。

应对反应（你做了什么，或者告诉了自己什么）：我告诉自己，我并不需要喝一杯，并且不喝酒能让我更好地面对这一状况。

日期：＿＿＿＿＿＿＿＿

情境 / 诱发因素：________________

想法或感受：________________

渴求程度：________ %

应对反应（你做了什么，或者告诉自己什么）：________

给予许可的信念

心中存在渴求时，如果来访者听从了给予许可的信念，他们就更有可能基于渴求展开行动，因为给予许可的信念会合理化使用物质的欲望。这些信念包括“其他人都在狂欢、喝酒、嗑药”“我就吸一口，没人会知道”“这是我应得的”“我明天再回到正轨”“何必呢？反正事情已经糟透了”。这些信念会说服来访者向冲动屈服。比起认输，来访者可以学习用更理性、更准确的重构来回击这些信念。例如，事实是，并不是所有人都在狂欢（并且大多数人当然没有喝醉或嗑药）。与之类似，你也可以提醒来访者，他们相信自己可以只喝一杯、只吸一口，这并不现实，因为历史告诉我们，一次永远不够，只要开始一次就决不会止于一次。而其他人是否知道他们使用过物质也无关紧要，因为负面后果仍然存在。更重要的是，让来访者思考：“我将会看到，这会毁了我正在努力实现的目标并击垮我的自尊。哪怕晚戒除一分钟，都会让状况变得更困难。事情是很糟糕，但事情还可能变得更糟。不要以此为借口踏上歧途。”通过回击给予许可的信念，来访者将重新获得力量。

工具性策略

如果来访者听从了内心给予许可的信念，他们就会使用各种工具性策略来获得他们使用的物质，并基于冲动行事。例如，他们可能会和朋友在酒吧碰头喝酒，参加提供那些物质的聚会、和有供货渠道的朋友出去玩，或者把家中的迷你吧台囤满货、不上锁。此处的干预关键是设置障碍，干扰来访者遵从冲动或渴望行事的能力。让来访者调整日程安排、改变活动路线、列出可供求助的外部资源（例如赞助人、朋友、亲戚或 12 步戒酒聚会），从而让来访者更难接触到物质。鼓励来访者向不使用物质的人倾诉烦恼、寻求建议。与其在酒吧和朋友聚会，他们可以去健身房，或参加 12 步戒酒聚会。与其和助长物质使用的朋友出去玩，他们可以去那些不狂欢的朋友家。他们可以不去赛马场，而去看电影；与其让迷你吧台囤满酒，他们可以请工作人员将其清空、锁上柜门并拿走钥匙。

吸食或复吸

如果来访者最终屈服于自己的渴望，他们接下来就可能是在康复过程中暂时吸食一次，或者开始复吸，导致时间更长的物质使用。成瘾来访者的复吸现象并不少见，在因成瘾或酗酒接受治疗的来访者中，40% ～ 60% 的人在治疗后的第一年内都会复吸（McLellan, Lewis, O'Brien, & Kleber, 2014）。然而，复吸不一定是无法回头的毁灭之路。来访者可以从暂时吸食的错误中吸取教训，强化自己戒除的决心。请和来访者一起工作，解决他们遇到的问题，并找出导致吸食的事由。这条路径上的每个节点都是理解点和干预点。进行干预、改变方向永远不会太迟。康复的希望总是存在的。

滥用的认知模型

基于认知模型的框架，你可以绘制来访者物质滥用的路径图，并识别导致他们最近一次吸食或复吸的各个节点。绘制路径图可以为你提供干预所需的数据，从而将来访者引向康复之路。请记住，路径上的每个节点都可能成为干预点。

回到先前吉姆的例子，他酒精滥用的路径图以及途中的干预点可能如下所示：

1. 诱发刺激：吉姆的妻子在毫无征兆的情况下提出离婚。家人告诉他，不再欢迎他参加全家的度假，并要求他搬出共同居所。

干预：

- 加强吉姆应对压力的能力："我可以接纳自己面对家人的排斥时产生的失望，但我不一定要产生无望的想法、让这份失望恶化成抑郁。他们现在不希望我在身边，并不意味着永远都会这样。如果我能保持清醒，这份事实依据会为我说话。"
- 与其面对家中的空虚氛围，不如增加吉姆的社会联结（例如他可以去健身房、去商店、看望母亲）。

2. 物质相关信念："要想应付并忘却我糟糕的处境，唯一的办法就是喝酒。"

干预：

- 重构信念："喝酒不会让这一处境消失，反而会让它变得更糟。保持清醒意味着我在应对并解决问题，最终我可以修复这一状况。"
- 反复练习新信念：酗酒是一种逃避，而非有效的应对方式。

3. 受物质扭曲的自动思维："我真可怜，我本来应该和家人一起出去度假的。我也不该被迫搬出去。这太不公平了。我不该受这种罪。"

干预：

- 重塑自动思维："考虑到我这段时间的行为，我的妻子受够了，也是可以理解的。酒后驾车时，我可能会伤到甚至杀害别人。事实上，我经历的这么多痛苦让我意识到自己有问题。现在我正在努力解决这个问题，我相信我应该成为家庭的一员，也要竭尽全力实现这个目标。"

4. 冲动和渴求提升：吉姆去酒吧喝了一杯，感觉好些了。

干预：

- 用消极图像替换积极图像：吉姆可以想象自己戴着手铐，被拖上警车，独自坐在牢房里，没有可以打电话的对象。
- 使用放松或分心策略来延迟按冲动行事，并知晓冲动总会过去。

5. 给予许可的信念：“我经历了这么多，值得来杯酒。”

干预：

- 重构信念：“酒后驾车让我陷入困境，但我可以应对。我可以找离公共交通更近的住所，骑自行车出行，使用快递服务，并向他人寻求帮助。我确实感觉自己很糟糕，但对于这个问题，我也负有不小的责任，我可以让状况变好，也可能让状况变糟。比起值得喝这杯酒，我更值得成为家庭的一员，我不想搞砸这一点。”

6. 工具性策略：开车驶向最近的酒吧。

干预：

- 进行替代性活动：与其去酒吧，吉姆可以去健身房、和人聚会或做一顿丰盛的晚饭。

7. 吸食：来到酒吧，吉姆点了一杯酒。然后他要了一杯一杯又一杯。结果当晚他醉酒驾车回家，撞上一辆停着的车并构成酒驾。

干预：

- 继续参与促进康复、符合戒酒目标的行为（例如持续治疗、开始参加 12 步戒酒会议）。

你可以使用下面的临床工作者工作表，绘制每位来访者物质滥用的路径图，以及在途中每个节点上可能的干预点。

临床工作者工作表

物质滥用路径图

●●●●●●

和来访者一起绘制他们物质使用的具体路径。然后，对于这条路径上的每个节点，记录所有可能帮助来访者不入歧途的干预措施。

1. 诱发性刺激：________________________________

干预：________________________________

2. 药物相关的信念：________________________________

干预：________________________________

3. 受物质扭曲的自动思维：________________________________

干预：________________________________

4. 冲动和渴求提升：________________________________

干预：________________________________

5. 给予许可的信念：________________________________

干预：________________________________

6. 工具性策略：________________________________

干预：________________________________

7. 吸食：________________________________

干预：________________________________

导致复吸的弱点

即使来访者已经保持了一段时间的戒除状态，他们仍然很容易复吸，这种情况并不少见。导致复吸最常见的决定性因素包括重新产生受物质扭曲的自动思维（例如认为偶尔使用药物或酒精也没关系）以及暴露于高风险的诱因（例如有纪念意义的日期、急性应激、坏消息、创伤、疾病、人际关系问题、工作问题）。来访者难免会体验到一些想法或情境以及因其产生使用物质的冲动，因此很重要的一点是，让来访者提前做好应对弱点的准备。帮助来访者找出并处理他们的弱点，而不是忽视它们。为了达成长期健康，关键是让来访者不要气馁，把每次失误当作更加努力的契机，从错误中吸取教训，并接受现实——自己是一个成瘾者，而康复是毕生奋斗的目标。把这一点写在应对卡片上，可以强化学习成果。

让我们看看萨米的例子，她戒除可卡因已经 18 个月了，但最近她想，偶尔吸食快克可卡因（crack cocaine）未尝不可。她联系了一个朋友，用新工作赚来的钱买了些快克可卡因。吸食之后，她当即感觉很糟糕，并立即寻求治疗，表示她并不想使用物质。经过治疗，她认识到这次暂时的吸食是一次强化戒毒工作的机会。事后，她认识到快克可卡因成瘾是一个终身的、无法处理的问题。哪怕只吸一口也是过多的，因为吸得再多也不会足够。萨米提醒自己，她的生活中还有人关心她，而她希望陪伴在他们身边，她也不想让自己舒适的生活和付房租的存款处于危险之中。因此，萨米制作了一份应对声明，用于强化自己对戒毒的承诺："我可以做到的。我已经不再软弱，也不再无助。"

请时刻警惕可能导致复吸的、与药物相关的自动思维（例如，

“我只想出去放飞一下自我。我想搞派对。”），并确保来访者可以用理智回应这些想法。例如，来访者真的想放飞自我吗？或者，他们想要的是别的东西？他们的生活中缺少什么，以及他们要怎么做才更可能获得这些东西？请确保来访者了解哪些行为可能会让他们陷入麻烦（例如缺席十二步戒酒会议、回到以前的社区，尝试联系滥用药物的朋友），并鼓励来访者竭尽全力停止这些行为。请提醒来访者留意自身行为的坏处，以及选择其他路径的好处。

此外，请注意，不要让错误的信念（例如，“其他人都在这么做，也没被惩罚”或者“努力也不会有回报的”）支配来访者。提醒来访者，没有人可以逃脱使用物质的惩罚，因为我们都要对自己负责。人生也不是一条直线，而是一条曲折崎岖的道路。有时候，来访者会期望康复能带来不切实际的积极改变，这会让他们在实际情况并非如此时陷入失望。相反，请帮助来访者关注自己能给生活带来什么改变，以及已经为他们带来收获的改变。

此外，让来访者定期检视对物质使用的成本-收益分析、不断更新这份清单、往上面增加更多戒除的理由也会对来访者有所帮助。如果来访者能看到自己清醒时的生活和受物质影响时的生活有什么不同，也会有助于巩固来访者对戒除的承诺。帮助来访者了解戒除能带来多大的回报。和来访者一起工作，让他们看到他们在保持清醒时已经获得的愉悦，以及取得（并将持续取得）的成就。帮助来访者识别清醒生活的好处，从而提醒来访者继续使用物质会让他们失去什么。让来访者想起他们渴望成为的样子，并问他们，哪条路径能让他们达到这个目标。没有人想失去自己拥有的一切，但是我们往往必须先看到自己拥有的东西，才能学会珍惜。

最后，提醒来访者，成瘾并不是他们的全部。药物滥用是一整套有问题且往往令人自我挫败的行为模式，会导致不良后果。然而，这不意味着成瘾者是彻头彻尾的坏人、道德败坏的人，或者他们自我施加的其他负面标签为真。把成瘾视为个性方面的问题（而非定义个性本身），可以让来访者对自己的看法更积极。例如，萨米戒毒后感到自己完全变了个人，而这让她觉得自己不过是在假装正常。治疗帮助她认识到，并不存在"过去的她"和"全新的她"——从来都只有"她"而已。她开始认识到，自己从来都是那个可亲、能干的女性，在成瘾的折磨下挣扎。按照这些信念行事，可以帮助萨米保持清醒。

为了帮助来访者克服潜在的吸食或复吸，并让他们回到康复之路上，你可以向他们提供以下任意一份应对卡片。

应对卡片

别让吸食演变成复吸

别灰心！请把每次失误当成更加努力的机会。从自身的错误中学习。接纳这一事实：你是一位成瘾者，而康复是你终生的追求。

应对卡片

我可以抵抗冲动

诱因无处不在。光是避开它们还不够，我还可以特意做些尝试。当我产生使用物质的欲望或冲动时，我可以做以下事情：

- 避开和麻烦相关的人、地点和事物。
- 练习这样想："在任何情况下，我都不可能成功使用物质。这样想能最大限度地确保成功、提升接纳。"
- 让自己回想使用物质后感觉糟糕的经历（例如努力忍住呕吐感、在镜子中看到自己浮肿的面容、面对孩子的恐惧和妻子的悲伤）。
- 想象在清醒状态下度过的精彩周末（例如享用有煎饼和培根的丰盛早餐、和家人度过愉快的时光、抱着孩子、心情愉悦）
- 提醒自己，"嗨起来"只会让我在短时间内感觉良好（10～15分钟），但它带来的负面后果持续时间要长得多（例如，感觉糟透了、失业、面临法律纠纷、失去家人）
- 记住使用物质的后果：孤独、生病、没有爱、没有愉悦、没有成就感、没有家、没有钱、一无所有。

应对卡片

我可以保持清醒

- 我不想使用物质。
- 清醒优先于一切。

- 我现在是个好人，过去也一直是个好人。
- 我现在是个有能力、被人喜爱的人，过去也一直是这样的人。
- 我不能放弃。我必须坚持努力。
- 我有使用物质的想法，并不意味着我一定会这么做。
- 我可以挺过糟糕的感受。
- 做干预项目教会我的事。这会有帮助的。
- 我一个人做不到这件事，但这不意味着我很软弱。
- 接受其他人的帮助，能让我更聪明、更坚强。
- 我就是个成瘾者。不能找借口。
- 使用物质会消耗我的能量和精力。
- 抵抗冲动让我感到有力而自豪。
- 我可以做到。

第九章

人格障碍、自伤与自杀

人格障碍的认知模型

人格障碍的特征是僵化而持久的思维、情感和行为模式，通常在青春期或成年早期开始发病（APA, 2013）。根据人格障碍的认知模型，人格障碍个体怀有一套核心的负面信念或怀疑标签，让他们对周围情境产生扭曲的自动思维。反过来，这些针对特定情境的自动思维又会引发情绪与生理困扰，并导致功能失调的行为模式（Beck, Davis, & Freeman, 2015）。因此，人格障碍个体会在职业、社交和其他生活领域广泛受损。

学界认为，遗传倾向与生活经历共同影响并维持了人格障碍特征性的消极信念。尤其是，在儿童成长过程中观察到的气质特征（例如黏人行为、害羞或叛逆）会稳定持续，直到青春期后期和成年期（Kagan, 1989），并且可能在特定人格障碍类型中继续表现出来，例如依赖型、回避型或其他人格类型（Beck et al., 2015）。成年后这些行为模式还会不会持续表现出来，取决于这一事实规律：生活经历会让我们与生俱来的倾向更加突出，或逐渐淡化。例如，如果儿童特别胆小、喜欢黏着父母，那么父母可能会持续为之提供保护和抚育，而这会助长儿童的依赖观念。

因此，天生倾向和环境影响塑造了我们的信念体系和我们在这之后采取的策略，但它们并不能决定我们的信念体系和策略。并不是所有胆小的孩子都会成为规避风险的成年人。我们接收的信息、经历的生活以及我们对这些经验的解读，都可能增强或弱化我们早年的倾向。例如，一个儿童在上学前班时大哭大闹、粘着父母，父母可能会留下来安慰他们，也可能会离开孩子、让他明白自己可以独立生存。前一种情境可能会强化儿童的无助感，而后一种情况可能会强化儿童的独立感。然而，如果儿童对拒绝非常敏感，他解读情境的方式就可能有所不同，在父母留下时认为自己被爱，在父母离开时认为自己不被爱。

从先天-后天（nature-nurture）的视角来看，人格障碍患者在认知、情绪和动机方面与他人存在差异（Beck et al., 2015）。而各种人格障碍之间的区别，在于来访者核心信念的具体内容、他们信奉的假设以及他们通常采取的行为方式（Beck et al., 2015）。例如，有表演型人格（histrionic personality）的人的关键特征是怀有“我能力不足，无法独立应对生活”之类的信念，而这和依赖型人格的来访者持有的信念类似。然而，我们可以根据来访者应对这一信念的方式把这两种人格障碍区分开来。被诊断为依赖型人格障碍的来访者会展露他们的无助，等待别人来照顾他们；而被诊断为表演型人格障碍的来访者则更讲求实效，他们会主动寻求别人的关注和赞赏，从而获得他人的照顾。接下来的章节将更详细地讨论各种人格障碍的消极核心信念，以及这些信念是如何导致有问题的假设和功能失调行为的。

人格障碍与核心信念

DSM-5 确定并梳理了 10 种不同的人格障碍，并将其分为三类（APA, 2013）。A 类人格（Cluster A）是古怪、离群的人格类别，包括分裂型（schizotypal）、偏执型（paranoid）和分裂样（schizoid）人格障碍。这类人格的来访者往往会遭遇人际困难，因为在他人眼中，他们的行为奇特、可疑或疏离。例如，分裂型人格障碍来访者通常会表现出魔法思维（magical thinking）[1]，行为举止古怪或不同寻常，这会让他们很难与人沟通。因此，他们可能会相信自己有缺陷，并假定他人有隐藏的动机，表现出过度的社交焦虑。类似地，偏执型人格障碍的来访者可能相信自己很脆弱，而别人会利用自己。因此，他们会过度怀疑他人，并对主观感受到的轻蔑做出过度反应。最后，分裂样人格障碍来访者认为自己格格不入、独来独往。他们既不想要也不享受亲密的人际关系，认为自己一个人过反而更好，这让他们游离于社会关系之外。

B类人格（Cluster B）包括边缘型（borderline）、表演型（histrionic）、反社会（antisocial）和自恋型（narcissistic）人格障碍，其特征是行为夸张而不稳定。被诊断为 B 类人格的来访者容易产生非常强烈的情绪体验，并进行多种极端行为来回应自己功能失调的信念。例如，边缘型人格障碍的来访者认为自己有缺陷、无助、脆弱又糟糕。他们不相信自己能独立生存，并认为他们依靠的人会抛弃自己，这会让他们的人际关系动荡不安。反社会人格障碍来访者也相信自己很脆弱，但他们假设，如果他们不先下手为强，就会被伤害或利用。

1　即认为自己的思维内容可以左右现实的走向。

因此，他们缺乏同情心，不加掩饰地剥削他人。表演型人格障碍来访者相信自己能力不足，并假设自己必须成为众人关注的焦点，才能赢得他人的认可、喜爱和照顾，这会让他们做出各种寻求关注的行为，例如：过分戏剧化，用穿着或行为引诱他人，过分取悦他人。最后，自恋型人格障碍的来访者有夸大的自我观念，认为自己高人一等、与众不同。这种优越感和居于特殊地位的需要，可见于他们的傲慢、自我关注、竞争欲、展示地位的具体象征、需要占据“正确”的高地，以及寻求他人的特殊对待。然而，当他们无法高人一等或不被视为特别时，他们会自卑，并感到自己不重要的深层信念就会激活。

C类人格（Cluster C）包括依赖型（dependent）、强迫型（obsessive-compulsive）和回避型（avoidant）人格障碍，其特征是弥漫性的焦虑或恐惧感。例如，依赖型人格障碍来访者相信自己是无助的，并假设，如果只能靠自己，他们必定会失败。也因此，他们会过度依赖他人来满足自己的需求。相反，强迫型人格障碍来访者错误地认为，自己有能力而别人没有，这让他们假设，如果他们把任务交给别人，或者他人达不到自己设定的标准，他们的世界就会失控。因此，他们沉迷于维持秩序、完美主义和掌控局面。最后，回避型人格障碍来访者认为自己不值得被爱也没有能力。他们无法容忍不适感，也无法忍受被人讨厌或拒绝。由于他们假设，如果他人了解了他们“真实”的自我就一定会拒绝他们，因此他们会回避亲密接触，以及那些他们担心会遭到批评的场合。

虽然各种人格障碍的主要特征是不同的核心信念，但不同人格障碍的共病也很常见，来访者通常会满足一种及以上人格障碍的诊断标准（APA, 2013）。此外，由于某些人格障碍有共通的症状，如果不进行全面评估，往往很难确定来访者人格障碍的类型。例如，表演型和自恋型人格障碍的来访者都渴望成为关注的焦点，但表演型人格障碍更乐意用乖顺的行为维持关注，而自恋型宁可牺牲关注也要维持优越感。类似地，表演型和边缘型人格障碍来访者的情绪表现都善变而富于戏剧性，但边缘型人格障碍来访者更可能有自毁行为，以及对强烈情绪感到极度不适。

为了进一步说明在人格障碍的范畴内，消极核心信念、有问题的假设和功能失调行为是如何产生的，让我们来看看罗布的案例，他从小就对环境非常敏感。他还是婴儿时就有肠绞痛，耳朵慢性感染，睡觉时对所有噪声或光线都很敏感，也不喜欢一个人待着。罗布的哥哥姐姐与他形成了鲜明的对比，他们没有任何敏感症状，在任何环境下都睡得着，也很享受在独处时自娱自乐。尽管有这些差异，罗布的父母并未区别对待他和哥哥姐姐。罗布的父母会把罗布留在托儿所，给他报名参加各种活动，并让他独立处理社交和学业。罗布尽力而为也很难满足这些期待，这让他的父母把他视为“难养的孩子”，进而让他认为自己没有价值，因为没有人试图照顾他的需求。

罗布的体质天生敏感，渴望时刻与他人保持联结，这都让他与原生家庭格格不入。因此，他的自我怀疑与日俱增，他开始相信自己无法独立做成事情，这进一步强化了他总体的无助感。他不想被一个人丢下，于是他被动地顺从他人的需求，即便这样做会给他带来困扰。他没有直接说出自己的需求，而是用拖延或不做准备的方式来操控情境。罗布认为，这是满足自己需求的唯一方法，因为他假设如果自己直接提出要求，就会遭到拒绝和否定。在这个例子中，罗布想和他人联结的先天倾向，以及在与自己需求完全不同的家庭中成长的经历，共同塑造了他的依赖型人格。他使用的操纵和被动策略也对他有害，助长了他的长期困扰，也损害了他发挥功能的能力。

治疗的关键要素

虽然实证研究数量有限，但越来越多的证据表明 CBT 可以有效治疗人格障碍（Beck et al., 2015）。治疗的目标是，修正来访者夸大、泛化、消极的核心信念转变为更准确的自我概念，将来访者无效的补偿行为转变为更有效的行为，从而帮助来访者减轻痛苦、提高功能水平。人格障碍来访者往往会依赖过度发展的特定补偿行为，哪怕实践一再表明这些策略并无收效。通过治疗，来访者可以学会摆脱这些过度发展的策略，并培养本质上更有效的替代性行为策略。例如，表演型人格障碍来访者可以学习用自律和自我控制替代出风头；强迫型人格障碍来访者则可以学着更随性（spontaneous）一些，而不是一味寻求控制。对于所有的人格障碍，我们的目标都是帮助来访者发展亲近亲密的人际关系，提升自信，提高自我效能感和功能水平，并构建更广泛、更有效的行为选项。

与治疗抑郁和焦虑的标准 CBT 类似，治疗人格障碍的 CBT 也是一种目标导向的疗法，使用结构化技术，强调自助的家庭作业和收集证据、假设检验的过程。然而，与传统 CBT 强调更合作的治疗关系不同的是，在人格障碍的治疗中，也可以使用共情性面质（empathic confrontation）作为带来改变的工具。尤其是，一旦成功建立了治疗联盟和信任，治疗师就可以使用共情性面质，来更坚定地拓广来访者对自身无益信念的认知能力。例如，一位回避型人格障碍来访者已经接受了一年的治疗，哪怕有大量证据表明他的想法不符合事实，但他仍然认为自己毫无价值、是个失败者。治疗师可能不会像更传统的 CBT 那样引导来访者检视证据，相反，治疗师可以重述已经收集到的所有数据，并直接指出来访者对自己的看法与事实不符。

此外，共情性面质还可以使用治疗关系中收集到的数据，来帮助来访者修正无益的信念。例如，如果来访者声称没有人关心她，治疗师就可以指出，他自己就总陪伴着来访者，接听她的电话，确定合适的预约时间，在会谈中对她倾注全然的注意和努力，这些都是他关心来访者的证据，所以来访者的假设不可能完全正确。

除了使用共情性面质外，针对人格障碍的 CBT 和传统 CBT 的不同之处还在于前者通常需要较长的时间，也更强调影响来访者和治疗本身的历史因素。后文将讨论用 CBT 框架下治疗人格障碍的主要治疗要素。

树立目标

如果目标含糊，治疗也必定是含糊的，在治疗人格障碍时尤其如此。当来访者的问题已经慢性化时，他们生活中的许多领域都可能受到影响，这会让我们很难找到治疗焦点。设想一位自恋型人格障碍的来访者，他在离婚纠纷后情绪低落，正在争夺探视子女的权利，在工作中由于不稳定的行为表现而遭到留用察看处分，经济拮据，还不得不住在酒店里。如果没有明确的治疗目标，他可能会用会谈的所有时间抱怨生活中的一切问题。相反，优先设立明确的目标，可以让治疗更有效地减轻痛苦、改善功能。如果治疗师和来访者都同意保住工作是他目前的首要任务，那么治疗的重点可能就会放在处理愤怒和抑制功能失调的攻击行为上。

此外，人格障碍来访者解读状况的方式通常很极端，这会让他们更可能把每个情境都理解为危机，并出现极端的情绪、行为和生理反应。在这种情况下，治疗很容易演变为一连串的紧急会谈，每次都只能帮来访者救火。这种情况在治疗边缘型人格障碍来访者时尤为常见。对他们而言，治疗可能会变成谈论每周遭受的不公、虐待、抛弃或失败的事件，而不是用来培养技能和发展更健康的自我概念。明确来访者关注的问题中哪个最紧迫，可以帮助来访者树立明确的目标，也会让有积累的学习得以发生。

对于边缘型人格障碍来访者，被抛弃的恐惧可能是问题清单上的首要问题，因为这种恐惧会让他们留在具有虐待性的关系中，与潜在的外界支持隔绝开来，并强化了他们不被爱的低自我概念。一旦来访者把克服被抛弃的恐惧定为治疗目标，治疗师就可以把这个目标与其他关注领域联系起来（例如，评估是否应该保持那段关系，减轻他们对于与人联结的恐惧，并发展更积极、更合理的自我观念）。虽然或许必须对其他目标进行工作，才可能引发当前目标下的改变，但不管怎样，现在已经明确了每次会谈的重点。

在治疗初期，重点应当放在减轻症状和提升应对技巧上，尤其是当来访者出现比人格障碍更急性的共病问题时（例如创伤后应激障碍、抑郁或焦虑）。例如，一位患依赖型人格障碍和创伤后应激障碍的来访者，可能需要首先解决闯入性创伤记忆和回避的问题，之后才能处理无助、依赖的核心信念。类似地，如果一位患有自恋型人格障碍和抑郁症的来访者无法动起来去上班或参加社交活动，那么他可能需要先进行行为激活。又或者，患有回避型人格障碍、社交焦虑和惊恐障碍的来访者可能需要先处理对身体受伤的恐惧，之后才能解决自我概念或社交回避的议题。等来访者解决了这些更加急性的症状之后，他们才可以就人格障碍接受更有针对性的 CBT 干预。确定清晰的问题清单、列出具体的目标，可以确保治疗不断推进。

修正来访者的消极核心信念，是在症状改善后维持康复状态的必要条件，因此，需要在问题清单中识别他们的怀疑标签。下一步则是确保来访者清楚地理解了自己的怀疑概念化，这意味着，他们理解自己的怀疑标签是什么、导致它发展的因素是什么，以及它如何维持了自己无效的补偿行为。你可以使用第二章的“怀疑概念化模型”，来全面理解来访者的怀疑建构。

提升动机与接受程度

在你进行了工作，探明了生活经历如何塑造了来访者的怀疑标签、操作指引或假设，以及无效补偿行为，下一步就是讨论改变的动机。许多来访者尽管正在遭受痛苦也害怕改变，这是因为痛苦是已知的，而改变是可怕的未知。人们在自我感遭受质疑时会感到焦虑，请花些时间理解这一点。

为了增强改变的动机，策略之一是请来访者考虑一下，改变怀疑标签会带来什么好处和坏处，不改变又会有什么利弊。完成这项成本–收益分析有助于论证努力改变的意义。我们希望，改变的好处和不改变的坏处能压倒保留怀疑标签的所有理由。例如，考虑一下阿里的例子，她有回避型人格，害怕遭到伤害和拒绝。阿里相信自己不重要，这一信念滋长了她的恐惧，让她长期回避社交场合，因为她相信自己在其中可能会受到评判。虽然她的孤独感导致了她的恶劣心境，但她不愿让自己置身其中、面对拒绝。在阿里做出任何行为改变之前，她必须首先愿意努力改变认为自己不重要的信念，否则恐惧就会占据上风，回避倾向也会持续。下面的例子展示了阿里对于努力修正“我不重要”这一怀疑标签的成本–收益分析。

改变怀疑标签的好处	改变怀疑标签的坏处
1.追求我想要的事物 2.提升我的自尊 3.满足我的需求 4.有说“不”的勇气 5.不再恐惧拒绝	1.可能感到焦虑 2.可能让别人生气 3.失去了不照顾自己的借口
保留怀疑标签的好处	**保留怀疑标签的坏处**
1.不必面对焦虑 2.避免别人对我生气	1.永远不会拥有我想要的事物 2.永远认为自己很糟糕 3.永远无法满足需求 4.永远无法说不 5.活在对拒绝和抛弃的恐惧中

通常情况下，改变的坏处都是主观想象的或有所夸大的，可以通过客观的引导式提问来处理它们。因此，一旦来访者列出了改变的好处和坏处，下一步就是检视并重构改变的坏处，这样就可以减轻来访者的焦虑并巩固来访者对改变的承诺。与来访者一起针对改变的重要性得出总体结论。例如，回到阿里的例子里，对于她的怀疑标签“我不重要”，或可进行如下重构，并得出相应结论：

改变怀疑标签的坏处	重构
1.可能感到焦虑	1.“我可能会感到焦虑，但那只是暂时的。”
2.可能让别人生气	2.“最有可能的情况是没人会生气，如果真的有人生气，那又如何？”
3.失去了不照顾自己的借口	3.“是时候照顾自己了。我不需要任何不照顾自己的借口。”
总体结论：虽然改变可能让我不舒服，但从长期来看，努力修正怀疑的好处值得我付出努力。	

下面有一张工作表，你可以与来访者一起使用，来进行修正或不修正怀疑标签的成本–收益分析。

来访者工作表

改变怀疑标签的成本–收益分析

考虑对生活做出改变可能是一件困难的事，哪怕你知道这项改变可能符合你的最佳利益。使用这张工作表，来检视改变或不改变怀疑标签的成本与收益。找出了任何改变怀疑标签的坏处之后，就将这些坏处重构为更符合现实的表述，从而让你就改变的重要性得出更恰当的结论。

改变怀疑标签的好处：________________________________

改变怀疑标签的坏处：________________________________

保留怀疑标签的好处：________________________________

保留怀疑标签的坏处：________________________________

一旦你找出了努力修正怀疑标签的好处和坏处，请将坏处重构为更符合现实的表述。

改变怀疑标签的坏处：________________________________

重构：____

对于努力做出改变，你得出了怎样的总体结论？____________

____

构建自信的自我观

检视数据

无论来访者接受了一种消极核心信念，还是抱有多种消极信念，这些信念全部都是假设而非事实。请记住，正是来访者看待自己过去的方式，而不是过去本身催生了这些信念。因此，为了树立自信，我们需要帮助来访者意识到消极自我信念既不是百分百正确的，也不是在所有时候都符合事实。有时，这种信念完全错误（例如“我是个失败者”），而与之相反的信念是真实的（例如“我是个成功者”）。更常见的情况下，有一个更合理的信念是符合事实的（例如“我不是一个完全失败的人”或“我还行”）。要建立更准确、更积极的全新自我观，帮助来访者检视支持和反对其怀疑标签的数据是最关键的一步（Sokol & Fox, 2009）。

虽然你可以使用当前数据或历史数据来检验来访者的怀疑假设，但更好切入的点是支持更积极的新信念的当前信息。你也可以收集看似支持他们旧信念的数据，同时要记住，你可以从这些数据中得出或许更准确的替代观点。以患强迫型人格障碍的德佳为例。她认为自己要对所有人、所有事负责，并要求自己完美完成所有事。她认为，错误、缺点或短处意味着灾难和生活失控。由于无法达到这些不合理的标准，她总是达不到自己的理想状态，这让她认为自己是个糟糕的人。在治疗过程中，德佳一直在评估认为自己是个“糟糕的人”的消极信念，并努力建立自己是个“得体的人”的新信念。以下内容是她收集到的、支持新信念的证据，以及对看似支持旧信念的证据的新看法。

支持德佳新信念的证据
1. 我的朋友要去看医生，请我帮忙照看她年幼的儿子。 2. 哪怕我很累了，我也主动提出要帮我姐姐筹备她女儿的生日派对。 3. 我的朋友没有告诉我她的秘密时，我一点儿都不生气。 4. 我主动提出帮朋友打理她的花园。

用新的角度，看待似乎支持德佳旧信念的证据
1. 我想回去工作而不是在家带孩子，但这并不意味着我很坏。这意味着我想在家庭之外工作，这对一个女人来说是合理的。我的丈夫就从未考虑过放弃工作。 2. 我告诉我的朋友我太忙了，不能和她共进午餐，因为我确实太忙了，她也能理解。此外，以后我还有见她的机会。我们是多年的老朋友了，也一起出去玩过很多次。 3. 我对朋友的着装有负面看法，但我没有说出来，我对时装有自己的看法不意味着我是个坏人。

4. 我在文书工作中犯了错误，但这不意味着我是坏人。这只意味着我是个普通人，人都会犯错——实际上，我犯的错也没有导致严重后果。

请用以下工作表帮助来访者收集支持新信念的数据，并重构支持旧信念的证据。请一定要在会谈中与来访者一起开启这项工作，再请来访者自己继续收集数据。

来访者工作表示例

树立自信的信念

●●●●●●

别让自我怀疑定义了你。使用这份工作表，寻找证据以支持更积极、更准确、更现实的自我观，从而构建更自信的自我意象。请列出支持你更自信的全新形象的任何内容，包括特点、特征、赞美、反馈、角色和优势。此外，也请列出任何看似仍然支持旧信念的证据，但要运用更准确客观的理解来重构这些证据。下面提供了一些示例，后文留有空白，你可以填入自己的想法。

支持“我讨人喜欢”这一自信新信念的证据：

1. 山姆和扎克给我发了短信。
2. 迪伦邀请我打匹克球。
3. 丽芙邀请我加入她的小组项目。
4. 我有一些朋友也把我纳入了他们的周末计划中。

看似支持“我不讨人喜欢”这一旧信念的证据：

1. 在咖啡馆跟过去认识的人打招呼，让我感觉不太自在，但这不意味着我不讨人喜欢。这只能说明我害羞。
2. 当老板问我今早为什么迟到时，我的脸涨得通红，但这只是人的正常表现，并不能说明我不讨人喜欢。
3. 关于周末的计划，我发了一条尴尬的短信，但似乎没有人注意到，也没有阻碍计划的实现。

你还可以指出来访者的极端结论和事实之间的尖锐差异，从而帮助来访者更准确地看待他们有偏差的怀疑信念。例如，珍妮患有依赖型人格障碍，认为自己很无能。她认为自己是个特别不称职的母亲。她认为自己需要全天候的育儿支持，因为她相信自己无法独立照顾孩子。在这个案例中，珍妮的高需求源于她没有意识到自己实际上有效处理了多少事情。作为治疗师，你可以与她讨论究竟什么是不称职的母亲（例如把给孩子提供食物、住所和衣服的钱拿去买毒品，或为了换取毒资而放任孩子遭受性虐待，或者在没那么极端的情况下，无法购物、准备食物或接送孩子），从而帮助她获得新的视角。你还可以让珍妮参考合格母亲的标准（例如照顾孩子，把孩子放在第一位，满足孩子所有的需求）审视自己，从而帮助她意识到，自己也符合这些标准。

与此同时，你可以与珍妮进行工作，帮助她接纳自己并不完美，这意味着她可以偶尔失言、对孩子吼叫，又或者，她可以决定在一些时候坐在沙发上而不是和孩子一起玩，同时她仍然是个称职的母亲。最重要的是，当她真正相信自己有能力，她就可以意识到自己并不需要别人一直陪在身边。用连续谱系看待行为，可以让来访者更合理地评价自己，从而增强自信。以下是珍妮的应对卡片示例，其中她用连续谱系重构了关于自己的信念。

珍妮的应对卡片

- 我可以在一些时候偷懒，但仍然是个有能力的人。
- 我可以在一些时候缺乏耐心，但仍然是个有能力的人。
- 即使我犯了错，我仍然是个有能力的人。
- 我不必做到完美。
- 当他人提供帮助时，我可以接受帮助，且仍然是个有能力的人。

每当珍妮对孩子发脾气、达不到自己的耐心标准，或不能如她所愿地应对压力时，这些小提示可以让珍妮不去相信自己是个无能的人。在家庭作业中，你或许可以指导珍妮记住这些新的结论，并选择新的行为举动来支持她习得的自信。

珍妮的家庭作业

1. 告诉我自己："我是个有能力的人，但我并不完美。"
2. 我可能会脾气暴躁，但我仍是个有能力的人，我接受这一点，不过我可以通过以下方式更好地管理压力，从而缓和脾气：

- 在一些时候接受育儿方面的帮助，但意识到我并不是全天候都需要它。
- 缩短上班时间。
- 接受治疗。

大脑与直觉的较量

来访者常常会说，他们在理智上理解了这种新信念，但这种全新的自我观好像并不真实。这一点是可以理解的，因为来访者在过去人生中的大部分时间里都在过滤吸收支持负面自我观的数据，同时忽略、扭曲或轻视反面的证据。接受自己的积极方面需要大量时间和大量练习。关键在于，要让来访者的理性大脑掌控局面，而不是让“直觉”带来的感受占据上风。因此，当你与来访者已经收集了支持积极自我观的证据，就要让来访者练习与直觉对话。在这项练习中很有帮助的一点是，邀请来访者既扮演大脑的角色也扮演直觉的角色。如果来访者陷入卡顿，你可以提出建议，帮助大脑的角色发挥作用。下面是一个来访者运用大脑、与直觉对话的示例。

大脑：“我不是个失败者。”

直觉：“但我在试图再怀一个孩子的过程中遇到了麻烦。”

大脑：“定义成功和失败的可不是能否怀上孩子。我不是个失败者。我有一份好工作。”

直觉：“但我没读完大学。”

大脑：“我确实没能读完四年制的大学，但我完成了一个两年制的项目，且找到了报酬丰厚的好工作，在职场中受到高度尊敬。”

直觉：“但我没有我姐姐那么成功。”

大脑：“她可能确实赚得比我多，但我在家庭生活方面比她更成功。我是个好母亲、好妻子、好女儿。我的父母为我骄傲，人们对我称赞有加，我得到的积极反馈比我成功的姐姐更多，她现在还在打离婚官司呢。”

直觉：“但我有焦虑症，这意味着我是失败者。”

大脑：“我在这样一个厉害的姐姐身边长大，会得焦虑症也不奇怪。再说了，我正在处理我的焦虑，而不是逃避它。”

大脑得出结论：“说我既失败又脆弱的，是我那不可靠又情绪化的直觉。我的大脑告诉我，这并不是真的。存在大量支持相反结论的证据。我必须开始承认并接受这些证据，它们表明我不是失败者，并且在很多方面真的很成功！”

梳理过去的证据

有时候，对当前证据的梳理不足以修正来访者的自我怀疑。如果发生了这种情况，就需要检视过去的证据。请记住，来访者对自己得出的结论中，有许多都是通过个人化和曲解那些支持他们进行自我怀疑的数据得来的。由于人格障碍的特征是长期性、弥散性，在与这类来访者的工作中，了解早年生活经历的影响至关重要。设想一下，一位母亲痛打她的儿子，说他是个一无是处的失败者；或者一位父亲抛妻弃子，到了另一个地方组建了新的家庭。当儿童把这些情境个人化时，他们往往会认为这意味着他们这个人出了问题。如果母亲殴打孩子并说他是失败者，孩子就会相信自己确实是失败者。这个孩子还可能因此学会攻击和鄙夷他人，把它们视为合理可用的策略，从而导致反社会人格形成。类似地，如果孩子的父亲为了与别人组建家庭而抛下了他，他就会相信自己不被爱、不被需要。由于害怕拒绝带来的脆弱感，他会回避与他人亲近或提出自己的需求，而这会强化他不被爱、不被需要的信念，从而让回避型人格持续发展。

治疗可以帮助来访者换个角度看待这些事件，而这个角度往往更加准确。或许，那位殴打孩子的母亲自己患有严重的精神疾病，她的偏执让她认为孩子在撒谎，所以她怀着恐惧大肆发泄。或许那位父亲与妻子发展出了不健康的相互依赖关系，他保护自己的唯一方法就是离开，哪怕要抛下自己的孩子。在这两个案例中，考虑其他视角可以帮助来访者将情境外化（externalize），这样，他们就不会对其赋予太多的个人意义。通过用新的视角看待历史数据，来访者就可以针对自己的过去对自我观的影响得出新的结论。

虽然你可以在任何时刻检视历史证据，但很有帮助的做法是询问来访者与自我怀疑有关的最早记忆，并系统地按时间顺序推移，收集期间与自我观相关的所有历史事件。重新审视这些事件，意味着要检视看似支持来访者消极自我怀疑的证据，并对此提出替代性观点，帮助来访者得出更现实的结论。这还包括指出明显与消极自我怀疑冲突的任何证据。

以哈洛为例，她相信自己是个“坏孩子”，因为父亲总是对她大吼大叫，用难听的话辱骂她，对她进行身体虐待，却从不欺负她的妹妹。哈洛的妈妈从不保护她，也不站在她这边。哈洛还报告说自己在学校也被霸凌，几乎没有真正的朋友。而在另一方面，她是个好学生，无微不至地照顾还是婴儿的妹妹，似乎很受老师的喜欢，还承担大量做饭和清洁的家务，整体而言是个非常棒的孩子。

回顾历史后，哈洛明白，父亲的行为与她无关，而是反映了他自己的酗酒问题和由此引发的暴力。母亲无法保护她，则是因为焦虑减损了母亲的能力，让她只能自我保护。父亲不虐待妹妹只是因为他没有注意到她，其实是忽视了她。虽然学校的孩子们常常取笑哈洛，但这是因为她自己拒绝了他们。由于害怕父亲发火，所以哈洛不敢让任何人靠近自己家，也不接受别人发来的邀请。检视所有证据后，哈洛意识到，认为自己是个坏人的想法是没有道理的，因为数据表明，她过去和现在都是一个非常优秀、有责任心的人。事实上，她的责任心太强了，以至于出现了符合强迫型人格障碍诊断的症状。

请使用下面的工作表，帮助来访者评估他们对自己过去的解释。指导来访者列出他们用以论证消极怀疑标签的所有历史证据，然后尝试换个角度看待这些证据。看看他们会得出怎样的替代性结论。

来访者工作表

写下对过去的解读

我们的过去并不必然能定义我们；相反，是我们对过去的解读定义了我们。回想一下你人生中记忆犹新的事件，或者你认为对你的人生有重要意义的事件，看看你能否把它们和你自我怀疑的形成联系起来。

1. 你的怀疑标签是什么？（这个标签反映了你对自身为人的消极核心信念。）

---

2. 支持这一信念的历史证据是什么？（这些证据可能包括创伤记忆，你收到的信息、人际冲突、住房或经济困难、兄弟姐妹议题、家中的应激源、拒绝，等等。）

---

3. 与这一信念相矛盾的历史证据是什么？（请想一想你生活中的各个领域，它们反映了你的能力、成就、兴趣、达成的目标、收到的积极信息等。）

---

4. 对于你找到的支持消极信念的证据，还有什么替代性解释吗？（请逐一回顾你在第 2 项中列出的所有证据，考虑一下，如何用不同的方式来看待这些历史数据。可以以更成熟的方式来看待它，思考别人可能会怎么看，客观事实意味着什么，等等。）

---

5. 能支持更积极的自我观的新结论是什么？（把所有数据都纳入考虑后，能得出何种最积极、最现实的观点？）

通过意象技术修正怀疑标签

当你与来访者一起将支持怀疑信念的证据重构为更健康的观点后，一种可用的进阶技术是通过意象技术重写历史事件。要想做到这一点，请让来访者回溯到有记忆或画面激活了怀疑标签的某个时间点。让来访者闭上眼睛，尽可能详细地描述这段回忆，从而重温那段经历。引出被这一情境激活的情绪、自动思维和核心信念。当来访者停留在记忆之中时，让来访者与进入场景的另一个人对话，从而促进认知重构。这另一个人可以是回到当时的、更年长的来访者自己，也可以是外部的盟友，例如治疗师或朋友。以下是一份示例对话稿，其中，治疗师让来访者更年长的自我进入该段回忆，从而帮助来访者获得更自信的全新自我观。

治疗师："你能想起一段你感到自己很糟糕、毫无价值的早年记忆吗？"

来访者："我记得，当时我只是个五六岁的小女孩，我在我的房间里玩最喜欢的洋娃娃，这时我哥哥的朋友进来了。"

治疗师："发生了什么？"

来访者："他把我推进柜子，关上了门。里面一片漆黑，我什么都看不见，然后他压在我身上。我无法呼吸。他把我弄疼了。"

治疗师："你当时在想什么？"

来访者："我是个坏女孩。我很糟。我很脏。我毫无价值。"

治疗师："现在，想象一下，'长大了的你'进了房间。她打开柜门，看见了你。这个'长大了的你'做了什么？"

来访者："'长大了的我'抓住他，把他从我身上拉开。她把他赶出了我的房间。”

治疗师：“想象一下，你在帮她一起把他推出房间，让他滚出去。喊出来：‘滚出去！’”

来访者：“滚出去。”

治疗师：“再大点声。”

来访者：“滚出去！”

治疗师：“他好像逃走了。‘长大了的你’想安慰‘小时候的你’吗？”

来访者：“是的。”

治疗师：“或许可以让‘长大了的你’抱抱‘小时候的你’。‘长大了的你’想对‘小时候的你’说点什么？”

来访者：“你不是个坏女孩。你一点也不脏。你不是毫无价值。他才是那个坏男孩。他比你更高大、更强壮，‘小时候的你’毫无还手之力。你是个好女孩；他是个坏男孩。”

治疗师：“你是个好女孩吗？你有价值吗？”

来访者：“我是个好女孩；我有价值！”

如果你要通过意象技术进行认知重构，请确保你已经让来访者做好了准备，这包括首先用对话的方式检视并重构支持怀疑信念的证据。这样，他们在面对画面时，才会做好心理准备，并得以看到更准确的替代性结论。此外，意象练习的重点是必须导向解决。为了做到这一点，请确保完整地回顾记忆，这样新的学习才能发生，来访者才能意识到自己不再受到伤害。对意象进行充分的加工，可以让来访者认识到自己怀疑标签中蕴含的扭曲之处，并强化他们积极的新信念。

加强新信念

为了让来访者的自信持续增长、防止自我怀疑扭曲来访者加工信息的方式，很重要的一点是，让来访者留意支持更现实的全新自我观的数据（Sokol & Fox, 2009）。帮助来访者确认他们自信的新信念，你可以通过删除消极滤镜、寻找新的确认数据以及练习积极讯息帮助来访者做到这一点。下面的下发材料中提供了一些方法，来访者可以运用它们来收集数据，在能力和受欢迎程度方面确证更自信的自我观。

给来访者下发的材料

加强新信念的数据

为了进一步增强并保持自信，请学会留意那些支持你更现实、更积极的全新信念的确证信息。使用这份下发材料收集数据，用以证实你的能力和受欢迎程度。

请通过以下方式，确证对能力的信念：

1. 客观地评价你在学校、职场或娱乐方面的表现，并记录相关事实（例如，口头或书面反馈、工作奖金、交由你承担的责任、晋升、他人征求你意见的经历）。
2. 记录你最近收到的所有赞美、感谢或表扬。
3. 问问自己，是否存在任何针对你的投诉、训斥或申诉。如果有，是否有外部因素导致了其中一项或几项？

4. 问问自己，最近是否处理了任何压力、问题或困难的任务。
5. 问问自己，今天完成了哪些事，是否在一些时候需要同时处理多项任务。
6. 问问自己，今天或本周内自己都处理了哪些责任、家务或任务。

请通过以下方式，确证对受欢迎程度的信念：

1. 请留意你因帮助他人而收到的赞美、表扬或感谢。
2. 问问自己，你是否与亲友有共度时光的计划，或者是否受邀参加即将举办的聚会。
3. 请留意是否有人给你打电话、发短信、发邮件，或者与你分享照片。
4. 问问自己，你最近是不是一位体贴、善良、慷慨、周到的良友？
5. 请留意自己是否主动联系过朋友或亲戚，并观察他们给出的回复或反应。
6. 问问自己，别人身上有哪些品质是你喜欢的，并思考其中哪些品质你也具备。

自信日志

自信日志，是另一种让来访者收集数据、增强自信的方式。自信日志指的是每天记下一些经历和反馈，这些经历和反馈要能帮助来访者建立更现实的全新自我观。日志的意义是过滤吸收积极信息，让来访者不再埋首于支持旧的怀疑标签的消极数据。可以用更概括的日志来追踪哪些证据让来访者对自己感觉良好，或者，用更具体的日志来追踪支持新信念的证据(例如,“我很坚强”“我有能力”“我是受欢迎的”)。

例如,请设想一位回避型人格障碍的来访者,她正在努力接受自己是个“受欢迎的综合体”的信念。首先,治疗师和来访者可以一起想出有哪些词语(例如,忠诚、朴实、风趣、周到、慷慨,等等)符合“受欢迎的综合体”的描述。看完这份清单后,来访者可能会得出结论:自己拥有很多上面的品质,她确实符合自己对受欢迎的定义。在家庭作业中,或许可以让她完成一份以“我是受欢迎的综合体”为题的日志,其中,来访者每天记下支持这一信念的数据,尤其是那些支持她对于受欢迎影响因素的看法的证据。以下示例是来访者可能会在日志中记录的内容。

“我是个受欢迎的综合体”日志
第一天
1.邻居邀请我参加他家的聚餐。 2.在返校的晚上,有人邀请我去他们那桌吃饭聊天。 3.我的笑话逗笑了两个人。 4.我有个朋友忘了带午餐,我拿我的午餐和她分享。
第二天
1.我主动替别人值了个班,这样他们就能去看孩子的比赛了。 2.我邀请邻居和她儿子来我家玩,她答应了。 3.有位邻居打电话给我,问我是否愿意加入她的读书俱乐部。 4.有个陌生人朝我微笑,向我问好。

下面的工作表中有一份自信日志,你可以让来访者用它收集数据,以支持他们更积极的全新自我观。如果你要与来访者一起制订针对特定诊断的日志,在为日志想标题时,我们有以下建议:

A类人格	B类人格	C类人格
偏执型人格	**反社会人格**	**回避型人格**
• 我很坚强 • 我很坚韧 • 我很安全 • 我没事的 • 我有能力 • 我很强大	• 我并非不可战胜 • 我可以体贴他人 • 我可以共情他人 • 我可以表达关心 • 我可以遵守规则	• 我有能力 • 我受欢迎 • 我很酷 • 我值得被喜欢 • 我值得被爱 • 我能自如社交 • 我很强大
分裂样人格	**边缘型人格**	**依赖型人格**
• 我可以融入人群 • 我可以团队合作 • 我可以与人分享 • 我可以加入	• 我有支持 • 我能控制 • 我并非有缺陷 • 我值得被爱 • 我并不糟糕 • 我并不无力 • 我很坚韧	• 我很强大 • 我能胜任 • 我有能力 • 我很独立 • 我不无助 • 我有力量
分裂型人格	**表演型人格**	**强迫型人格**
• 我很安全 • 我是真实的 • 我很坚强 • 我很坚韧 • 我和其他人一样	• 我可以收敛一点 • 我能把控住 • 我被人喜欢 • 即使不靠玩笑和魅力，我也是受欢迎的	• 我有责任心 • 我有力量 • 我能胜任 • 我不必完美无缺 • 我不需要完全掌控一切
	自恋型人格	
	• 我很重要 • 我是被关心的 • 我很好，这本身也很好 • 我既不高贵也不卑贱，我就是我 • 我可以共情他人	

来访者工作表

自信日志

●●●●●●

为了增强你新生的自信，请每天记录确证你更积极、更现实的自我观的证据。首先，给你的日志取个标题。这个标题可以是关于建立积极自我观的概括性标题（例如“我的感觉良好日志”），也可以是更具体的标题（例如“关于我能胜任 / 有能力 / 强大 / 值得被爱的日志”）。然后，每天列出几件让你建立自信的事。最重要的是，请定期阅读你收集的所有数据，让你的全新自我观深入内心。

________________日志

第一天：

____

第二天：

____

第三天：

____

自信构建卡

自信构建卡是加强自信的另一种方式，卡片上的应对陈述可以让来访者记起支持全新自我观的证据。来访者可以把应对陈述写在卡片或电子屏幕上，从而随时接触事实，防止自己的内心扭曲信息、得出失之偏颇的观点。下面是一些帮助来访者使用自信构建卡的策略，随后还有针对每种人格障碍的自信构建命题示例。

1. 来访者可以把卡片放在浴室里（例如贴在镜子上，或放在水槽边），并在早上刷牙时复习卡片内容。

2. 来访者可以把卡片放在皮夹、钱包或裤子口袋里，在停下来等候时就拿出来看看。

3. 来访者可以把这些陈述设为屏保。

4. 来访者可以把这些陈述录入手机备忘录。

5. 来访者可以把应对陈述用短信发给自己，每次需要增强自信的提醒时，就可作为参考。

6. 来访者可以把这些陈述录入电脑文档中。

7. 来访者可以把这些陈述写在便签上，张贴在各处。

8. 来访者可以把自信构建卡放在家中和办公室里的抽屉里，这样他们就可以很容易地回顾这些卡片。

9. 来访者可以在电话或应答服务中给自己留一封语音邮件，并在查看留言时收听这段语音。

自信构建陈述		
A类人格	B类人格	C类人格
偏执型人格	反社会人格	回避型人格
• 有一些人是我可以信任的，尤其是那些我认识很久、也从未背叛过我的人	• 我可以遵守规则、不坑蒙拐骗，尤其当这样做能让我更接近自己想要的东西时	• 即使有人不想和我约会、对我不忠，或者不想像我那样认真发展彼此的关系，我也是受欢迎的

续　表

• 我是安全的。我可以让自己想起一切保护着我的事物，以及为我留意状况的人 • 我比自己想象的更坚强。我可以走出去，参与我想参与的事情	• 我不是不可战胜的。如果我违反了规则，可能会引发我无法承受的后果 • 我可以试着体谅别人，表现出一些同理心。即使我不能马上收获结果，我也会因知道自己能控制自己而感到满足	• 我能忍受痛苦。我比自己想象的更坚强。尽管我感觉自己好像无法忍受不愉快的感觉，但我其实可以 • 被拒绝又怎么样？我会挺过去，并且，要想得到我想要的东西，唯一的可能性就是让自己置身当场。去争取吧 • 我现在的样子足够好
分裂样人格	**边缘型人格**	**依赖型人格**
• 融入人群。这可能会带来回报，我从这段经历中的收获或许会超出预想 • 试着成为团队的一员，因为这可能会让我的生活更轻松 • 我不必完全加入其中。我只需要动身前往、和大家在一起就可以了	• 别人不在我身边，并不意味着我被抛弃了 • 虽然支持并不是全天候的，但我正被他人支持着。此外，有些时候我也可以靠自己做到 • 不是所有人都可以信任，但我可以信任一些人 • 我可能会搞砸事情，但这不意味着我不是好人；如果我能意识到自己搞砸了，并愿意努力把事情做得更好，就尤为如此 • 弥补伤害永远不晚 • 我并不无助，但如果我一直逃避，那我永远无法真正相信这一点	• 我可以独立完成事情 • 虽然感觉很难，但它不意味着我根本做不到 • 我比自己认为的更有能力 • 我可以尝试解决问题，如果我确实不能达成想要的结果，我可以到时候再找别人寻求帮助 • 如果我总指望别人，那我可能永远无法实现我的目标，或做我想做的事情

续 表

<table>
<tr><th>分裂型人格</th><th>表演型人格</th><th>强迫型人格</th></tr>
<tr>
<td rowspan="3">• 尽管我感觉自己的存在不太真实，但我需要提醒自己，我是真实的
• 我是安全的，除非有被我识别出的真实危险
• 我和其他人是一样的，即使我感觉自己和他们完全不同
• 没有两个人完全相同，而有所差异正是人类的应有之义</td>
<td>• 我不需要一直表现得风趣或戏剧化来讨别人喜欢。人们喜欢的是不加矫饰的我
• 我可以在一些时候放纵自己，但不能总是这样
• 拥有尊严和掌控局面，让我感到更强大、更有力量
• 我可以信赖那些关心我的人，哪怕我并未一直取悦他们</td>
<td rowspan="3">• 如果有人没有完全按我想要的方式、在我想要的时间内完成任务，也没关系。不要制造本不存在的问题
• 我不需要掌控所有事情和所有细节
• 在一些时候随性而为，并不意味着我不负责任，也不意味着事情会搞砸
• 我可以打破自己的常规，对出现的机会说“是”，这样我就可以拥有我寻求的社会联结
• 不必做到完美，也可以成为有责任感的人</td>
</tr>
<tr><th>自恋型人格</th></tr>
<tr><td>• 哪怕我希望如此，我也不可能对每个人而言都总是最重要的那个人
• 别人有自己的需求，我承认这一点，也不意味着我不重要
• 即使他人没有全盘满足我的需求，也不意味着他们不关心我
• 我不需要把所有事都个人化。有时候发生的事情跟我完全没有关系，有时候只跟我有一点关系，有时候跟我关系很大。不管怎样，我都无需过度反应。我可以思考，长远来看，我到底想要什么</td></tr>
</table>

拓展舒适区

最后，另一种增强自信的方式是让来访者逼自己做曾经害怕或逃避的事情。例如，回避型人格障碍来访者可以接受社交邀请，即使这让他们感觉不适。依赖型人格障碍来访者可以去餐厅独自吃饭、应聘通勤时间较长的工作岗位或独自乘坐公共交通工具。强迫型人格障碍来访者可以故意做一些不那么完美的事，接受计划外的邀请，或者把项目或活动交由他人主导。偏执型人格障碍来访者或许可以尝试信任某位亲戚，或者购买之前因为担心个人信息被泄露而一直没买的医疗保险。自恋型人格障碍的来访者可以妥协自己的需求，在自己不偏好的时间与他人共进晚餐。

来访者拓展舒适区、向目标迈进并战胜恐惧，这个过程可以维持自信。请提醒来访者，目标是否实现不如目标设定的方向重要。来访者没有魔法水晶球，还有那么多不在控制范围内的变量，他们收获的结果通常是有所折扣的。然而，当努力和趋向目标的行动得到回报时，就更可能取得成功。

拥抱个体性

要想帮助来访者战胜非适应性的行为策略，培育自信的新信念至关重要，虽然如此，来访者给自己贴的所有标签并不是都需要改变。有时，你不需要反驳来访者给自己贴上的部分标签，但必须让来访者学会接受它们。来访者可能会说自己古怪、离奇、害羞、死读书、强迫、不传统、脱离常规、奇特或乖僻。与其试图寻找证据、反驳这些标签，我们也可以帮助来访者拥抱自己，不要让这些标签阻碍他们。我们不希望来访者评判自己的标签，或相信这些标签意味着他们在某些方面不受欢迎或没有能力。相反，我们要鼓励来访者骄傲地展示自己的独特之处。请记住，没有人是平凡或普通的；我们每个人都是独一无二的。以下这张应对卡片，可以用来提醒来访者拥抱自己的个体性。

应对卡片

拥抱你的个体性

我是独特的。承认这一点！骄傲地展示我的个体性，绝不要认为它意味着我低人一等。我可以追求想要的事物，而我的个体性会帮助我达成这一点。

修正无效行为

治疗人格障碍来访者时，努力构建更自信的自我观并不是治疗的全部。治疗的另一重要组成部分是处理来访者用以回应怀疑信念的无效补偿行动。来访者过度发展的这些策略阻碍了他们实现目标，并且在很多情况下实则损害了他们的社交、职业或个人生活。典型情况是，若过度发展的策略不起作用，人格障碍来访者不仅不会改变应对方式，反而会继续使用这些无效行为。他们甚至可能会提升进行无效行为的程度，相信如果他们更强烈或更频繁地进行这种行为，就会迎来结果。

此外，人格障碍来访者并未发展出替代性行为策略，所以他们并不总能考虑其他选择。请考虑一位有自恋型人格障碍的来访者，他在任何情境下都要与所有人竞争，从不为他人喝彩，但又会疑惑为何别人不支持他、不为他加油鼓劲。又或者，设想一个患边缘型人格障碍的青少年。她的父母告诉她，如果她继续自伤、摔东西或辱骂他人，就不欢迎她待在家里——但她照干不误。当来访者采用自我挫败的行为策略时，请帮助他们意识到这一点，并教会他们更有效的替代性策略，这对于改善功能至关重要。

比如说，请考虑詹森的例子。詹森有自恋型人格障碍诊断，在睽违数月后再次回到乡村俱乐部。当他进入棋牌室时，没人停下手头的牌局和他打招呼，也没有人问候他的近况。詹森想："我并不特别；没人在乎我。如果我很特别，他们就会有所反应了。"他进而得出结论："我不重要。他们不在乎。我配不上和他们做朋友。我也不需要他们。"虽然他深深渴望友谊、渴望受到欢迎，但他打算再也不跟这些人说话，并当场对他们进行了言语攻击。在这个案例中，詹森有偏差的结论让他进行了无效的补偿行为，推远了所有人。然而，詹森的自我孤立带来的结果与他渴望的恰恰相反，并且只会进一步助长他认为自己不重要的消极核心信念。如果他继续使用这种无效行为方式，那么他永远无法得到自己渴望的人际联结。

在这个案例中，认知重构可以帮助詹森意识到，事情并不总是与他有关。别人不总是会给予我们想要的东西，但这并不意味着他们不在乎我们。詹森希望自己一直都是所有人眼中最重要的那个人，而这份渴望是不可能实现的，关键在于他要学会接纳这一点。当别人没有把他放在首位，或者不按他的意愿行事时，詹森可以从别人的角度来看待情况，并考虑他没有得到满足的其他可能原因，而不是大发雷霆、断绝关系。治疗还可以教他关注总体局面，回想起过去朋友们支持他、接纳他的事例。詹森可以着重思考长期而言自己想要什么，而不是冲动发怒，并接受这样的事实：人们不总是按我们的意愿行事，但这并不意味着我们不重要，也不意味着他们不在乎我们。反过来，詹森也可以学着不再反应过度、动辄发怒，而是保持冷静，接纳世界的本来面目。这些更有效的新行为可以帮助詹森维持友谊，而这正是他一直以来真正渴望的。

再举一例，让我们考虑哈珀的案例，她是典型的强迫型人格。虽然哈珀在学校表现出色、成绩拔尖、标准化考试分数优异，但她完全牺牲了课外活动和社交生活，把学业作为唯一的优先任务。因此，她感到自己和朋友们隔绝开来，并为未来十分焦虑。对于哈珀，驱动这些无效行为的是这样的怀疑信念：如果她不完全投入学业，她就会是“不负责任”和“懒惰”的。虽然她希望过上更均衡的生活，但她的怀疑信念让她无法把学业以外的事情放在更优先的位置。

要想通过治疗帮助哈珀克服僵化的信念，一种方法就是让她用活动日程表监测自己的日常活动以及当时的情绪。这样一来，她就能意识到，当她与朋友交往时情绪最好，而做功课时情绪最差。此外，治疗师还可以使用内感暴露，帮助哈珀意识到，她落下功课的焦虑比实际落下了功课的后果还要糟糕。焦虑的症状（例如出汗、刺痛、心跳）并不可怕，即使她什么都不做，这些症状也会消失，不会对她造成伤害。

为了让哈珀过上更均衡的生活，治疗中还可以把降低僵化程度、提升随性程度作为目标。例如，哈珀可以在一天的计划中纳入一小时的“娱乐时间”，并努力限制不必要的学习。作为治疗师，你还要与哈珀共同努力，让她能够允许自己从学业中抽身而出，并知晓自己已经非常负责、准备充分、完全是懒惰的反义词。为了做到这一点，很重要的是教会哈珀如何回击那些蠢蠢欲动、让她偏离计划的“放弃”思维（例如“我承受不起休假的代价”和“我还是先把功课做完再去玩吧”），然后用“去做”思维替换上述想法（例如“事实上，我可以请假，因为我已经做了充分的准备”和“如果我现在不玩耍，就永远不会去了”）。归根结底，治疗目标不是让哈珀不再掌控一切；相反，目标是让哈珀多一些随性、冲动性和灵活性。

削弱过度发展的策略，增强发展不足的策略		
A类人格	**B类人格**	**C类人格**
偏执型人格	**反社会人格**	**回避型人格**
过度发展的策略： • 警惕 • 不信任 • 多疑 • 戒备 发展不足的策略： • 信任 • 知足 • 放松 • 相信	过度发展的策略： • 攻击 • 掠夺他人 • 剥削 发展不足的策略： • 共情 • 亲社会 • 互惠	过度发展的策略： • 回避 • 抑制 • 对拒绝很敏感 发展不足的策略： • 自我推销 • 坚定 • 开放
分裂样人格	**边缘型人格**	**依赖型人格**
过度发展的策略： • 退缩 • 独立 • 隔绝	过度发展的策略： • 依赖 • 自我中心 • 回避被抛弃 • 极端行为 • 僵化 • 情绪失调	过度发展的策略： • 求助 • 黏人 • 过度依赖他人

续　表

<table>
<tr><td>发展不足的策略：
● 亲密
● 互惠</td><td>发展不足的策略：
● 控制情绪与行为
● 自给自足
● 社交互惠
● 灵活性
● 关心他人</td><td>发展不足的策略：
● 自主性
● 自给自足
● 行动力</td></tr>
<tr><th>分裂型人格</th><th>表演型人格</th><th>强迫型人格</th></tr>
<tr><td rowspan="3">过度发展的策略：
● 魔法思维
● 表现古怪
● 假定他人有秘而不宣的动机
发展不足的策略：
● 理性思考
● 适当的社交表现</td><td>过度发展的策略：
● 过度戏剧化
● 用穿着、举止、言谈引诱他人
● 总是取悦他人
● 寻求奉承
发展不足的策略：
● 安静、顺从
● 适当的社交表现
● 不那么极端的举止
● 对他人对待自己的方式有合理的判断标准</td><td rowspan="3">过度发展的策略：
● 控制
● 负责
● 系统化
发展不足的策略：
● 灵活性
● 随性
● 冲动性</td></tr>
<tr><th>自恋型人格</th></tr>
<tr><td>过度发展的策略：
● 竞争性
● 关注自我，夸大膨胀
● 直白地展示地位的象征
● 要求特殊对待
发展不足的策略：
● 共情
● 支持他人
● 同情心</td></tr>
</table>

在治疗人格障碍来访者时，请记住，他们采取的无效行为可能是不适用于特定时间点的合理策略（就像哈珀的例子），也可能是永远不会成功，或者带来沉重代价的有害行为。例如，回避型人格障碍来访者可能会严重拖延，对有益康复的机会避而远之，同时还自己服用酒精和大麻。同样，自恋型人格障碍来访者可能会经常威胁、攻击和推开他人，作为对自卑信念的反应。

来访者可能采取的最有害、最无效的行为就是自伤行为，例如自伤、使用物质和企图自杀。对于伴发冲动性和无望感的边缘型人格障碍来访者而言，这种情况尤其明显，因为这两种特质的组合会提升自伤自杀的风险。边缘型人格障碍来访者具有个人化的自我中心倾向（例如认为“我有权这样做”，或者“我需要你”），他们的冲动性又会让他们采取极端的行动导向行为（例如寻求保证、吸毒、报复、自伤、自杀）。让他们进行这些行为的，是苛刻的命令（例如“我得……”“我必须……”）以及给予许可的信念（例如“这样做也没关系，因为我太需要……了，因为我有权这样做”“那个人就该受到惩罚”）。他们还相信自己没有自控能力，而他们的“现在”取向让他们只关注眼下重要的东西，而毫不考虑未来有什么后果、过去已经承受了什么后果。接下来的部分将更详细地介绍自伤这种无效补偿策略，并讨论在治疗自伤自杀时可用的干预。

自　伤

自伤的认知模型

自伤行为是来访者用于处理痛苦的无效补偿行为。并不是只有人格障碍个体才会使用这种无效应对策略，任何正在经历心理痛苦或急于满足自己需求的来访者都可能自伤或自杀。然而，人格障碍来访者更有可能经常使用这种功能失调策略，而患有其他临床综合征的来访者（例如抑郁、焦虑）可能只会在问题急性发作期才会使用这些策略。不管怎样，自伤循环背后有着相同的认知模型。典型的情况是，某个诱发性刺激激活了深层怀疑信念，这让来访者错误解读刺激的内容（表现为负性自动思维的形式）。这些负性自动思维会引发多种不愉快的情绪，从而引发自伤冲动，当来访者顺从于用某种方式合理化自伤行为的、给予许可的信念时，他们最终会屈服于这种冲动。

自伤的诱因可能是外部刺激，也可能是内部刺激，这些刺激都会激活深层怀疑信念。外部诱因可能包括恋爱分手、失业、找不到工作、组建团队或受邀参加聚会。内部诱因可能包括强烈的情绪（例如绝望、孤独、悲伤、恐惧、愤怒）或生理感受（例如出汗、心跳加速、解离）。这些诱因本身不会导致痛苦；相反，它们让深层自我怀疑有了浮上心头的机会。例如，遭遇分手的来访者，可能会把这次拒绝解读为证明他们不值得被爱或有缺陷。又或者，分手可能会被解读为抛弃，从而激活无助感以及没有对方就无法生存的信念。所有诱发性刺激都可能激活自我怀疑，但人格障碍来访者最容易受其影响，因为他们的自我怀疑始终存在。

若来访者的怀疑信念被激活，他们对诱发事件就会产生扭曲、偏颇或夸大的想法。例如，面对失恋，认为自己不值得被爱或无助的来访者可能会想："没人会想要我的。我要孤独终老了。"或者想："我没办法独自活下去。我无法承受这一切。"他们很可能随即体验到绝望、无助和恐惧等相关情绪，从而增加自伤的冲动。若来访者顺从于给予许可的信念、把这些功能失调行为合理化，他们就会把自伤视为应对不愉快情绪的合理策略（例如"割伤自己是应对沮丧的唯一办法""自伤会让伴侣留在我身边""每个人都会时不时地割伤自己，这没什么大不了的"）。如果任由给予许可的信念占据上风，自伤行为就会随之而来。

例如，请考虑卡莉的例子。卡莉即将高中毕业，和父亲住在一起。她的母亲在几年前去世，姐姐最近搬到了很远的地方。她一直在艰难地应对情绪问题和自伤冲动，恳求父亲多花些时间在家陪她，少去他新交的女友家。父亲也同意了。然而，在父亲刚刚许下承诺的第一个周五晚上，卡莉在双方约定过的时间回到家，却发现家里空无一人（诱发性刺激），这激活了"我不被爱，我很无助"的信念（怀疑信念）。进一步，她接着想："我的生活很不顺心。我的家庭状况糟透了。父亲本来应该在家的。我好想妈妈。只有妈妈在乎我，但她去世了。所有人都抛弃了我。"（负性自动思维）她感到沮丧、愤怒、无助又苦恼（不愉快的情绪），这让她产生了割伤自己的冲动（自伤冲动增加）。她相信，她没有别的选择了："如果我感受到这种冲动，我就得这么做。"（给予许可的信念）她拿起小刀割伤了自己（自伤行为）。虽然她体验到短暂的解脱，但最终心情更糟，被收进了精神病院。

在与有自伤行为的来访者工作时，很有帮助的做法是，在他们的自伤行为发生不久后与他们绘制自伤路径，检视过去的自伤事件，以及查看将来可能引发自伤风险的诱因。一旦理解了自伤的路径，干预的路径也就清晰了。接下来的部分将更详细地探讨自伤的认知模型，并讨论过程中的干预节点。

干　预

不论引发自伤行为的是人格病理还是其他临床原因，处理这种功能失调策略的干预措施都是一样的。处理自伤，特别是自残问题的第一步，是帮助来访者接受消除这些行为的目标。然而，自伤来访者通常并不认为这种行为有问题，因此他们可能不会投入精力进行改变。例如，割伤自己的来访者通常认为，这是缓解情绪痛苦、控制痛苦、改变痛苦位置或向他人展现自己痛苦的唯一方式。因此，不难见到自残来访者对相关风险轻描淡写或不置一顾，相信“这没什么大不了的”。请帮助来访者认识到自伤会带来严重的问题，从而提升他们消除这种行为的愿望。

为了帮助来访者更明确地评估自伤的风险，你可以使用认知重构，帮助他们对自伤的后果得出更准确的结论。例如，引导式提问可以帮助来访者理解，割伤自己会毁伤皮肤，导致他们终身留疤，还可能让他们由于意外导致严重伤害或死亡。割伤还可能带来他们不想要的那种关注，或者若有其他人对伤疤表示好奇，他们也会处于不舒服的境地。类似地，认知重构可以帮助来访者看到，自伤会妨碍他们采取更健康的应对策略，并且只会强化他们的坏习惯。它还会阻碍他们获得机会（例如工作、学业、人际关系），并可能会把他们推入本来竭力避免的境况（例如住院、不同的生活环境）。回到卡莉的例子，认知重构帮助她认识到，自伤是一种消极的选择，带来的结果与她渴望的恰恰相反。自伤不仅没有让她感觉好起来、让她和父亲更多地待在一起，而且还让她的感受恶化。她的所作所为还拉大了她与父亲的距离。这样一来，卡莉意识到："我当时很痛苦、不知所措，所以我采取了冲动的应对方式。我现在知道了，这是一个糟糕的选择，我想努力改正它。"

若来访者承认与自伤相关的问题，他们就会更愿意致力于减少和消除这种行为。为了做到这一点，你可以用来访者的自伤路径图作为指引，因为路径上的每个理解点都是干预的切入点。虽然路径上的第一个节点是诱发性刺激，但我们不可能预测可能激活自我怀疑的所有内外诱因。相反，关键是帮助来访者发展觉察能力，去觉察哪些因素可能激活他们的怀疑信念，以及（更重要的是）如何利用认知重构来直接评估并修正这些信念以及相伴的自动思维。邀请来访者收集与潜在怀疑信念相反的证据，以及支持更积极的自我观的证据，从而帮助来访者建立自信。

让我们回到卡莉的例子，回到家后发现家里空无一人是超出卡莉预料的诱因，因为父亲承诺过会在家的。然而，如果她能觉察到某个人不在她身边会激活她的自我怀疑，她就可以想办法自我干预而不是冲动反应。例如，她可以去附近的餐厅吃饭，或者打电话叫朋友来家里，这样她就不会感到孤单。随着时间推移，治疗可以帮助卡莉处理她感到自己不被爱的潜在怀疑信念，并通过收集相反数据来评估自动思维的正确性（例如，"只有妈妈关心我""所有人都抛弃了我"）。例如，治疗可以帮助卡莉看到，爸爸也是关心卡莉的，但他沉浸在自己的悲伤中，无法陪伴卡莉。此外，她还可以认识到，朋友们也关心她、也想陪在她身边，当她没有向他们求助时，他们也很难过。通过使用这些数据，卡莉得以接受，自己并非百分百地不值得被爱，他人甚至可能已经在关爱她了。

除了处理潜在怀疑信念和自动思维，对自伤的治疗还需要帮助来访者找到自伤冲动爆发时的替代行为。替代行为的部分示例包括放松技术（例如深呼吸、正念、渐进式肌肉放松），或者分心技术（例如锻炼、烹饪、读书、编织、上网、看电视）。你还可以提出替代性社交方法，例如邀请来访者联系他人、听治疗会谈的录音，或者保存关于爱或能力的提示物（例如所爱之人赠送的礼物、赢得的奖杯、文凭证书）。在消除自伤行为的过程中，你也可以暂时让来访者使用一类替代策略，它们能模拟来访者从自伤中获得的感受，但不会对身体造成伤害。例如，来访者可以在身体上打碎生鸡蛋，或者用红色记号笔在皮肤上写写画画，用以替代割伤。随着时间的推移，可以教授来访者情绪调节技巧来降低来访者的反应敏感度，从而给他们的情绪降降温，这会让他们更有效地运用问题解决策略。

帮助来访者识别他们给予许可的信念（并用更正确、更理智的信念取而代之）也是关键的干预点，因为这些信念会把来访者的自伤冲动合理化。和来访者一起工作，准备好反驳给予许可信念的话语，并让他们每日阅读记录了这些反驳的文字。例如，卡莉相信，只要她产生了一丁点自伤的念头就必须付诸行动。和其他许多自伤者一样，卡莉也认为自伤是能让她的痛苦消失的唯一方法。治疗可以帮助来访者看到，这些信念并非事实，而是有待验证的假设。例如，卡莉可以看到，产生冲动但不采取行动是有可能做到的，例如当她在学校时，她可以通过涂指甲油、画画或把两脚鞋带系在一起来对抗这股冲动。卡莉还了解到，存在其他减轻她心理痛苦的方法，这反驳了她的伤害假设。

我们的最终目标是用适应性应对来替代自伤。为了做到这一点，你可以邀请来访者列出在整个治疗过程中讨论过的、替代自伤的所有行为选择（例如放松、转移注意力、自我安慰）。然后，邀请来访者练习使用这些替代性策略，并记录一下他们在哪些时候可以成功抵抗（或者晚一点屈服于）自伤冲动、哪些时候遇到了阻碍。例如，卡莉用来替代割伤自己的选项包括联系朋友以及阅读治疗应对卡片。

确定自伤行为的后果，可以巩固来访者对于减少未来自伤的投入程度。住院、入狱、被驱逐或失去孩子的监护权，都是自伤行为可能带来的危险和功能紊乱。进一步讲，这些行为不仅会让来访者远离自己的目标，还会有损于他们的理想自我形象并让他人失望。卡莉割伤自己的行为让她不得不经历不愉快的住院，朋友们也对她感到沮丧。卡莉不想再回到精神科病房，也对友谊投入良多，在来访者预防自伤的过程中，它们是强大的威慑力量。治疗师记录了卡莉的威慑因素，并定期加以回顾。

为了识别来访者的自伤路径，以及在路径的每个点上可以使用的认知行为干预措施，请使用下面的工作表。

来访者工作表

自伤路径

和来访者一起绘制他们自伤的具体路径。随后，在路径上的每个节点，写下可以帮助来访者变更路线的干预措施。

1. 诱发性刺激：______________________________

干预：______________________________

2. 怀疑信念：________________

干预：________________

3. 负性自动思维：________________

干预：________________

4. 不愉快的情绪：________________

干预：________________

5. 自伤冲动增加：________________

干预：________________

6. 给予许可的信念：________________

干预：________________

7. 自伤行为：________________

干预：________________

8. 后果：________________

干预：________________

自　杀

无望感（hopelessness），即对自己和未来的一系列消极预期，是最有力的自杀预测因素之一（Beck, 1986; Weishaar & Beck, 1992）。当来访者认为自己处于无穷无尽的心理痛苦中、感到绝望又无计可施时，自杀就是他们心中浮现的答案。人格障碍来访者——尤其是边缘型人格障碍——的自杀风险尤其突出，因为这类人群经历了慢性而普遍的问题，他们特别容易陷入抑郁和无望。许多人格障碍来访者还有冲动性和当前导向（present orientation）的特征，这让他们无法考虑过去遭受过的后果和未来潜在的后果，从而进一步加剧了自杀风险（Beck, Davis, & Freeman, 2015）。

与有自杀倾向的来访者工作时，首要目标是确保来访者存活，有许多干预措施可以实现这一目的，例如高强度门诊治疗、服药或住院。尽管门诊不总是最佳治疗途径，接下来的部分将重点介绍在门诊中开展的干预措施。相反，临床工作者应当始终基于具体案例、从来访者的最佳利益出发进行临床决策。

干　预

进行自杀风险评估

与有自杀倾向的来访者工作时，第一层次的干预便是进行全面的自杀风险评估（Weishaar & Beck, 1992）。除了前面提到的无望感，另一些自杀风险因素包括家族精神病史或自杀史、毒品或酒精滥用、存在获得枪支的途径、躯体疾病，以及童年失去父母或重要他人。如果来访者有性别为男，年龄 45 岁以上，独居，与配偶分居、离婚或丧偶，目前失业或退休，或者曾经试图自杀的特征，这些来访者自杀既遂的风险也会提高（Wenzel, Brown, & Beck, 2009）。你可以使用多种工具进行自杀风险评估，例如自杀意念量表（Scale for Suicide Ideation）（Beck, Kovacs, & Weissman, 1979）、哥伦比亚自杀严重程度评定量表（Columbia Suicide Severity Rating Scale）（Posner, Brown, & Stanley, 2011），以及自杀评估五步评定与分诊计划（Suicide Assessment Five-Step Evaluation and Triage, SAFE-T）（Fochtmann & Jacobs, 2015）。

此外，考虑到自杀与无望感之间的关系，你还可以使用贝克无望感量表（Beck Hopelessness Scale）（Beck et al., 1974）来具体评估来访者主观感受到的无望感。这份量表评估来访者对未来的感受、失去动力的程度以及期望水平。有研究报告称贝克无望感量表是潜在自杀风险的敏感指标。在一项针对1958名门诊患者的研究中，以9分作为划界分时，贝克无望感量表识别出了最终自杀的17名患者中的16名（94.2%）（Beck, Brown, Berchick, Stewart, & Steer, 1990）。

制订预防自杀安全计划

在治疗早期，请与来访者合作制订一份安全计划，其中包括一系列依次升级的步骤。如果来访者开始产生伤害自己的冲动，或经历了急性自杀危机，他们就应当遵循这些步骤（Wenzel, Brown, & Beck, 2009）。安全计划干预（Safety Planning Intervention，SPI）（Stanley & Brown, 2012）就是这样一种工具，它有助于阻止自杀危机、防止危机升级或帮助来访者度过难熬的时刻。自杀预防资源中心（Suicide Prevention Resource Center）和美国预防自杀基金会（American Foundation for Suicide Prevention）均将安全计划干预认定为一种最佳实践。

SPI计划的**第一步**是识别代表自杀预警信号的想法、图像、情绪和行为。帮助来访者识别自己的早期预警信号，会为他们在出现自杀意念后接受干预创造机会。特别是，这些预警信号提供了干预的良机，让我们有机会减轻来访者的无望感和持续的风险。危机缓解之后，你也可以抓住机会，收集此前没有意识到的、触发自杀倾向的预警信号。部分预警信号包括以下内容：

1. 含糊地提到自己会离开
2. 赠予他人财物
3. 谈及无望感和受困感
4. 更多地使用物质
5. 远离朋友和社交活动
6. 写告别信
7. 整理财务和生意事务
8. 取消会谈
9. 给自己贴上包含自我怀疑的负面标签

例如，请设想这样一位来访者，他感到自己精疲力竭、给自己贴上怀疑标签（例如失败、窝囊、有缺陷）、终日卧床、不接电话、拒绝所有邀请，此时他意识到自己有自杀风险。通过实施安全计划的第一步，每当这些预警信号出现时，他就可以使用行为激活的原则来让自己动起来、采取行动。他可以把行动置于动机之前，起床穿衣，和姐姐共进午餐，或者和朋友一起看电影。他还可以告诉自己，他给自己打上这些负面标签只是因为抑郁症，它们并非百分百真实（很可能根本不符合事实）。

要完整实施预防自杀安全计划，**第二步**便是制订一份内部应对策略（internal coping strategies）清单，当来访者感到预警信号开始出现时，他们就可以独立运用这些策略。这样做的目的是分散注意力，直到行为冲动平息。分散注意力会让来访者更难想到自杀，这也是规避危机的最有效方法（G. Brown, personal communication, May 9, 2019）。因此，请与来访者合作制订一份内部应对策略清单，供他们在自杀危机时使用（例如洗热水澡、锻炼、散步、玩电子游戏、听音乐、看电影或电视、与宠物玩耍、做填字游戏、读书、做瑜伽、做饭）。此外，还需要与来访者一起工作，来预测、处理和消除方案应对策略实施的任何阻碍。虽然这些活动的目的是分散来访者的注意力，让他们不再沉浸于自杀意念，但它们也能给来访者带来成就感和愉悦感。当来访者独立进行应对时，他们的自我效能感也会提高，从而让自己更有能力控制自杀倾向（Stanley & Brown, 2012）。

这些内部策略或许可以防止自杀意念进一步升级。我们的确希望鼓励来访者成为自己的治疗师，首先尝试靠自己解决自杀问题。然而，如果内部行动还不够，那么来访者可以继续进入计划的**第三步**和**第四步**，即寻求外部资源的帮助（Stanley & Brown, 2012）。在第三步中，来访者可以列一份家人、朋友或熟人的名单，这些人可以帮助他们在危机时分散注意力，或者带来社交机会、让他们融入人群（例如戒酒互助会、健身房、礼拜场所、超市、商场）。在第四步中，他们可以专门向外寻求支持或帮助。请确保来访者在安全计划中列出了电话号码或其他联系信息，以便在遭遇危机时轻松获取。

如果外部援助没有用处或无法获得，安全计划的**第五步**就是列出一份专业资源清单，来访者在有自杀倾向时可以联系这些资源。这份清单应当包括心理健康专业人士（包括作为他们治疗师的你）的姓名，以及当地急救部门或全国自杀预防热线。请确保来访者在安全计划中列出了这些资源的地址和电话。

一份完整的预防自杀安全计划的**第六步**是确保环境的安全。为了降低来访者接触致命自杀手段的概率，你可以询问他们，在自杀危机时，他们考虑采用什么方式自杀；请一定要具体询问他们能否接触枪支。你或许可以告诉来访者从环境中移除这些物品，或限制自己接触它们的途径；你还可以与来访者合作找出方法，让可信赖的人对其加以保管，或限制来访者接触它们。你还可以邀请来访者向家人或室友求助，确保把这些有可能带来伤害的物品拿出房子，或锁在来访者无法接触的地方。请来访者在安全计划中写下这方面的安排。

下面有一份示例模板，你可以用它帮助来访者制订预防自杀安全计划。

来访者工作表

安全计划

第一步：预警信号

____

第二步：内部应对策略

为了把注意力从我的问题中移开，我可以采取这些无需联系他人的方法：

____

第三步：能让我分心的人和社交场合

姓名：________________　　电话：________________

地点：______________________________

第四步：我可以向这些人求助

姓名：________________　　电话：________________

第五步：遇到危机时，我可以联系这些专业人士或机构

临床工作者 / 机构名称：＿＿＿＿＿＿＿＿ 电话：＿＿＿＿＿＿＿＿

临床工作者传呼号码或急救电话：＿＿＿＿＿＿＿＿＿＿＿＿＿＿＿＿

本地急救服务：＿＿＿＿＿＿＿＿＿＿＿＿＿＿＿＿＿＿＿＿＿＿＿＿＿＿

急救服务地址：＿＿＿＿＿＿＿＿＿＿＿＿＿＿＿＿＿＿＿＿＿＿＿＿＿＿

急救服务电话：＿＿＿＿＿＿＿＿＿＿＿＿＿＿＿＿＿＿＿＿＿＿＿＿＿＿

自杀预防热线：＿＿＿＿＿＿＿＿＿＿＿＿＿＿＿＿＿＿＿＿＿＿＿＿＿＿

其他：＿＿＿＿＿＿＿＿＿＿＿＿＿＿＿＿＿＿＿＿＿＿＿＿＿＿＿＿＿＿

第六步：营造安全的环境

＿＿＿＿＿＿＿＿＿＿＿＿＿＿＿＿＿＿＿＿＿＿＿＿＿＿＿＿＿＿＿＿＿

第七步（可选）：活着的理由

对我而言最重要、让我感到值得为之活下去的事有：

＿＿＿＿＿＿＿＿＿＿＿＿＿＿＿＿＿＿＿＿＿＿＿＿＿＿＿＿＿＿＿＿＿

找到活着的理由

在完成自杀急性期的安全计划干预后，就可以开始直接处理与自杀风险相关的无望感问题了。要想提升来访者的希望感，一种治疗策略是邀请来访者列出所有活着的理由。对于已经有过自杀尝试的来访者而言，这可能是一项艰巨的任务，因为这些来访者接受治疗时往往不想活下去。请在信任他们内心体验的同时培育他们努力活下去的意愿。来访者可能曾经不想活，现在也可能不想活，但大多数人都会承认总体而言他们可能还是想活下去的，这是一个坚实的起点。

如果你能帮助来访者看到活下去的理由，就能帮助他们强化生活的目标。请和来访者一起列出活着的理由，因为在身处痛苦的来访者看来，这些理由可能并不明显。帮助来访者检视他们生活的各个领域（例如社交、职业、个人、学业、恋爱等），这些领域会为他们提供活着的理由。从他们的生活中寻找数据，这些数据能帮助他们想起重要的人、地点和事件。例如，你可以帮助来访者意识到，他们关心自己的家人、朋友和宠物，也被后者关心着；他们现在和将来还有想做的事；还有能带给他们愉悦和成就感的事物。这些能够提醒来访者，活着是有意义的。请使用下面的工作表，帮助来访者找出一些活着的理由。

来访者工作表

活着的理由

努力活下去是有意义的，请列出所有能证明这一点的理由。以下是一些可能对你而言有意义的理由。请找一张纸，写下你有哪些活着的理由。

1. 没有人会像我这样关爱并照顾我的宠物。它们需要我。

2. 如果我自杀了，那么我将永远没有机会真正拥有我想要的事物，例如伴侣、家庭或工作。

3. 人们的确关心我，我也关心他们。我想陪在他们身边。

4. 我的治疗师相信我可以克服这个问题，如果我现在放弃了，我就永远无法知道他是否正确。

另一种有助于增强求生欲、消除自杀意图的策略，是使用应对卡片。写在应对卡片上的陈述承认来访者的痛苦，并鼓励来访者接纳痛苦，指出痛苦只是暂时的，提醒来访者自身内外都有资源，具体列出一些建设性的行动，并说明若来访者在乎的人遇到了类似的情况、他们可能会说些什么。以下是一些应对卡片示例，它们可以帮助来访者度过痛苦的时刻。

应对卡片

目标就是活下去

我宣布，我的目标就是发展活下去的愿望。我希望拥有人生目标，有社交生活，能体会愉悦，并期待参加活动。过去我曾有过更良好的感受，因此，没有理由推断我不会再次好起来。一想到这些，就会让我更想活下去。

应对卡片

不评判

当绝望把我击倒时，我可以既承认它的存在、又不让它掌控我。我可以接纳它，不让它愈演愈烈。它只是暂时的，它终会过去。我可以做一些事情来转移注意力或者找人倾诉，从而走出绝望。我可以提醒自己，我的无望感源自被抑郁扭曲的思维，所以它大概率是非理性、不真实的。如果我的朋友想自杀，我会告诉她别这样做，因为她对许多人而言都非常重要——事实上，对我来说也是如此。

应对卡片

选择活下去

当自杀的念头出现时——不论我是半开玩笑地想到它、完全拥抱它，还是只是一闪而过的念头——我都可以承认它的存在。我会对它说“不”。或许它总会以某种程度一直存在着，但这不意味着它必须存在。我可以回忆自己必须活下去的所有理由。或许我还有希望获得美好的未来。人们关心我，我要选择活下去。

重构导致自杀的信念

我们不能忽视来访者或许的确有去死的理由，但这些理由通常是有缺陷的、对现实的扭曲，因为来访者的思维往往受到抑郁的负面影响。因此，为了解决自杀问题，还需要和来访者合作，改变他们的死亡理由，帮助他们认识到导致自杀的信念背后的思维谬误（Wenzel et al., 2009）。有自杀倾向的来访者会依据种种理由认为去死是合理的，作为临床工作者，我们的工作就是帮助他们意识到，这些导致自杀的信念可能存在缺陷。通常，这些信念背后的无望感可能与更具体的自动思维有关（例如“我永远也通不过这个考试了”），也可能源于更宽泛的深层信念（例如“生活不会好起来了”“我没有任何期待的事了”）。

请认可来访者正在体验到的痛苦，但不要认可这些扭曲的信念。例如，请让来访者知道你理解他们的艰难、理解他们感觉自己置身于极大的痛苦中。与此同时，不要认可他们的绝望。例如你可以说：“你不得不面临多么可怕的情况啊。我能想象那有多糟糕。你想要放弃也并不奇怪，但你已经来到了这里，就说明你并不想放弃。我们可以一起想想，怎么做可以让你的生活变成你想要的样子。”

然后，请和来访者一起工作，重塑思维中的谬误并考虑其他视角，而不要把他们的信念照单全收、视为事实。死亡不是一种解决方案，而是一种逃避，努力寻找可行的解决方案才是更好的选择。以下示例说明了如何对部分常见的、导致自杀的信念进行重构：

1.“没人在乎我，所以我还是死了好。”

重构：“虽然我感觉好像没人在乎我，但事实上，很多人都关心着我。我的父母告诉我，他们关心我，也希望我陪在他们身边。如果我死了，我的朋友和亲人也会非常伤心，尤其是我姐姐，因为他们都很关心我。”

2.“我没有什么可期待的。我永远得不到想要的东西，那活着还有什么意义？”

重构：“虽然我感觉好像永远得不到想要的东西了，但这未必是事实。我正在想办法管理自己的情绪，并鼓起勇气尝试新事物。所以如果我坚持下去，或许有一天，我会拥有我想要的东西。”

3. “我是别人的负担，我死了更好。”

重构：“我不能按过去的方式对别人做出贡献，但这并不意味着我不能为他人提供任何东西。我有倾听他人心声的时间。我还可以为我关心的人提供鼓励。”

4. “事情永远不会好转。死亡是解决问题的唯一办法。”

重构：“死亡不是解决办法。死亡是一种逃避。如果我想要得出解决方案，就需要活下去经历这件事。”

5. “我该死。”

重构：“没有人应该为挣扎和痛苦而去死。我值得拥有同情和帮助。”

6. “如果我自杀了，其他人就会终于明白他们给我带来了多大的痛苦。我必须给他们一个教训。”

重构：“也有可能不管我说什么、做什么，他们都不会理解的，而我可以努力接纳这一点。”

与来访者一起，使用下面的工作表修正他们导致自杀的信念，并对他们去死的理由进行更准确的认知重构。

来访者工作表

重构去死的理由

●●●●●●

无望感和抑郁感可能会给你去死的理由带来消极偏差。使用这张工作表，列出你想死的理由，然后和治疗师一起提出更合理的替代性观点。用你的客观看法替代你的情绪化观点。请找一张纸，重构你自己的信念。

例如：

信念："没有我，世界会更好。"

重构："即使是我做的那些小事，也会带来不同。我为那位女士开了门，帮助我的朋友，为我妈妈提供技术方面的支持，这对他们来说都很重要。只要任何人做了积极的事——包括我在内——世界就会变得更美好。"

总　结

处理人格障碍、干预危及生命的行为，是很有挑战性的工作。然而，若能对来访者及其问题的形成进行清晰的概念化，你就能更容易地与他们建立关系，产生同情的感受，并为他们找到更清晰的康复之路。出现自杀危机时，请准备好回顾让他们产生无望感、促使他们采取自杀行动的所有因素。虽然很重要的一点是讨论哪些具体的认知行为工具可以帮助来访者减少未来危机，但也请注意，不要忽略了更偏重改善生活的那些目标。请开展工作，增加来访者的社会联结，促使他们接触外界、接受邀请。请让来访者尝试新事物、寻找有意义也有产出的活动、保持开放的心态，从而帮助他们找到生活的乐趣。

第十章

精神病

阿伦·P. 布里宁（Aaron P. Brinen）对本章亦有贡献。

在一些临床工作者看来，CBT 是不可能用于治疗精神障碍的。在心理健康学界的许多领域，精神病性体验被视为纯粹的生物性体验，社会心理治疗最多只能缓解它。然而，CBT 用于精神病（psychosis）和精神分裂谱系诊断（schizophrenia spectrum diagnosis）的领域已有超过 20 年的研究积累。这一领域通称“治疗精神病的 CBT”（CBT for psychosis, CBTp）。虽然 CBTp 的主要目标是减轻精神病的阳性症状（例如幻觉和妄想）带来的痛苦，但是，阿伦 · T. 贝克最近带领他的团队，把 CBTp 拓展应用于以阴性症状为主要表现的病人（Brinen & Beck, 2018）。CBTp 的这一扩展被称为“康复导向的认知疗法”（Recovery-Oriented Cognitive Therapy, CT-R），它聚焦于帮助那些艰难恢复理想生活状态的个体。本章重点介绍了这两种干预方法在治疗精神分裂谱系诊断和精神障碍方面的效用，并讨论了认知模型在精神病语境下的应用。

精神障碍

精神分裂谱系和精神病性障碍的特征是，至少存在以下异常中的一种：幻觉（例如听觉和视觉方面的知觉紊乱）、妄想（例如性质怪异的固化信念）、思维障碍（例如言语紊乱，包括言语不切题、不连贯）、运动行为紊乱［例如紧张症（catatonia）］和阴性症状［例如情感迟钝（flat affect）、意志缺乏（avolition）、社交障碍（asociality）］。虽然精神病是精神分裂症的标志特征，但精神病也可能出现在双相情感障碍的躁狂期、乙醇戒断反应、致幻剂中毒、可卡因 / 甲基苯丙胺滥用、创伤后应激障碍和脑外伤中。值得注意的是，因使用药物或潜在疾病导致的精神病性症状，在病因、病程和发病方面都与原发性精神病障碍不同。移除违禁物质、治愈潜在疾病后，症状通常就会消退（APA, 2013）。然而，正如后文的精神病认知模型描述的，患者可能会保留在精神病发作期间产生的担忧或补偿策略。

精神病的认知模型

认知模型的核心概念是思维影响情绪和行为，这也适用于精神病性症状。具体而言，精神分裂谱系障碍与一套核心的信念有关，这套信念影响人对世界的体验和反应。概括地讲，这些信念涉及这样的假设：世界是威胁性的（例如他人的形象是拒绝、恐吓或支配的），自我是被击败的（例如有缺陷、无助、脆弱），并且未来还会发生更多这样的事（Beck, Stolar, Rector, & Grant, 2009）。虽然认为世界很危险、自己缺乏能力的信念也是焦虑障碍的维持因素，但精神病和精神分裂谱系诊断的信念强度更高。

在精神病来访者看来，他人排斥自己；相应地，他们从环境中获取信息时，会让自己感到世界是可怕而富于支配性的（例如他们敏感地寻找拒绝的信号，并过度解读他人的行为）。此外，与焦虑信念不同（回避是焦虑信念的维持因素），精神病来访者认为周围总是暗藏危险，这让他们始终处于高度警觉状态。当威胁系统以这种方式被不断激活，来访者的认知资源（例如注意力、记忆力、计划性）就会遭到消耗，这会让他们把小压力误读为大问题。反过来，为了应对这些压力，来访者会采取一系列以自我保护为主题的补偿策略。

例如，来访者会避开自己害怕的情境，并用一些行为（例如仪式、安全行为）来消除与害怕情境相关的危险。此外，来访者试图更快地应对危险，所以他们会过度吸收信息，这让他们在很多时候错误地认为存在危险。请设想这样一位来访者，他相信美国联邦调查局（FBI）在监视他的一举一动，为了避免被杀掉或绑架，他一直待在屋里。结果，他对声响过度警觉，并在脑海中焦虑地浮现出 FBI 把他绑走的画面，这个画面证实了他的恐惧，即 FBI 正在密谋对付他、他并不安全。

精神病来访者认为世界是拒绝而危险的，在此之外，他们还认为自己是被挫败的。在他们看来，过往的生活经历已经证明，尝试完成任务往往得不到什么好处，失败的可能性很大。这种信念会让来访者对任务的投入程度不足、让他们真的再次失败，并强化来访者认为自己很挫败的信念。随着时间推移，来访者会认为自己有缺陷、无助而脆弱，从而更少地进行有目的的活动、也更少寻求社会联结。活动减少，来访者收集新数据的机会相应减少，专注于异常体验的时间却变多了。在时间、压力和专注的作用下，这些怪异体验就会发展为人们所称的精神病。根据认知模型，与精神分裂谱系诊断相关的症状都源于这一基本建构，并且认知模型或许比遗传学和生物学更能解释精神病性症状（Bentall, 2009）。

对精神病的干预

尽管人们认为抗精神病药物是治疗精神分裂症患者的一线治疗方案，但只靠服药似乎并不能改善患者的社交或职业功能。相反，有证据表明，药物治疗必须和认知干预结合，才能持久改善阳性症状、且更直接地针对阴性症状（Grant, Huh, Perivoliotis, Stolar, & Beck, 2012; van der Gaag, Valmaggia, & Smit, 2014; Wykes, Everitt, Steel, & Tarrier, 2008）。还有一些研究甚至发现，在不服药的情况下，治疗精神病的 CBT 也有疗效（Morrison et al., 2014）。基于认知的干预措施之所以特别有用，是因为它们可以纠正与症状相关的错误假设，从而帮助来访者习得更准确的思维模式，并帮助来访者规划打破症状维持循环的行为流程。

用 CBT 框架治疗精神病时，我们的目标不是消除幻觉或妄想，而是减少与之相关的痛苦和生活损害。我们会教导来访者评估他们对幻觉妄想的认知、情绪和行为反应，并修正这些反应模式，而这会降低幻觉妄想的影响力和重要性。CBT 的核心是教导来访者把这些症状带来的体验放在情境中进行考虑，而不是希求治愈。对于精神病，症状不是问题，情绪和行为后果才是问题（Beck et al., 2009）。

治疗精神病性症状的关键是主动的体验式学习。进行治疗时，必须以来访者渴望的生活为背景，主动检验来访者的核心信念。如果把实现理想生活设定为治疗的重点，来访者就需要在白天把更多时间花在有产出的活动上，这也会限缩他们关注幻觉、反刍妄想内容的时间（Grant et al., 2012）。此外，参与熟练的、愉悦的、需要社交的活动，也可以提供证据，用于反驳来访者通过妄想或其他补偿策略进行非适应性满足的潜在核心信念。

当来访者为过上理想生活而努力时，来访者的愿景会冲淡幻觉和妄想，这些症状会变得不那么突出和强烈。在这个阶段，治疗的重点可以变为制订常规流程，以及发展技能、通过改变幻觉妄想背后的意义来降低其威胁性。对于妄想，可以使用温和、合作、苏格拉底式的方法，来削弱产生妄想的信念和行为。对于幻觉，目标是让来访者纠正对幻听或幻视的所有无益信念，同时改变强化或保持幻觉体验的所有行为。这种基本治疗范式从根本上处理了潜在的阴性症状，而这些阴性症状也往往是精神分裂谱系障碍的伴发症状。然而，对于仍然存在阴性症状的来访者，治疗师可以使用功能分析来确定维持症状的信念或假设，并制订一系列行为实验来纠正它们，以及发展更积极的全新行为模式。

以下部分将详细讨论 CT-R 治疗阴性症状的一些基本原则，以及 CBTp 治疗幻觉妄想的深层原则。

阴性症状

与阴性症状相关的核心信念（例如“不值得花时间跟别人相处”“别人对我要说的话不感兴趣”“别人会拒绝我”）及其相关行为（例如缺乏联结、回避、言语匮乏）会从根本上阻碍治疗的开始。此外，它们还是其他许多精神病性症状得以产生的肥沃土壤，因为那些自行决定不与他人接触、大部分时间处于惰性状态的来访者，有充分的时间去注意幻听。因此，建立治疗关系对于治疗阴性症状至关重要，因为来访者只要与作为治疗师的你建立关系，他们就能看到社会联结的益处，并驳斥部分核心信念（例如“别人对我要说的话不感兴趣”）。

针对阴性症状的认知工作，应该始于从人类体验中获得能量、联结、享受和成功的实验，这会让来访者开始考虑其他的可能性。如果你在引导来访者得出新结论的过程中运用合作性经验主义（collaborative empiricism）的方法，那么，通过简单地和来访者一起散步，你就能提供数据来反驳惰性假说（例如“我必须节省我的能量”）或快感缺失假说（例如“没有什么是令人愉快的”）。例如，你可以用这样的话语帮助来访者得出新的结论：“走了一大段路之后，你的精力更充沛、状态也不错。这不是很奇怪吗？你的能量不应该减少吗？我们应该一起看看这一点。”

这些初步实验为制订活动日程表打下基础，随后我们还可以利用这些实验帮助来访者变得更积极，从而使他们夺回自己的生活。当来访者重构了关于动力和社会联结的信念后，你就可以和他们一起工作，描绘对未来的憧憬，并共同探讨阴性症状如何阻碍他们实现这些目标。在这个时候，你可以继续往他们的日常安排中增加活动，从而提升他们实现目标的可能性。请记住，总体目标是提高生活功能水平，从而基于这一点减少痛苦。

幻　觉

当来访者出现幻觉时，他们会产生与这些幻觉相关的信念，并采用一系列功能失调的补偿策略，而这些策略又会强化上述信念。与幻觉本身相比，来访者对这些幻觉的信念的强化与功能失调更为相关。因此，治疗目标是通过改变幻听、幻视相关的意义，从而削弱幻觉的威胁性。以下是来访者对幻觉持有的三大类信念，以及与这些信念相关的补偿行为。

1. 控制：来访者相信幻觉能自己决定何时出现、何时消失。因此，来访者恐惧自己会在公共场合出现听幻觉或视幻觉（这会让他们显得“很怪”或让他们被收治住院），从而自我孤立。然而，与世隔绝会加剧来访者的焦虑、让他们对威胁的感知更敏感，因此实际上会让来访者更容易产生幻觉。当来访者随后听到声音或看到幻象时，这会强化他们的信念，即幻觉居于掌控地位（“我当时要是选择出门就会出现幻听，那就太糟糕了”）。结果是来访者越发自我孤立。与控制相关的信念与功能失调最为相关。

2. 可信度：来访者相信幻觉告诉他们的才是事实，因此他们总是主动监测幻听，以免错失信息。这种监测行为反过来会让他们更容易出现幻听。通常情况下，人们不会去留心倾听预料之外的声音。当来访者最终真的听到声音时，他们会得出结论：“如果我错过了这条信息就太糟糕了，所以我需要去听。”持有可信度信念的来访者没有理由怀疑信息的真实性，所以他们不会核实信息的真伪。

3. 力量：听幻觉可能包含可怕的、威胁性的或施加命令的内容。只有当来访者相信声音有能力实现宣称的威胁时，才会为这些声音担忧。在这种情况下，来访者要么服从声音的命令，要么进行某种仪式来消除威胁、防止它带来任何后果。例如，来访者听见“如果你离开家，我就杀了你的朋友”后，可能会做出两种选择。他们或许会待在家里，等确认朋友们安全后得出结论：“如果我当时离开了家，那个强大的声音恐怕已经杀死了我的朋友们。”或者，他们可能会通过祈祷等仪式试图消除威胁。当来访者反复祈祷时，他们听到声音的可能性就会降低，这会让他们错误地认为是祈祷阻止了危险。

没有证据表明相信声音来自外部的信念与功能失调相关，但临床工作者通常首先处理这类信念。针对“声音来自外部”的信念展开工作往往收益最少，并且很可能会疏远来访者。与之相反，最有效的方法是处理与控制、力量或可信度相关的信念。进行行为实验，是检验这些信念的关键。由于这些信念根深蒂固，我们需要慢慢积累扎实的证据，才能转变来访者的观点。积累证据的方法之一就是让来访者对声音置之不理并参与各种活动，因为这样做会推翻他们关于控制、力量和可信度的信念。例如，只是在会谈中和你交谈，就很可能会降低幻听的音量，这一体验可以初步测试来访者能否自主控制幻听。当你们在会谈中对话时，你可以向来访者指出，仅仅是交谈就可以让他们幻听到的声音变小。询问来访者，如果你们没有交谈又可能会发生什么，以及这说明谁才是幻听音量的掌控者。来访者可能会得出结论，他们能在一定程度上控制幻听的音量。这样一来，你就可以设计更多的实验来检验这一假设。

随着时间积累，你还可以着手于与来访者一起评估这些声音的可信度或能力。例如，考虑这样一位来访者，他听见一个声音说：“不要离开房子，否则我会伤害你。”这位来访者因此感到恐惧，没有离开房子，从而证实了他的信念。当他真的离开房子时，他开始腿痛，这又证实了幻听具有强大的力量。在这种情况下，声音本身并不是问题；相反，来访者对声音的理解才是问题。通过帮助来访者认识到离开房子的所有理由（例如，这符合他过上理想生活的目标），他可能会愿意不顾警告离开房子。虽然腿痛可能会消失也可能不会消失，但来访者可以学到，他不一定要让声音阻止他做自己想做的事。最终，他可能会得出结论，腿痛只是因为缺乏锻炼导致的僵硬——即使疼痛持续存在，他也可以学会不让疼痛阻碍自己，因为即使疼痛，也值得走向外面的世界。这样一来，声音的力量就变得有限了。

当来访者已经进行了一些实验、证伪自己的非适应性信念后，你就可以更进一步地巩固来访者的成果，让来访者在日程表上安排一些活动，这些活动应与听见声音、看见幻象不兼容。特别地，邀请来访者特意安排一整天进行有结构的活动，再安排一整天不进行任何有结构的活动。结构活动日应当包括各类活动，例如与掌控有关的活动、与愉悦有关的活动以及与社交联结相关的活动。这一任务的深层关键是，让来访者记录一下，在这两天中幻觉的频率和强度何时降低，以及关于他们控制幻觉的能力、这揭示了怎样的信息。请引导来访者得出结论：增加活动水平会减少幻觉，并进一步减轻他们的痛苦。一旦来访者意识到这一点，他们就可以开始有规律地计划有助于预防症状的日常活动。以下几页有一份活动日程表，你可以与来访者一起完成这项练习。

来访者工作表

收集数据

请按以下两个步骤，使用这份工作表收集数据：

1. 首先，请记录过去一周内的任意两天中进行的活动。一天包含许多结构化的活动，另一天主要进行无结构的、开放的活动。
2. 然后，有意识安排一天结构化的活动，以及一天无结构化的活动。

在这两天结束时，分别给你的感受评分，并记录你出现的任何视觉或听觉体验的强度及频率。

	结构日	无结构日
6—7点		
7—8点		
8—9点		
9—10点		
10—11点		
11—12点		
12—13点		
13—14点		
14—15点		
15—16点		
16—17点		
17—18点		
18—19点		
19—20点		
20—21点		
21—22点		
22—23点		
23—0点		
0—6点		
你感觉如何？你感觉这一天过得有多值(0=完全不值，10=非常值得)？		

在哪一天里，你的听觉或视觉体验更强烈？＿＿＿＿＿＿＿＿

在哪一天里，你的听觉或视觉体验更频繁？＿＿＿＿＿＿＿＿

来访者工作表

营造更美好的一周

根据你在上一份工作表中收集的数据，计划一些你可以规律进行的活动，从而改善你的情绪、减少听觉或视觉体验。

	周一	周二	周三	周四	周五	周六	周日
上午							
下午							
晚上							
夜间							

重新聚焦幻觉

正如先前讨论的，导致痛苦、警觉安全行为和回避的并不是幻觉本身，而是来访者在控制、力量和可信度方面对幻觉做出的评价。检验这些信念的方法之一是要求来访者进行链式功能分析，找出增加或减轻幻觉的因素。例如，请设想一位年轻人，当他和父亲一起散步时，看见一群恶魔意欲袭击他。他受到惊吓，与父亲回到了家。在与治疗师讨论这一情况时，年轻人说他在树林边缘“看到了”恶魔。当治疗师让他非常详细地回顾这段记忆时，他描述了以下一连串事件：

- 他在与父亲散步。
- 父亲谈到他职场的人。
- 他努力理解父亲在说什么，开始心跳加速。
- 他开始听到喃喃自语声。
- 他把感受到的痛苦与喃喃自语联系在一起，断定这一定是恶魔搞的鬼。
- 他看见树林边缘的形状和黑暗。他变得更加焦虑。
- 他低头看向地面试图躲避“恶魔”。
- 他的脑海中浮现出恶魔就在树林边缘的画面。
- 他逃回了家。

梳理来访者的功能链条后，来访者得以意识到，不论恶魔是否存在，他与父亲在一起的时间都不多，而这次他又损失了一些时间。此外，他还意识到，低头看向地面让他无法评估情境，且愈发沉浸在对恶魔的内心恐惧中。于是，来访者同意和父亲再次到树林边缘散步，并在那里教父亲他在治疗中学到的正念技巧。教导并练习正念时，来访者的父亲就不可能说话太快、让来访者不知所措了。教导父亲自己学到的新技能，还有利于激发来访者的深层信念，让他相信自己是有能力、有价值的，而这与他在先前散步时被激活的“我无能、不重要”的信念是相反的。激活自己无能和不重要的信念会增加思维反刍，让来访者从互动中退缩。来访者随着与父亲一同练习正念和散步从环境中吸纳了更多数据，这减轻了他的压力，让他得以与父亲保持互动。

在这一行为实验后，会谈中进行的认知重构可以帮助来访者意识到，他可以承受住这种情境中的焦虑，他本人实际上还对父亲和其他人很有帮助。他还意识到，他的压力通常来自对威胁的错误感知，而情绪化的推理进一步加剧了这种痛苦。随着时间推移，他和父亲有了更多共同经历，树林变得无关紧要。来访者越发确信自己没有危险、事实上非常安全，因此，他开始在会谈中进行幻觉暴露，来展示他操控幻觉的能力（例如，生动地想象最近一次看到恶魔的场景，然后安静 30 秒）。这种暴露让来访者意识到，他可以根据自己的意愿让幻觉变得更明显或更安静，这会降低他主观感受到的、幻觉的控制力。最终，他得出结论，幻觉并不可怕，因为幻觉在他的控制之下。

作为治疗师，你还可以通过苏格拉底式对话帮助来访者进行更准确、更有帮助的评估。通过这个过程，来访者将意识到他们的幻觉并不可信，哪怕它们看似很熟悉或很有帮助。例如，请设想一位大学生经常听到有声音在讲述可怕的事情（例如警察要来抓他了，或者大家都很讨厌他）。这些声音让他分心，因此他无法专心听课，还经常花时间去听这些声音、为警告做好准备。在治疗室内，治疗师问来访者，他认为哪些人讨厌他。来访者努力思索例子时，治疗师催促来访者至少说出一个人的名字。来访者一直在艰难思索。这时，治疗师问来访者，每当“这些人”（或者说，这个声音）告诉他所有人都讨厌他时，他有什么感受（以及他做了什么）。来访者说，这让他感到悲伤和偏执，他的反应则是主动与世隔绝。治疗师使用了一种强有力的苏格拉底式提问法，说出自己的观察："这些人"口口声声地说所有人都讨厌他，这让他感觉很糟糕并让他自我孤立；但是，在治疗师和来访者这两人之中，"这些人"找不出一个讨厌来访者的人！治疗师接着问："关于'这些人'，这说明了什么？"男子回答："他们一定很蠢。"治疗师补充道："或者他们在骗人？"他们得出结论，不论这些声音所说的是否真实，它都不值得来访者花时间去仔细考虑，他们还制订了一份计划，帮助来访者停止关注这些声音。

怀疑标签与幻觉

除了围绕控制、权力和可信度的信念外，幻听还可能反映了来访者自身的怀疑信念或自动思维。例如，考虑这样一位大学生的例子，他缺乏自信，怀疑自己的社交魅力。幻听告诉他，其他人在辱骂他、侮辱他的性取向，这让他愤怒又焦虑，因为他害怕这会让他成为社会的弃儿。他做出回应的方式是避开同学、靠墙站立、坐在教室后排。然而这些行为让声音更响亮，因为坐在后排会让他面对含糊的社交线索信息（例如，他只能看到同学们的后脑勺），这让他更加焦虑。他试图通过在脑海中乞求来让幻听停下，但在这项努力失败后，他对同学们大喊大叫、让他们停下来。学校保安把他带出了教室，这加剧了他被排斥的处境。

治疗可以帮助来访者理解，社交不安全感是很正常的经历，读大学的压力可能会加剧这种不安全感，从而增强来访者的自信心。此外，治疗还可以评估他进行的安全行为的有效性，并向他展示，这些行为并无帮助、反而让声音持续出现。通过进行行为实验，来访者可以意识到，他在上小班课并且被鼓励参与课堂时会感觉更好。

基于此，他制订了一个计划，逐步放弃自己的安全行为，并与班级内外的人接触。他还对自己的社交焦虑有了更准确的重构："不论别人到底是怎么想的，对此担忧并不会让情况变好。所以我需要关注与我有联结的人。"这样重构之后，他就能找出潜在的社交联结，或一度被他忽略的、现有的熟人。帮助来访者建立自信，不仅能降低幻听的音量、改变幻听的内容，还能强化来访者对幻听的抵抗力，让他不必害怕别人的评判。

妄　想

妄想，是信息加工偏差结果，是来访者对世界的威胁性信念做出的反应（Beck et al., 2009）。具体而言，当来访者面对与自己无关的信息时（例如别人的笑声、听到窃窃私语、心跳加速），他们会对其赋予个人意义（自我指涉偏差，self-referential bias），并围绕这一事件构建一套解释，把他人的行为视为故意的、恶意的（故意化偏差，intentionalizing bias）。最终，个体接受了对这一事件，并将其归于外部因素（外部化偏差，externalizing bias）。

这三种偏差结合在一起，就会扭曲信息、歪曲现实，从而导致妄想产生。一旦妄想成形，就像其他症状的持续一样，这套信念也会以相同的方式得到维持，而这就是证实性偏差（confirmatory bias）。特别是，来访者会积攒支持妄想的证据，而忽略或轻视不支持妄想的证据，或者将其视为偶然事件。例如，一名学生坐在教室里，听见其他同学在窃窃私语（自我指涉偏差），这让他相信班里的所有人都在评判他（故意化偏差），因为他有被恶魔附身的经历（外部化偏差）。因此，他总是独来独往，不与同学交流、只看课程讲义（安全行为）。当人们不跟他说话时，他变得焦虑不安，并认为班里的每个人都讨厌他，而这加剧了他对于被排斥和恶魔附身的信念（证实性偏差）。

然而，妄想信念也可能是合乎常理的，也可以用温和的、非质问的苏格拉底式提问法加以探究。妄想信念中可能确实存在部分真实内容，因此请注意不要妄下结论。就像所有心理障碍一样，在来访者看来这些信念是真实的，即使它们不符合事实，咄咄逼人地与这些信念对抗也会让治疗效果大打折扣，并让来访者变得防备。相反，应当找出妄想干扰来访者采取行动、实现理想生活的具体情境，因为从中可以发现维持更大信念系统的思维、感受和行为。充分理解妄想背后的功能后，你就可以制订策略，处理那些较小的维持性因素，从而提高来访者的功能水平。

例如，回到那位相信别人知道他被恶魔附身过的学生的例子，你可以使用苏格拉底式提问，帮助学生思考他的妄想是否有助益（例如，妄想让他感觉更糟，让他在社交时感到尴尬，并让他无法与人交往或测试他们的接纳程度）。在确定妄想并无助益后，来访者就可以制订一份计划，不论别人怎么评判他，都要去参加聚会。久而久之，他会发现大多数人都喜欢他。在这个例子中，治疗师并未挑战妄想，而是从妄想中促进孤立的那一部分切入。当这位学生有了更多社交互动后，他沉浸在妄想信念中的时间减少，这就让妄想变得不那么突出了。

对于其他来访者，妄想可能是对低自尊的补偿。在这种情况下，你需要识别来访者的核心信念，找出妄想满足了来访者的何种需求，并制订不同的日常安排来长远地满足来访者的这项需求。例如，请考虑这样一位来访者，他的妄想内容是，他拥有他正在其中住院的这所医院。你可以首先问他："拥有这所医院，对你而言有什么好处？"提出这个问题时，你并没有认可来访者认为自己拥有医院的妄想，因为任何人都可以回答这个问题。来访者答道："这样我就有了属于自己的位置，也会得到尊重。"这个回答向你提供了关于（1）来访者需要被满足的需求，以及（2）他核心信念的大致内容的两条信息。具体而言，这位来访者需要拥有属于自己的位置并得到尊重，这表明他的潜在核心信念可能是自己无关紧要、十分无助。妄想满足了他的这一需求、补偿了核心信念，即使他需要为之付出受人嘲笑的代价。

在这种情况下，治疗方法遵循一系列步骤。治疗师首先与来访者建立治疗关系（通过共同进行的活动和观点的交流），从而激发来访者关于自身能力和得到尊重的新信念。这种引导满足了来访者通过妄想应对的需求，也会削弱来访者对妄想的关注。随着时间推移，与治疗师的互动会作为范例，帮助来访者创设新的、能满足妄想对应需求的日常活动。这些日常活动被纳入活动日程表，从而让日常活动系统化，来访者最终可以基于日常活动中收获的体验，重构关于能力和尊重的信念。

认知行为疗法与药物

CBT 除了有助于处理精神病性症状外，还可以在服药依从性方面发挥重要作用，因为 CBT 可以帮助来访者用建设性的方式对待药物治疗，考虑各种服药方案的利弊，并在充分知情的情况下做出用药决定。CBT 可以帮助来访者意识到，不论他们相信自己是否需要服药，不稳定地服药都对他们没有好处。最初，来访者可能会制订一个计划，在“充分接受 CBT 治疗”的同时坚持服药，然后与精神科医生合作逐渐减量。其他来访者也可能会选择无限期地继续服药，尽管证据表明，长期服用抗精神病药物的益处有限（Harrow, Jobe, & Faull, 2012）。

不论来访者选择短期还是长期服药，精神病治疗的目标都是帮助来访者重新找回自己的生活。通常情况下，有必要帮助来访者修复受损的人际关系、重新联系过去认识的人，以及建立新的联结，从而帮助来访者重返社会。若来访者能逐渐重返职场，哪怕做的只是志愿工作，这对于来访者获得自我效能感和成就感也很重要。生活中难免有悲欢起伏，在这种情况下，帮助来访者找到生活的乐趣、重访过去的愉悦、探索全新的机会，对他们而言至关重要。

致谢

衷心感谢我们的读者。我们对认知行为疗法（CBT）怀抱热情，也见证了它深远地影响了我们自己的来访者，以及我们在世界各地训练、督导的心理健康职业人员的来访者。CBT 是有用的！

我们永远感谢认知疗法的先驱阿伦·T. 贝克博士。感谢您成为我们的导师，允许我们在数十年间密切跟随您工作。我们特别感谢贝克博士在精神病领域的贡献，他改善了许多人的生活质量。本书第十章讨论了他对精神病的最新思考和有效干预。我们也很荣幸并感谢贝克博士的工作伙伴、思想同道阿伦·P. 布里宁（Aaron P. Brinen）博士为我们关于精神病的章节做出了重大贡献，他讨论了他们新发展的恢复导向的认知疗法（recovery-oriented cognitive therapy, CT-R）取向。此外，我们还要感谢格里格·K. 布朗（Greg K. Brown）博士，他分享了他关于自杀的最新工作成果，包括他的安全计划干预（Safety Planning Intervention）。

我们也要感谢我们的家人在写作过程中对我们的支持。感谢我们的孩子——查德、亚历克斯、马克斯、杰西、伊桑和卡莉——感谢你们热情的支持，以及休憩时带来的趣味和欢笑。我们真喜欢你们！感谢我们了不起的丈夫，鲍勃和斯图。你们让一切变得更美好，让世界变得更明朗。

感谢艾米丽·克鲁梅纳（Emily Krumenauer）推广认知行为疗法，让我们与 PESI 出版社重新合作，并把我们介绍给了卡辛·莫斯（Karsyn Morse）。莫斯女士对这本书有信心，并提出了编辑方面的建议，帮助我们把本书写得更好。感谢杰妮莎·杰克逊（Jenessa Jackson）博士，你是我们有幸合作过的最有才华、最勤奋、最能帮助我们的编辑。衷心感谢你的辛劳工作！我们感谢 PESI 出版社给了我们这个平台，以及瓦莱丽·怀特海德（Valerie Whitehead）的热情，她是我们在 PESI 出版社内部的 CBT 的新倡导者。

参考文献

American Psychiatric Association. (2013). *Diagnostic and statistical manual of mental disorders* (5th ed.). Arlington, VA: American Psychiatric Publishing. Beck, A. T. (1964). Thinking and depression II: Theory and therapy. *Archives of General Psychiatry, 10*(6), 561-571.

Beck, A. T. (1983). Cognitive therapy of depression: New perspectives. In P. J. Clayton & J. E. Barrett (Eds.), *Treatment of depression: Old controversies and new approaches* (pp. 265-289). New York, NY: Raven Press.

Beck, A. T. (1986). Hopelessness as a predictor of eventual suicide. *Annals of the New York Academy of Science, 487*(1), 90-96. Beck, A. T. (1999). *Prisoners of hate: The cognitive basis of anger, hostility, and violence*. New York, NY: HarperCollins.

Beck, A. T., Brown, G., Berchick, R., Stewart, B., & Steer, R. (1990). Relationship between hopelessness and ultimate suicide: A replication with psychiatric outpatients. *American Journal of Psychiatry, 147*(2), 190-195.

Beck, A. T., Butler, A., Brown, G., Dahlsgaard, K., Newman, C., & Beck, J. (2001). Dysfunctional beliefs discriminate personality disorders. *Behavior Research and Therapy, 39*(10), 1213-1225.

Beck, A. T., Davis, D. D., & Freeman, A. (Eds.). (2015). *Cognitive therapy of personality disorders* (3rd ed.). New York, NY: Guilford. Beck, A. T., & Emery, G. (2005). *Anxiety disorders and phobias: A cognitive perspective* (Rev. ed.). New York, NY: Basic Books.

Beck, A. T., Kovacs, M., & Weissman, A. (1979). Assessment of suicidal intention: The scale for suicide ideation. *Journal of Consulting and Clinical Psychology, 47*(2), 343-352.

Beck, A. T., Rector, N. A., Stolar, N., & Grant, P. (2009). *Schizophrenia: Cognitive theory, research, and therapy.* New York, NY: Guilford. Beck, A. T., Rush, A., Shaw, B., & Emery, G. (1987). *Cognitive therapy of depression*. New York, NY: Guilford.

Beck, A. T., & Steer, R. A. (1993a). *Manual for the Beck Anxiety Inventory.* San Antonio, TX: Psychological Corporation. Beck, A. T., & Steer, R. A. (1993b). *Manual for the Beck Hopeless Scale.* San Antonio, TX: Psychological Corporation.

Beck, A. T., Steer, R. A., & Brown, G. K. (1996). *Manual for the Beck Depression Inventory-II.* San Antonio, TX: Psychological Corporation.

Beck, A. T., Weissman, A., Lester, D., & Trexler, L. (1974). The measurement of pessimism: The Hopelessness Scale. *Journal of Consulting and Clinical Psychology, 42*(6), 861-865.

Beck, A. T., Wright, F. D., Newman, C. F., & Liese, B. S. (1993). *Cognitive therapy of substance abuse*. New York, NY: Guilford. Beck, J. S. (2011). *Cognitive behavior therapy: Basics and beyond* (2nd ed.). New York, NY:

Guilford Press.

Bentall, R. P. (2009). *Doctoring the mind*. New York, NY: New York University Press.

Brinen, A. P., & Beck, A. T. (2016). Cognitive Behavior Therapy for Psychosis (CBTp) and Recovery-Oriented Cognitive Therapy (CT-R): What is the difference? *Beck Institute for Cognitive Therapy*. Retrieved from https://beckinstitute.org/cbtp-ct-r-whats-difference/

Burns, D. D. (1995). *Therapist's toolkit: Comprehensive treatment and assessment tools for the mental health professional*. Philadelphia, PA: Author. Clark, D. M. (1986). A cognitive approach to panic. *Behavior Research and Therapy, 24*(4), 461-470.

Clark, D. A., & Beck A. T. (2010). *Cognitive therapy of anxiety disorders*. New York, NY: Guilford.

Clark, D. M., & Ehlers, A. (2004). Posttraumatic stress disorder: From theory to therapy. In R. L. Leahy (Ed.), *Contemporary cognitive therapy: Theory, research, and practice* (pp. 141-160). New York, NY: Guilford Press.

Daley, D. C., & Marlatt, G. A. (1992). Relapse prevention: Cognitive and behavioral interventions. In J. Lowinson, R. Ruiz, R. Millman, & J. Langrod (Eds.), *Substance abuse: A comprehensive textbook* (2nd ed., pp. 533-542). Baltimore, MD: Williams & Wilkins.

Dobson, K. S. (2012). *Cognitive therapy*. Washington, DC: APA Books.

Ellis, A. (1962). *Reason and emotion in psychotherapy*. New York, NY: Lyle Stuart.

Foa, E. B., Hembree, E. A., & Rothbaum, B. O. (2007). *Prolonged exposure therapy for PTSD: Emotional processing of traumatic experiences*. New York, NY: Oxford University Press.

Fochtmann, L. J., & Jacobs, D. G. (2015). Suicide risk assessment and management in practice: The quintessential clinical activity. *Academic Psychiatry, 39*(4) 490-491.

Grant, P. M., Huh, G. A., Perivoliotis, D., Stolar, N. M., & Beck, A. T. (2012). Randomized trial to evaluate the efficacy of cognitive therapy for low-functioning clients with schizophrenia. *Archives of General Psychiatry, 69*(2), 121-127.

Harrow, M., Jobe, T. H., & Faull, R. N. (2012). Do all schizophrenia clients need antipsychotic treatment continuously throughout their lifetime? A 20-year longitudinal study. *Psychological Medicine, 42*(10), 2145-2155.

Kagan, J. (1989). Temperamental contributions to social behavior. *American Psychologist, 44*(4), 668-674. Kingdon, D. G., & Turkington, D. (1994). *Cognitive-behavioral therapy of schizophrenia.* New York, NY: Guilford.

Liese, B.S., & Franz, R.A. (1996). Treating substance use disorders with cognitive therapy: Lessons learned and implications for the future. In P. M. Salkovskis (Ed.), *Frontiers of cognitive therapy* (pp. 470-508). New York, NY: Guilford.

McLellan, A. T., Lewis, D. C., O'Brien, C. P., & Kleber, H. D. (2000). Drug dependence, a chronic medical illness: Implications for treatment, insurance, and outcomes evaluation. *JAMA, 284*(13), 1689-1695.

Morrison, A. P., Turkington, D., Pyle, M., Spencer, H., Brabban, A., Dunn, G., . . . Hutton, P. (2014). Cognitive therapy for people with schizophrenia spectrum disorders not taking antipsychotic drugs: A single-blind randomized controlled trial. *The Lancet, 383*(9926), 1395-1403.

Newman, C. F., Leahy, R. L., Beck, A. T., Reilly-Harrington, N., & Gyulai, L. (2001). *Bipolar disorder: A cognitive therapy approach.* Washington, DC: American Psychological Association.

Posner, K., Brown, G. K., & Stanley, B. (2011). The Columbia-Suicide Severity Rating Scale: Initial validity and internal consistency findings from three multisite studies with adolescents and adults. *American Journal Psychiatry, 168*, 1266-1277.

Rector, N., & Beck, A. T. (2001). Cognitive behavior therapy for schizophrenia: An empirical review. *Journal of Nervous and Mental Disease, 189*(5), 278-287. Rector, N., Seeman, M. V., & Segal, Z. V. (2003). Cognitive therapy for schizophrenia: A preliminary randomized controlled trial. *Schizophrenia Research*, *63*, 1-11.

Salkovskis, P. M. (1996). Avoidance behavior is motivated by threat beliefs: A possible resolution of the cognitive-behavior debate. In P. M. Salkovskis (Ed.), *Trends in cognitive and behavioral therapies* (pp. 25-41). Chichester, UK: Wiley.

Segal, Z., Kennedy, S., Gemar, M., Hood, K., Pedersen, R., & Buis, T. (2006). Cognitive reactivity to sad mood provocation and the prediction of depressive relapse. *Archives of General Psychiatry, 63*, 749-755.

Sokol, L., & Fox, M. G. (2009). *Think confident, be confident: A four-step program to eliminate doubt and achieve lifelong self-esteem.* New York, NY: Perigee. Stanley, B., & Brown, G. K. (2012). Safety planning intervention: A brief intervention to mitigate suicide risk. *Cognitive and Behavioral Practice, 19,* 256-264. van der Gaag, M., Valmaggia, L. R., & Smit, F. (2014). The effects of individually tailored formulation-based cognitive behavioural therapy in auditory hallucinations and delusions: A meta-analysis. *Schizophrenia Research, 156*(1), 30-37.

Weishaar, M., & Beck, A. T. (1992). Hopelessness and suicide. *International Review of Psychiatry, 4*, 185-192.

Wenzel, A., Brown, G. K., & Beck, A. T. (2009). *Cognitive therapy for suicidal clients: Scientific and clinical applications*. Washington, DC: APA Books. Wykes, T., Steel, C., Everitt, B., & Tarrier, N. (2008). Cognitive behavior therapy for schizophrenia: Effect sizes, clinical models, and methodological rigor. *Schizophrenia Bulletin, 34*, 523-537.

Young, J., & Beck, A. T. (1980). *Cognitive Therapy Scale: Rating manual.* Unpublished manuscript, University of Pennsylvania, Philadelphia. Young, J., & Beck, A. T. (1988). *Revision of Cognitive Therapy Scale*. Unpublished manuscript, University of Pennsylvania, Philadelphia.

Zubin, J., & Spring, B. (1977). Vulnerability: A new view on schizophrenia. *Journal of Abnormal Psychology, 86*(2), 103-126.